从雪域高原到东南福地的专业求索

——西藏自治区首届学科带头人培训班研训成果

主 编：曾呈进　陈建平

副主编：郑 凤

海峡出版发行集团
THE STRAITS PUBLISHING & DISTRIBUTING GROUP

海峡文艺出版社
Haixia Literature & Art Publishing House

图书在版编目(CIP)数据

从雪域高原到东南福地的专业求索:西藏自治区首届学科带头人培训班研训成果/曾呈进,陈建平主编;郑凤副主编. —福州:海峡文艺出版社,2022.9
ISBN 978-7-5550-3053-9

Ⅰ.①从… Ⅱ.①曾…②陈…③郑… Ⅲ.①教学研究—文集 Ⅳ.①G420—53

中国版本图书馆 CIP 数据核字(2022)第 115057 号

从雪域高原到东南福地的专业求索
——西藏自治区首届学科带头人培训班研训成果

主　　编	曾呈进　陈建平
副 主 编	郑　凤
出 版 人	林　滨
责任编辑	邱戊琴
出版发行	海峡文艺出版社
经　　销	福建新华发行(集团)有限责任公司
社　　址	福州市东水路 76 号 14 层
发 行 部	0591－87536797
印　　刷	福州印团网印刷有限公司
厂　　址	福州市仓山区十字亭路 4 号金山街道燎原村厂房 4 号楼
开　　本	720 毫米×1010 毫米　1/16
字　　数	385 千字
印　　张	25.25
版　　次	2022 年 9 月第 1 版
印　　次	2022 年 9 月第 1 次印刷
书　　号	ISBN 978-7-5550-3053-9
定　　价	58.00 元

如发现印装质量问题,请寄承印厂调换

　　为贯彻国家"十三五"教育规划纲要精神，全面落实西藏自治区《关于进一步加强我区教师队伍建设的意见》（藏党办发〔2014〕17号）要求，加快完善现代教育体系，全面提高教育质量，建设一支师德高尚，教育理念先进，学术视野开阔，富有创新能力，引领性强，影响力大的西藏自治区区级中小学学科带头人队伍，推动西藏自治区基础教育事业持续健康发展，根据西藏自治区《关于做好2018年"区培计划"项目组织实施工作的通知》（藏教师〔2018〕49号），受西藏自治区教育厅委托，福建教育学院承办了"区培计划（2018—2020）"——西藏自治区首批区级中小学学科带头人培养工程项目。由西藏自治区教育厅遴选的44名首批区级中小学学科带头人，开始了从雪域高原到东南福地的专业求索（名单见下表）。

西藏自治区首批区级中小学学科带头人培养工程项目
福建教育学院培训班学员名单

序号	姓名	性别	工作单位
1	央吉	女	拉萨江苏实验中学
2	谭瀛	女	拉萨市北京中学
3	王汝华	男	拉萨江苏实验中学
4	严洁	女	拉萨市第四高级中学
5	其加	女	拉萨北京实验中学
6	黄小华	女	拉萨市北京中学
7	朗加	男	拉萨市第八中学
8	李莉	女	拉萨北京小学
9	王慧娥	女	拉萨市实验小学
10	欧逸群	女	拉萨市城关区海萨小学
11	林利华	女	拉萨市特殊教育学校
12	次旦卓玛	女	拉萨市教育局教研所
13	卓嘎	女	日喀则市康马县中学
14	普布扎西	男	日喀则市萨迦县教育局

序号	姓名	性别	工作单位
15	李苗苗	女	日喀则市特殊教育学校
16	李隆武	男	日喀则市白朗县中学
17	次旺	男	日喀则市桑珠孜区第三中学
18	来党奇	男	日喀则市第二高级中学
19	拉巴索朗	女	日喀则市小学
20	琼琼	女	日喀则市第二幼儿园
21	司会平	女	日喀则市第一高级中学
22	多吉次仁	男	山南市第二高级中学
23	刘新果	男	山南市完全中学
24	旺堆次仁	男	山南市贡嘎县中学
25	卓玛	女	山南市第三小学
26	罗布顿珠	男	山南市隆子县隆子镇小学
27	尚玉岗	男	林芝市第一中学
28	郭军舰	男	林芝市第一中学
29	刘吉凤	女	林芝市第二小学
30	宋永林	女	林芝广东实验学校
31	黄黎萍	女	林芝市第二幼儿园
32	李锦华	男	昌都市第二高级中学
33	陈历贵	男	昌都市教育局教科所
34	曾勇	男	昌都市八宿县中学
35	代长建	男	昌都市第三高级中学
36	李开佑	男	拉萨那曲高级中学
37	索朗措	女	那曲市小学
38	林志中	男	那曲市高级中学
39	扎西	男	阿里地区中学
40	普布央金	女	阿里地区高级中学
41	伏芳芸	女	青海省海西州西格办小学
42	陈亚红	女	西藏民族大学附属中学
43	王征军	男	拉萨中学
44	达瓦	女	西藏自治区实验幼儿园

福建教育学院非常重视本项目的承办，选择精干力量成立项目组，项目负责人为福建省特级教师、中学地理名师工作室领衔人、福建教育学院教授曾呈进，教学班主任为福建教育学院郑凤教授，行政班主任为福建教育学院副教授陈建平博士。结合西藏自治区教育教学的实际情况及训前调研分析

结果，项目组制定了西藏自治区首批区级中小学学科带头人工程培养方案。该培养方案制订的总体目标是：以创新培养机制为动力，以提高师德素养和专业发展能力为重点，培养一批师德修养高尚、教学理念先进、专业基础扎实、教学能力突出、教学风格鲜明的学科教学带头人，为培育和产生西藏自治区新一批教学名师奠定基础，带动中小学教师队伍整体素质和专业水平不断提升，让学生受益，让西藏基础教育受益。具体目标为：

（1）提升师德水平。通过培训，引领参训学员认识到师德是教师自我成长的必要条件，自觉提升师德水平，从而提升教师在学生心中的满意度，让学生受益。

（2）提升教育力。通过培训，引领参训学员学习教育学、心理学理论，研究学科核心素养与中国学生发展核心素养的关系，落实立德树人根本任务，提升学科带头人的教育力，以适应世界教育改革发展趋势和满足国际教育竞争迫切需要。

（3）提升教学力。通过备课、议课、上课、评课等技能的夯实和优化，通过教学风格的追求，提升学科带头人的教学力。学员须在跟岗研修过程中开设公开课（研究型公开课）或专题讲座一次以上。

（4）提升教研力。通过培训，优化教研方法，掌握学科教研的方法，提升学科带头人的教研力。每个学员须主持或参与县级及以上教育教学科研课题一项。

（5）提升指导带徒的能力。通过讲座技巧的提升、校本研修组织能力的提升及团队合作精神的提升，提升学员示范带徒弟的能力。每个学员必须指导培养一名骨干教师。

（6）提升教改意识和能力。通过培训，引领参训学员形成自己的教学见解，提升破解教学疑难问题的能力，培育改革创新的意识，能够通过结业的疑难问题和改革意识考核，能够在西藏基础教育改革中起带头示范作用。

围绕两年的培养（培训）目标，本项目培训方式有以下特点：集中研修与远程研修相结合，线上研修与线下实践相结合，小组协作学习与个人自主学习相结合，导师指导与个人自主发展相结合，理论导师与实践导师相结合，课题研究与成果展示相结合，问题解决与示范辐射相结合，关注培养对象的读书自学、个性问题解决、课题研究、高端访学、学术交流、公开课展示、成果展示，等等。

西藏自治区首批区级中小学学科带头人培养工程项目培训主要分四个阶段。第一阶段培训（2018年10月23日—11月5日）在福建厦门和福州两地开展，培训主题为"核心素养背景下学科带头人教育教学领导力的提升"。与以往培训不同的是：此次研修是混合式高端研修，福建教育学院不仅为每位学科带头人配备了"理论＋实践"双导师，还量身定制了个性化培养方案。研修活动采取集中研修、跟岗实践、导师蹲校诊断指导、名师结对帮扶等多种形式，旨在打造西藏自治区基础教育专家型优秀教师团队，以此引领带动全区中小学教师专业化成长。在这次研训中，学员们学习了《学科带头人的专业成长之路》《核心素养与新课程改革》《新课标导向下的教学设计》《基于高效课堂的课件优化策略与技巧》《基于校本教研的小课题研究》《教研论文框架的构建与撰写》等理论课程，在厦门和福州两地名校名师的引领下，学员们进行了下面的实践研修：教学设计演练与打磨；听课学习，在导师指导下修改提升听课记录与教学反思；课堂教学实践活动并录像；基于上课与听课活动，撰写教育教学行为改进策略文本材料。最后，学员们开展了以"核心素养下有效课堂教学的反思与交流""闽藏教学比较研究"为主题的学员论坛。

第二阶段培训（2019年4月9日—19日）在林芝和拉萨两地开展，培训主题为"校本研修背景下学科带头人教育教学领导力的提升"。此次研训，项目组携三位福建一线名师深入学员所在学校（林芝市第一中学、林芝广东实验学校、林芝市第二幼儿园、拉萨中学、拉萨市第八中学、拉萨市实验小学、拉萨市城关区海萨小学、西藏自治区实验幼儿园、拉萨市北京中学、拉萨市特殊教育学校等），了解学员在一期培训后返岗的工作情况，为学员在教育教学过程中的困惑把脉。在此基础上，该培训项目面对林芝市和拉萨市的教师及培训学员进行了辐射引领，其中，特级教师曾呈进开设了《微课程在学科教学中的应用》专题讲座，陈建平副教授开设了《新高考、新导向、新策略》专题讲座，卢永霞、张延芳、邱国华等三位福建一线名师分别开设了《肥皂泡》《有余数的除法》《诗经·关雎》等示范课，学员们派代表上了各学段的汇报展示课，有西藏高中学段语文、数学、政治、历史、地理学科带头人展示课，西藏初中学段藏语文、化学学科带头人展示课，西藏小学学段语文、数学学科带头人展示课，西藏幼儿园学段学科带头人展示课。

第三阶段培训（2019年12月14日—31日）在江苏扬州开展，培训主题为"名校名师引领下学科带头人教育教学领导力的提升"。此次研训，首先是专家理论引领，扬州市教育局教师工作处居殿峰处长开设了《新课改背景下扬州教育教学的实践探索与思考》专题讲座，扬州市中小学教师培训发展中心余云中主任开设了《课堂观察：教师专业发展的有效途径》专题讲座，南京师范大学教师教育学院朱雪梅教授开设了《在线学习与在线评价的路径探索》专题讲座，扬州大学基础教育研究所潘洪建所长开设了《教育科研论文的撰写与修改》专题讲座，全国著名教育专家、江苏省特级教师王力耕校长开设了《在反思中成长——课堂教学问题的发现与改进》专题讲座。接着，学员们深入扬州大学附属中学、竹西中学、翠岗中学、新华中学、汶河小学、扬州市机关第三幼儿园等名校，跟随名师进行两周的跟岗研修。扬州跟岗名校的名师为学员们开设了示范课，学员们也开设了研修汇报课。

第四阶段结业培训（2020年10月18日—31日）在福建泉州和厦门两地开展，培训主题为"新课程背景下学科带头人教育教学领导力的提升"。此次研训，首先是专家理论引领，泉州市教育科学研究所所长、福建省特级教师汤向明开设了《新课改背景下泉州教育教学的实践探索与思考》专题讲座，厦门市教育科学研究院副院长、正高级教师傅兴春开设了《新课程背景下厦门课堂改革的实践探索与思考》专题讲座，国培专家、福建教育学院教授林藩开设了《教学主张的凝练》的专题讲座，教育部福建师大基础课程研究中心副主任、福建省特级教师翁乾明开设了《教学主张的凝练》和《简约化的教学》两场专题讲座，福建省特级教师、福建教育学院基础教育考试研究中心副主任曾呈进开设了《基于教师专业发展的名师工作室建设》专题讲座，福建教育学院副教授洪东忍开设了《极简技术助力课堂教学信息化》《希沃白板5在教学中的应用》两场专题讲座。接着，学员们深入泉州第五中学、泉州市培元中学、泉州师范学院附属小学、泉州市晋光小学、泉州市刺桐幼儿园、晋江市特殊教育学校、厦门市第三中学、厦门市金尚中学、厦门市禾山中学、厦门外国语学校湖里分校、厦门市嘉禾学校、厦门市华昌小学、厦门市湖里第二实验小学、厦门市湖边花园幼儿园等名校，跟随名师进行一周的跟岗研修，福建跟岗名校的名师为学员们开设了示范课，学员们也开设了研修汇报课。

通过两年的培训，44名西藏自治区首批区级中小学学科带头人开阔了眼界，更新了课程教学理念，汲取了智慧和力量，注重自身的师德修养和人格塑造，加强自己的理论素养和专业技能的学习和提高，用理论指导教学实践，研究和探索教育、教学规律，把科研和教学结合起来，有目的地总结教育经验，反思教学实践，一切从实际出发，切实担负起教师应尽的责任和义务，在工作中起到学科带头人的带头辐射作用，将学到的知识运用到教育教学实践中去，让培训的硕果在西藏基础教育事业的发展中大放光彩。近年来，这批学员专业上的成长令人瞩目。例如，那曲市高级中学林志忠、拉萨市教育局教研所次旦卓玛、林芝市第一中学郭军舰评上了正高级教师，拉萨市北京中学谭瀛正值正高级教师考察期；那曲市高级中学林志忠入选教育部领航工程培养计划，由教育部教师工作司授牌成立"林志忠名师工作室"；拉萨市北京中学谭瀛入选全国中小学教材审查委员会汉语学科专家，担任拉萨市语文（汉语）学科基地负责人，获评拉萨市首届"教育明星"，为普通话国家级测评员、文化部"朗诵艺术"考级专业教师（自治区唯一资质），获评"全国十佳吟诵传习人"，主持"拉萨市青少年语艺"工作室的工作，负责全区吟诵及素读教学的推广及普及工作，已成立拉萨市北京中学谭瀛诵读工作室；拉萨市实验小学王慧娥成为"西藏自治区名师工作室"首批成员，成立拉萨市实验小学王慧娥名师工作室……这批学员多数还兼任西藏自治区或所在地市的学科教研员。

本书是西藏自治区首批区级中小学学科带头人培养工程项目学员的研训成果，分为五个部分。第一部分主要探讨新课程背景下的教学策略，涉及合作学习、体验式教学、互动教学、实验教学等方面，也探讨了"双减"要求下该如何优化教学；第二部分主要探讨基于地域的校本教育研究，涉及优秀传统文化进校园、民族聚居区脱贫攻坚的教育行动等内容，也探讨了教师教学能力发展与科学教育方法的研究；第三部分主要探讨教育信息化与学科融合，涉及高中信息技术与课堂教学整合的探索，也探讨了希沃白板、智能录播系统在中小学教育教学中的应用；第四部分主要研究学科考试，涉及多个学科高考评卷分析，探讨了中考、高考高效复习的做法；第五部分主要介绍几个精品课例，特别推荐了西藏高中汉语古诗文吟诵教学。

本书在编写和出版过程中得到了福建教育学院、海峡文艺出版社、西藏自治区教育厅师资处等单位领导及许多名师的大力支持和帮助，在此表示由衷的感谢！

由于编写仓促，本书还有许多不足之处，恳请读者指正，以待在今后教学中不断加以更新完善。

目　录

第一篇　教学策略

第二篇　教育研究

第三篇　教育信息化与学科融合

第四篇　学科考试研究

第五篇 精品课例

第一篇

教学策略

新教育理念下中学语文教学中合作学习的效果提升研究

拉萨市北京小学　李莉

摘　要：中学语文教学逐渐加入合作学习的形式，以适应新教育理念的推行，但是在具体实施过程中，存在着一些问题，一是教师还停滞在传统的应试教育中的情况，二是学生对这种合作学习方式并不熟悉。本文简要阐述了新教育理念下中学语文教学中合作学习的现状，对在新教育理念下中学语文教学中如何实行合作学习给出了具体可行建议。

关键词：中学语文；语文教学；合作学习；效果；提升

一、新教育理念下中学语文教学中合作学习的现状

在新教育理念下，合作学习方式逐渐在语文教学中被应用。但是现阶段，存在部分语文课堂没有顺应新教育观念的发展，语文教师在应试观念下，依然沿用传统的教学方式，以"填鸭式"教学方式为主。作为课堂的主导者，在整个教授过程中，教师很少组织小组合作学习，即便是应付于形式组织小组合作学习时，也没有采取科学合理的方式。另外，作为课堂的参与者，即使教师组织小组合作学习，学生们的合作学习兴趣也不是很高，很多学生在小组合作学习中谈论和学习无关的事情，对于合作的意义和价值漠不关心，既浪费了课堂时间，又没有达成学习效果。这两方面的情况，使中学语文教学中合作学习的成果并不是很显著。

二、新教育理念下中学语文教学中合作学习的策略

在当前的新教育理念下，各种教学模式不断出现。笔者经过自身实践和亲自走访调研，提出以下三点策略，来提高中学语文合作学习的质量。

（一）选择合作学习内容，提高学习的质量

语文教师可以根据实际教学任务，科学合理地组建合作小组，并选择适合于合作小组的学习内容展开实际教学。一些能够引发学生与作者共鸣

的教学内容，容易激发学生的学习兴趣。当然，在选择语文教学内容时，没有标准的唯一答案，这也要求合作小组里的成员要畅所欲言、集思广益，以加强小组成员之间的合作交流。例如，在学习课文《背影》时，不同小组成员之间要针对文章主题、中心思想进行讨论，要广开言路，就文章中父亲的形象、作者的思想感情、运用哪种写作手法、语言特点等展开分析。小组合作学习时间由教师根据教学任务来合理控制，最后统一由小组长回答教师问题。小组成员之间探讨学习的过程，一方面，使学生之间的思维和想法能够有效碰撞，鼓励了性格腼腆的学生参与小组学习过程，增强了同学之间的感情；另一方面，能促进学生思考能力、解决问题的能力、合作能力的有效增强，从而提高学生学习质量。

（二）选择合作学习时机，提高学习有效性

要想激发学生的学习欲望，提高学生的学习有效性，语文教师就要选择合适的学习时机。小组合作学习时机的促成，大多是在学生个人无法解决问题的时候，在这种情况下，教师就要创造机会，加强小组成员之间的合作效率与合作质量。另外，教师要有针对地选择学习内容，对小组合作学习过程中出现的问题加以引导，解决学生知识盲点，并且适当地抛砖引玉，抛出文章的关键中心框架，从而使学生在小组学习中明确中心思想，以发掘问题。比如在学习《藤野先生》时，教师可以根据教学任务均匀地把学生分成若干个小组，由一个小组寻找文章中的"我"与"藤野"之间发生的琐事，另一个小组寻找文章中描写藤野先生的重要段落和词句，先在每个小组之间展开交流和学习，后由教师总结文章中心思想。在这样的教学方式中，学生是带着问题进行小组合作学习的，并科学性、合理性地去学习课文，这样使学生对课文内容的理解进一步深化，促进学生的逻辑思维能力的提高，进而提高学习的有效性。

（三）选择合作学习规则，提高合作的效率

语文教师在进行合作小组组建时，要了解学生的实际情况，根据每个学生的学习基础及语文素养进行划分，让每个小组里面有上、中、下这几个层次的学生，从而使每个学生都能取长补短，有效互补，以实现不同小组的公平竞争。比如在学习《三顾茅庐》时，教师事先可以安排各个小组有计划地涉猎《三国演义》，在实际教学过程中，由一个小组去找出文章中的关键人物"刘、关、张",并结合文章分析三人不同的性格;另一个小组结合《三国演义》找到三顾茅庐的背景,延伸拓展,多了解《隆中对》《出师表》等。在小组合作过程中,教师有针对地划分小组学习任务,进行必要的小组讨论学习,接着由各小组代表进行发言,以展示学习成果。通过这种学习方式,小组中每个成员都能认清学习内容,有效借鉴了其他同学的看法,提高了自身的学习能力。

综上所述,语文教师要把合作学习放在中学语文教学中去,不断地完善教学机制,以小组的形式,进行问题的讨论和分析,通过小组成员之间思维的碰撞,显示出创造力和创新性,更好地推动教学任务的展开,从而实现学生成绩的提高,有效地促进学生语文素养的提升。

参考文献:

[1]孙志坚.探究新教育理念下中学语文教学中的合作学习效果[J].课程教育研究,2019(24):37-38.

[2]沈自荣.浅谈新教育理念下中学语文教学中的合作学习[J].学周刊,2018(35):100-101.

[3]谭梅生.创新教育理念下的中学语文课堂教学改革[J].内江科技,2008(05):184.

以藏族学生为本，进行批注式阅读指导

阿里地区高级中学　普布央金

摘　要：批注式阅读方法由来已久，多在汉语言教育较为发达地区的学生当中试行，是学生在自主阅读的基础上，对文章的标题、关键性句子、重要语段、结构层次、主要内容、思想感情及写作手法等方面进行批注，取得了很好的成绩、但在藏族学生当中进行实验，还属首次。笔者引进这一实验成果，在藏族学生当中进行批注式阅读指导实践和研究，发现对藏族学生提高学习汉语的积极性，提高运用汉语言的能力均有帮助，取得了一些成效，有了一些思考。

关键词：藏族学生；批注式；阅读指导

一、在藏族学生中进行批注式阅读指导的原因与研究意义

批注式阅读有利于建构学生丰富的情感世界，有利于建构学生的审美意识和审美能力。阅读的本质是以作品为媒介，借此体验、感悟和理解作家在作品中流露的情感和思想，这种阅读活动，是作者与读者之间灵魂的拥抱、心灵的对话。这种触动有时是稍纵即逝的，有了批注就有可能抓住，从而更好地使学生的情感受到美的熏陶、善的浸润，使学生的身心得以净化、思维品质得以重塑。批注式阅读课题的研究，能让孩子体味阅读的快乐，感受思考的魅力，触摸作者的内心，实现学生的个性化阅读。

批注式阅读的概念是1999年由东北师范大学附属中学的孙立权老师正式提出的，至今已经开展了20年。批注式阅读就是学生在自主阅读的基础上对文章的标题、关键性句子、重要语段、结构层次、主要内容、思想感情及写作手法等方面采用圈点勾画的方法进行标注的一种阅读方法。它是一种研究性阅读，以学生自学为主线，以思维为核心，以画、注、批为载体，是一种以主动探究为核心的阅读实践活动，是一个动态的思维过程。正确运用这种方法就能由表及里、由浅入深、由简入繁、由现象到本质对

文本进行多角度解读，不断提高学生的理解感悟、分析综合能力。在多年的高三汉语教学中，笔者对批注式阅读技巧有了以下的思考。

二、在藏族学生中进行批注式阅读指导过程中遇到的问题

新课程标准指出：阅读教学是学生、教师、教材编辑者和文本之间的多层对话，是思想碰撞和灵魂交流的动态过程。构建这种对话必须基于搭建起"自笔者的阅读心得"。自2017年初试行批注阅读以来，笔者遇到了很多问题，如：教师设计前置小研究难度大，学生课堂参与度不高，大多数学生出现书写障碍、表达缺陷、定式思维等基础缺陷。

首先，是教师设计前置小研究困难重重。前置小研究即传统意义上的学案导学，它的设定既要符合生源认知基础，又要尊重文本基本思想，同时还得体现学科育人价值观。如何兼顾三者成了批注式阅读课推行的第一步。在反复地实践尝试中，笔者遵循生本教育设计前置小研究的理念"简单、根本、开放"，设计课堂教学。问题设置要"简单"，让所有的学生参与进来，通过每一个人的参与与研究实现人人有思考。"根本"即所设计问题必须尊重文本思想，围绕学习目标对知识进行分解、连接、运用，也就是学生通过学习体验掌握解决问题的技巧。"开放"即问题设置的发散性与灵活性。语文学科核心素养提出"思维的发展与提升"，这就要求笔者通过语文学习，促进思维的深刻性、敏捷性、灵活性、批判性和独创性。所以前置小研究中的问题，一定要具备可研究性。

第二，学生对于"由教师教到学生学"的课堂转变不能适应，致使在一开始的学习中学生的参与度不高。学生们习惯在教师引导下有序地完成阅读，习惯从讲授式教学模式中获取文本信息，一旦离开教师的引领，没有既定的以获取知识为目的的以教带学阅读思路，就不知所措，无从入手，进而导致语文课堂内死气沉沉，课后无所事事，阅读过程滞于浏览，捕捉不到文本所透露出来的知识信息和思想信息。

第三，在藏族孩子中推广批注式阅读，大多数学生出现书写障碍、表达缺陷、定式思维等基础缺陷。众所周知，民族地区大多数生活用语为本民族语言，学生虽然从小接触汉语，学习汉语，但是受学习第二语言缺陷，导致很多情况下做不到"笔者手写笔者心"，更是由于两种语言差

异，语意表达的连贯，完整、遣词造句不容乐观，书写批注中常常出现别字连篇、用词不当、词不达意等情况。所以，一开始学生对于这种开放式的阅读教学并不热衷，前置小研究除基础批注能完成外，标题、主体方面的批注很难跟进。

三、如何在藏族学生中进行批注式阅读指导

批注式阅读倡导自主的阅读思路，这种放手阅读能有效地培养阅读的自主性、多样性和独特性，但因为批注内容的随心所欲，导致批注沦为方法僵化、内容臆造、缺乏针对性。如何将批注内容与方法、自主性与规范性有效地合二为一，即探索方法化的内容和内容化的方法，笔者结合学情与高三汉语教学大纲，依据高考阅读高频考点及考题类型，从标题、主题等方面进行批注式阅读指导。

（一）标题批注

标题是文章的眼睛，而眼睛是心灵的窗户。理解了文章的标题就意味着把握住了文章的主要内容，对文本的思想情感有了整体的感悟，为下一步解读文本的具体内容做了铺垫。这一环节举足轻重，不可忽略。

在指导学生阅读文章时，首先就应该让学生学会标题批注。教学中笔者要求学生首先抓住标题的字面特征，对文字本身进行语法解读；其次借助一些修辞手法对标题进行思维迁移；再对文字的深层意蕴进行多方位思考质疑。

如阅读记叙文《甜甜的泥土》，通过教师引导，学生就能写出如下的批注：标题是一个偏正短语，中心词是"泥土"，修饰语是"甜甜的"。泥土本来是苦涩的，这里怎么会是甜的？甜甜的泥土中肯定有着美好的故事，肯定与乡情、亲情有关，这其中的情感一定是感人的。这感人的情感到底是什么呢？令人充满着期待。

又如阅读散文《生活如蓟》，学生在批注标题时首先想到的是标题运用了比喻的修辞手法，把抽象无形的生活比作形象可感的蓟，二者之间肯定有一定的相似点。在此基础上，教师启发学生产生疑问："蓟是什么植物？它有什么特点？作者借蓟表达的生活感想是什么？"这样让学生带着问题去探究文章，就能较快地投入文章中去。

再如阅读说明文《高科技污染》，学生在标题边的标注就紧紧抓住了文本要害：什么是高科技污染？高科技污染有哪些种类？有哪些危害？如何预防？这些，可让阅读效率迅速提高。

可见，学生通过对标题多元化的批注，既发散了思维，又激发了阅读兴趣、探究欲望，对文本有了基本的思考和个性理解，为深度解读文本提供了情感支撑和智力依托。

（二）主体批注

主体部分批注是批注式阅读的主要方面，它是对文本内容进行具体细致多维度的思考和解读。这一部分的批注是多方面的，可以是文章的行文思路，亦可是主要内容、思想感悟、重点句段、语言特色、写作手法等方面。因为这些批注的角度与高考阅读的考点相一致，所以教师要鼓励学生以考点为方向去阅读赏析文章。学生可借助以往的阅读经验，在多次阅读文本的基础上，对文本有自己独到的认识，而这些认识以标注的形式呈现，正是教者在无声的引导下所要达到的效果。这些效果比教师在课堂上个人反复讲析，带领学生强化练习要好得多。这种批注阅读的过程，其实就是解放学生思维的过程，在无限的思维空间里会发掘学生无限的潜力，产生教师单一思维圈以外更多、更新、更深的东西，对文章的理解也就变得立体化、多元化，对文本内涵的把握则更精准、更透彻。同时，也会提升学生对汉语基本知识、关键能力、核心素养的把控能力，从而形成积极的世界观、人生观、价值观，以文化自觉增强文化自信，促使学生进一步关注自然、关注社会、关注人生，产生"大笔者"的认知。

如当学生讨论到小说《孔乙己》一文"造成孔乙己悲剧的原因有哪些"时，有一个学生就对文中"做工的人，傍午傍晚散了工，每每花四文铜钱，买一碗酒，——这是二十年前的事，现在涨到十文"一句旁批如下："四文"到"十文"表明孔乙己所生活的时代遭遇了"通货膨胀"，这加剧了人物的悲剧命运。

又如学习散文《废墟》，学生在文章尾批如下：家乡江孜保卫战遗址，如今已修葺一新，如果是为了警示世人，知耻而后勇，是否也该留下那么一段断壁残垣，就像书中的北京圆明园？

看着学生们思想的火花在批注阅读中跳跃、闪亮，不能不说是阅读教学中的一个个惊喜。

学生如果掌握了上面两种批注式阅读方法，无疑对阅读帮助很大，而在此基础上，一些学生还可以进一步深化，进行下面的拓展批注。

（三）拓展批注

拓展批注是对文本内容的外延和深化，是将文本内容与课外相关的内容建立密切联系，将文本的思想与真实的生活相融，从而化解生活矛盾，解决生活难题，促使自己独立思考，客观看世界，理性待人生，尽快地成长起来。

如在学习张承志《汉家寨》一文中，有个别学生结合自己生活批注："作品中的老汉与女孩让笔者联想到时代楷模卓嘎央宗。""作品宣扬的坚守精神与国家现行的扶贫搬迁是否有冲突？"这样的学习体验已经完全超出了作品本身所传达的信息，学生在阅读中对"坚守精神"提出了质疑，通过讨论理解了国家以人为本的扶贫搬迁政策的时代意义。这种在学习中有选择性地摄取知识，以文本为载体，思考生活，无疑是阅读教学的更高层次目的。

又如学完《被遗忘的稻草》后，教师安排学生利用缩句知识将长文章变短，再尝试性地将文本转换为作文素材或材料。在任务驱动教学下，个别基础好的学生大胆命题，进行课外写作训练。这样，可以通过链接生活素材，倾吐个人心声，表达个人情怀，强化文本内容。

叶圣陶老先生提出"教是为了不教"，批注式阅读正体现了这一教育理念。学生在没有教师设定阅读提纲的前提下，反复阅读，生成了许多科学有效的问题，并通过自主合作探究的方式解决了这些问题。在这个过程中，学生收获的不仅仅是对某篇文章的感悟理解，而且是深度阅读的技巧和方法，是理解感悟、分析综合的能力。"授人以鱼，不如授人以渔"，科学高效阅读的方法才是开启学生探究思路的钥匙，才是学生创新意识的源泉。但愿一线教师在教学实践中，能够贯穿生本教育的理念，大胆改进教学方法，充分发挥学生的主观能动性，让汉语阅读教学有特色、有创意。

参考文献：

[1]郭思乐.教育激扬生命[M].北京：人民教育出版社.

[2]中华人民共和国教育部.普通高中语文课程标准（2017年版）[M].北京：人民教育出版社.

[3]杨淑延.在批注阅读中发展学生的阅读个性化[J].福建教育，2008（11）.

群文阅读模式在高三复习中的运用

阿里地区高级中学　普布央金

摘　要：群文阅读教学模式简单地说就是多文本阅读教学，即以多个文本按照一个或几个中心组合在一起建构一个阅读整体，由浅入深、由表及里地逐步拓宽视野，开放思维，实现有效复习。将群文阅读运用到高三阅读复习，一方面能改善碎片化阅读的思维模式，另一方面有利于培养学生开放的心态和宽阔的视野，能引导学生通过组合文本的学习、发现、探索，逐步养成深度阅读的习惯，从而建构阅读经验，形成适合自身的阅读方法，促进学科核心素养的形成。

关键词：群文阅读；复习；核心素养

　　高三教学任务重、时间紧、知识体系庞杂，想要帮助考生在阅读理解中达到综合运用所学语文知识和能力，灵活有效地分析问题、解决问题的要求，并非易事。在传统阅读板块的复习中，教师们经常以海量阅读、强化训练的方式完成复习目标，但是受单篇教学的限制，在内容和形式、思维与视野、发现与探索方面远远达不到新课标提出的要求。由此，本课题组尝试性地将群文阅读模式引入高三复习，结合阿里地区汉语文高考阅读考查点，潜心研究、积极探索，取得了一些成果。下面就群文阅读在高三复习中的运用实践进行探讨。

一、群文阅读相关理论

　　维果斯基认为教育应该着眼于最近发展区，调动学生的积极性，发挥其潜能，超越其发展区而达到下一个发展阶段的水平。群文阅读作为一种比较新鲜的阅读方式，是基于最新发展区理论而来。最近发展区理论强调，学生在已有的认知水平的基础上，通过教师的引导、外界的干预达到"潜在发展水平"。

群文阅读教学模式简单地说就是多文本阅读教学，即以多个文本按照一个或几个中心组合在一起建构一个阅读整体，由浅入深、由表及里地逐步拓宽视野，开放思维，实现有效复习。将群文阅读运用到高三阅读复习，一方面能改善碎片化阅读的思维模式，另一方面有利于培养学生开放的心态和宽阔的视野，引导学生通过组合文本的学习、发现、探索，逐步养成深度阅读的习惯，从而建构阅读经验，形成适合自身的阅读方法，促进学科核心素养的形成。

二、高三阅读复习中群文阅读的模式建构

群文阅读在高中汉语文教材中就有一定的体现。如人教版高中第四册（藏族地区使用）就是按照群文阅读方式编排的。本册共六个单元，第一单元为游记，希望通过《雨中登泰山》《初冬过三峡》《汉家寨》《仰望布达拉宫》四篇文章的学习，使学生了解并掌握游记的特征，体会作者对于景物的独特感受；第二单元为科普说明文单元，目的是激发学生对科学的热爱，启迪心智、激发想象；第三单元为小说，需要学生能够厘清小说的情节线索，透过小说中的环境描写来把握小说的主题；第四单元是民俗，重在开阔学生的视野，使学生可以了解民生和民间文化，感受民族的生命与活力……这样的编排侧重于强化文体衔接意识，非常符合西藏地区汉语教学的现状。如果能举一反三，将高三阅读复习的角度从文体细分到内容、主旨、写作特点、时代背景、同一作者等多个议题进行群文教学，对单篇阅读教学方式进行全面、立体地丰富与充实，不仅能拓展学生的阅读量，还能增加阅读教学的完整性、延伸性和深度。

（一）以文体为议题

可分别选择必修1—6册同一文体篇目开展群文阅读训练，培养学生阅读、写作文体意识，强化文体知识。例如，将有代表性的记叙文归类组合后发现，记叙文或写人或记事，写人离不开事件的叙述，事件必须有人的参与，但是两者在行文中又各有侧重点。写人类侧重于表达人的思想、感情、品质和闪光点，记事类强调事件的起因、经过和结尾，主要传达事件的意义、影响。这样学生在复习中既有阅读分析的抓手，又能在写作中明确写作的方向。

又如以每年汉语文高考考查中必然出现的散文阅读为例，可将《阿长与〈山海经〉》《提醒幸福》《听泉》《荷塘月色》等组成一个学习整体，就四篇文章异同进行群文阅读教学，不仅可以强化"形散神聚"的文体特征，还能通过比较阅读区分叙事散文、抒情散文、议论散文、哲理散文在行文方法、写作技巧和高考考点查考方面的细微区别。

由此可见，以教材为基准，编排群文阅读材料进行高三复习，一来能完成梳理课本的复习任务，二来能落实群文阅读"服务教材、回归教材"的原则。

（二）以文章内容为议题

可选择相同、类似或者互补的内容来开展群文阅读，培养学生的思辨能力等。"思辨性阅读与表达"是高中语文课程标准中的18个任务群之一。以文章内容为主题，打破教材原有的安排体系并组合成新的群文教学单元，既能够增加阅读教学的灵活性，又能有效拓展学生阅读的深度，引导学生去感悟、去体验、去思考。文本内容重组中，可以寻找相同时代背景的文本，可以将主旨相似的文本进行重组，可以是相近思想感情的文本进行重组，也可以是相关的知识体系重组。例如将《白马湖之冬》《荷塘月色》《故都的秋》《桨声灯影里的秦淮河》重组在一起，让学生进行比较阅读，深入体会20世纪大时代中知识分子欲安身立命、报效国家的理想信念，与国家贫弱、民族被压迫、社会格局动荡的现实冲突下个人报国无门、理想难以施展的彷徨和苦闷，进而掌握象征、借景抒情、联想想象等创作方法的运用，提高学生应试能力。

（三）以同一作家或不同作家同一系列作品为议题

这样一来，可从作品认识作家，探索作家在不同时期的思想变化，再从作家看作品表达的主题和思想。进而体会其创作风格。如朱自清先生早年作品《春》《踪迹》《欧游杂记》以清新秀丽的笔风书写自然之美，朝气与希望、美景与憧憬占据了他的心灵，字里行间处处流露未来可期的美好；再看其进入清华大学后的作品，虽然景物仍是美得心醉，却多了一层面纱，看不真切，如国家之命运，似乎多了一层忧虑、添了不少难以排遣的苦闷情绪；特别是贫病交加的晚年朱自清，在其作品中流露出"不为五斗米折腰"的精神追求。

三、高三阅读复习中群文阅读的有效性

目前，群文阅读模式在我校高三阅读复习的实践中受到了学生们的普遍欢迎，通过对近两年的模拟考成绩进行分析，发现我校学生的阅读理解平均得分从最开始的5—8分提升至高考中的15—20分，这有效证明了群文阅读教学的积极作用。

在实践中，我们也越来越清楚地认识到中学生是一个理性思维逐渐形成的群体，他们喜欢有思维高度，具有新视野的课堂，尽管在表达、书写方面与发达地区学生有较大的差距，但是在思维、逻辑上可以处在同一水平。所以，群文阅读教学模式在西藏地区普通高中完全可以进行推广。

当然，群文的建构模式应该还有更多更细的角度，这需要更多的教师投入其中进行探索。群文阅读在高三阅读复习中的运用确实有利于提高复习的效率，但是随机且缺乏整体性、系统性的多文本教学设计必定是低下的，这也给课题组带来一定的挑战，如何依据学情和汉语文高考阅读考点建立更专业的群文阅读教学模式，将是本课题组继续探索和研究的方向。

藏区高中汉语文自主阅读教学策略初探

阿里地区高级中学　普布央金

摘　要：在推动新课程改革的过程中，我国的教育质量和教学水平有了较大的改观。为了体现素质教育的核心要求，藏区高中在教学实践的过程中以学生为主体，立足于学生长远发展的实际需求，不断革新传统的教学策略和教学理念。本文根据语文教学的现实条件，对汉语文自主阅读教学策略进行相应的分析和研究，希望能为汉语文教学活动的正常开展提供一定的借鉴和指导。

关键词：藏区高中；汉语文；自主阅读；教学策略

一、引言

对藏区教育来说，除了需要关注理论与教学实践之间的紧密结合之外，还需要立足于自身经济条件，抓住教育改革过程中的重点和难点，将自主阅读与汉语文教学相联系，更好地体现这一学科教学的精髓和特征。新课程改革的不断落实，对藏区高中汉语文教学提出了较高的要求，其中，自主阅读教学符合素质教育的实质条件，能够促进教学资源的优化配置和利用。

二、自主阅读教学的内容

为了摆脱传统应试教育的桎梏，我国提出了新的语文课程标准。新课标强调了阅读教学的重要性和关键价值，教师需要引导学生在自主阅读的过程中不断提高个人的阅读能力，培养独立阅读的行为习惯，积极地利用各种阅读方式掌握语文阅读的技巧和核心，在知识积累的过程中实现自身的良性成长和发展。学生自主阅读能力的提升，对教师提出了一定的要求，教师需要将学生作为整个课堂教学的主体，将课堂的主动权交给学生，关注学生在汉语文教学活动过程中参与的积极性，保证学生能够主动地接受教师优秀思想情操的引导和陶冶，从而提高个人的综合语文素养。藏区语文的阅读教学必须以时代发展为方向，体现自主阅读教学的重要性和核心价值，不断激发学生的学习热情，挖掘学生的学习潜能，保障自主阅读教学能够为学生的良性成长提供更多的机遇。

三、藏区高中汉语文自主阅读教学策略

（一）激发学生兴趣

学生兴趣的激发是一个长期性的过程，不可能一蹴而就，对于藏区高中汉语文教学来说，教师必须站在学生的角度，在理解学生、尊重学生的基础上采取恰当的策略和手段激发学生的兴趣。学术界和理论界在对目前的教育改革现状进行分析时也强调了学生兴趣的重要性，只有保证学生产生一定的兴趣才能够更好地促进素质教育的大力落实，让学生在个人主观能动性的引导之下进行自我教育自主实践。首先，藏区高中语文教师需要对学生的学习能力、教育背景和兴趣爱好进行分析，着眼于学生的兴趣点，对后期的教学实践内容和形式进行调整，制定符合学生个性化发展要求的教学目标和计划。其次，情境教学主要以各种多媒体教学技术的使用为基础，以此加深学生对汉语文阅读知识的理解和认知，调动学生的学习兴趣。在情境创设的过程中，教师需要设置不同的问题，主动引导学生探索问题的答案，让学生结合个人已有的社会生活实践经验进行主动分析，真正意识到汉语文自主阅读与个人生活实践之间的紧密联系，这一点对构建高效课堂意义重大。

（二）培养学生生活观察能力

我国素质教育和新课改明确强调了学生的主体地位。对于藏区高中汉语文教学来说，大部分的教学内容来源于生活、高于生活，为了保障学生真正意识到汉语文学习的乐趣和精髓，教师需要着重培养学生的生活观察能力，引导学生在课外实践的过程中养成良好的自主阅读习惯，发现名著中的精彩之处。教师可以根据学生的学习能力布置相应的课后阅读作业，保障学生正确的阅读方向，尽量避免学生出现厌倦的情绪，只要学生能够在后期阅读的过程中进行主动的知识积累，教师就应提出口头表扬，从而让学生意识到个人的主体地位，进而主动地在自主阅读的过程中实现自身

的良性成长和发展。

（三）重视阅读方法技能的传授

藏区汉语文自主阅读教学所涉及的内容和形式比较复杂，对教师和学生都提出了一定的要求，为了构建高效课堂，促进教学质量和水平的提升，藏区高中语文教师必须关注阅读方法的有效传授，结合自主阅读这一教学过程的具体特点制定针对性的教学方法及策略，在发挥学生想象力的前提之上给予学生力所能及的帮助，鼓励学生对文章进行深入的解读和思考，培养学生良好的审美能力和审美意识。教师可以将方法技能的传授与问题情境的创设相联系，让学生带着问题进行主动的探索，这一点能够在体现学生主体价值的基础之上，为学生的良性成长提供更多的机遇，提高学生的自主实践动手能力和参与意识，保证学生真正地掌握自主阅读的技巧和核心，从而在后期学习的过程中不断地突破自己。

四、结语

藏区高中汉语文自主阅读教学对促进藏区语文教学质量和水平的提升意义重大，教师需要立足于自主阅读教学的现实条件，采取科学合理的教学策略，通过对不同教学内容和教学环节的深入分析解读来保障教学内容和教学形式能更好地吸引学生的注意力，突破传统应试教育的桎梏。

参考文献：

[1]吕亚文.浅谈藏区高中汉语文教学[J].新课程学习（中），2011（5）.

[2]次仁.浅议藏区的高中汉语文教学[J].现代企业教育，2014（24）：500-501.

[3]李永兴.藏区高中培养学生文言文阅读兴趣的研究——以卓尼县柳林中学为例[D].西北师范大学，2014.

体验式教学理念下小学数学课堂实践探索

山南市隆子县隆子镇小学　罗布顿珠

摘　要：在新课改理念提出后，素质教育成为教学工作的重点，越来越多的学校开始改善传统的教学方法，关注学生能力的提升。小学数学教师在教学中做好基础教学工作，积极运用体验式教学理念开展教学活动，是现阶段适应教育制度变革的具体体现。本文从体验式教学理念入手，针对体验式教学理念下小学数学课堂教学的具体表现展开深入探讨，并提出一些教学措施。

关键词：体验式教学理念；小学数学；课堂教学；实践探索

小学数学知识的学习，需要有较强的逻辑性思维，而小学生年龄比较小，思维处于发展的初期，较难理解复杂的数学知识内容。因此，需要教师能够为学生创造出最佳的学习环境和氛围，让学生感受到数学知识的重要性，提高学习数学知识的兴趣。体验式教学理念的应用，能够改善枯燥的课堂氛围，促进学生对于数学知识的利用。把知识与实际相互联系，能更好地提高学生的学习能力，为学生未来的良好发展打下基础。本文以体验式教学理念为切入点，展开具体分析，并提出体验式教学理念与情境教学模式相结合、体验式教学理念与实践活动相结合、培养小学生数学知识的应用能力等几方面的教学措施。

一、体验式教学理念与情境教学模式相结合

以学生学习需求为基础，开展体验式教学，并将其与情境教学模式相结合，是小学数学教师完善教学体系的必然选择。教师根据数学知识内容，设置符合学生学习状况的情境，为学生营造轻松和谐的学习氛围，在增强学生情感体验的同时，能够激发学生的数学学习兴趣。在实际教学中，教师要根据学生学习状况开展体验式教学活动，在帮助学生创设有

效学习情境的同时，运用新型、趣味性的教学方式开展教学。教师在日常教学中，认真观察学生的性格特点，对学生之间的差异进行细化分析，引导学生积极主动地参加数学学习，让学生通过真实体验，准确认识数学学习的重要性。下面以小学数学"小数乘法"这一知识内容为例进行具体分析。首先，教师在课堂上按照教材知识内容进行细致讲解，教授学生小数乘法的运算规律。其次，教师将体验式教学法与情境教学法进行结合，为学生设置相应的学习情境，便于学生更加准确地理解。教师将教室布置成超市的样子，将讲台作为购物结算台，找出三名学生分别扮演售货员、结账员和顾客，模仿生活中购物的样子。扮演结账员的同学，需要根据"顾客"所选取商品的单价、数量进行计算。教师通过设置这样的教学情境，将小数乘法的知识内容进行生活化处理，既能在情境中帮助学生巩固知识，也能让小学生真实感受运用"小数乘法"对日常生活的帮助。因此，体验式教学法作为教师与学生之间沟通的一种方式，是教师帮助学生正确认识数学学科的重要途径。

二、体验式教学理念与实践活动相结合

小学生在数学课堂上活泼好动，无法长时间集中注意力学习，不利于数学学习质量的提升。小学数学教师为了吸引学生学习兴趣，可将体验式教学法与实践活动相结合，这样不仅能够让小学生准确掌握教材知识，培养小学生动手操作的能力，还能够让小学生克服排斥心理，更加积极主动地加入数学学习中。小学是培养学生发散性思维能力、实践能力的重要阶段，教师应运用体验式教学方式转变小学生的思考方向，引导小学生多元化地看待数学问题。像"量一量、摆一摆"等实践活动，深受数学教师欢迎，学生通过自己动手操作，能够不断挖掘自身学习潜力，探索知识生成的过程的具体体现。例如，教师在讲授"圆柱表面积"知识内容的准备阶段，会要求学生自行准备剪刀、长方形与圆形纸片等，以便在实际教学中运用所准备的工具进行动手操作。学生按照教材中所展示的制作过程，运用剪刀顺着圆柱侧面高进行裁剪，在完成之后将其展开，就会出现"长方形"的图形；学生对其进行观察，可自行总结长方形与圆柱表面积之间的关系，利用所学内容对圆柱表面积进行计算。教师通过"剪一剪、做一

做"，让学生体验圆柱的制作过程，拥有足够的自主学习实践，从而能够更深入地理解数学知识。

三、培养小学生数学知识的应用能力

体验式教学法是小学数学教师教学中常用的一种教学方式。数学教师的教学目的，并不是帮助学生应付数学考试，而是帮助学生运用数学的方式解决生活中的实际问题。小学数学与生活中的内容息息相关，教师在课堂上不仅要对理论进行讲解，还要为学生创造体验和应用数学知识的机会。教师将实际生活与知识内容进行融合，培养小学生的应用意识，从而可提升小学生数学学习能力。如以"100以内的加减法"为例培养学生的应用能力。教师以学生兴趣为切入点，引入日常生活中在超市买零食的例子："妈妈给小明100元钱，让小明去买零食，小明根据自己的口味选择了一袋4元钱的薯条，一根2元钱的雪糕，35元钱的巧克力。"教师根据这个案例进行提问："小明一共花了多少钱？售货员应找多少钱给小明？"通过这样的问题，学生对"100以内的加减法"意识更加明确，能够提升应用能力。

四、增强学生知识应用意识

在小学数学课堂上想要开展体验式教学方法，教师不仅仅需要向学生灌输各种理论性的知识内容，还需要开设实际应用的知识环节，也就是把生活实际与数学课堂知识内容相融合，让学生能够把所学习的内容在实际生活中加以利用，从中学生能提高对数学知识的体验感，并且更多地了解到数学知识所具有的有趣场面，增强对知识的应用能力。

总体来看，体验式教学法能够将小学生自动带入相应的学习情境中，是小学数学教师提升教学效率的一种重要方式。教师要正确看待体验式教学方式，根据讲授的不同数学知识，为学生营造不同的体验情境，从而帮助小学生养成良好的数学学习习惯。在对其进行运用时，还要将其与情境教学法、有效提问法等方式进行结合，在培养小学生综合能力的同时，不断完善西藏地区小学数学教育体系。

参考文献：

[1]郝金良.体验式教学方法运用于小学数学教学的探究[J].课程教育研究（新教师教学），2016（9）：104-104.

[2]程小丽.体验式教学法运用于小学数学教学的探究[J].读写算（教研版），2015（19）：82-82.

[3]张槐梅.体验式教学法运用于小学数学教学的探究[J].教育教学研究，2018（01）：239.

[4]管菲.体验式教学法运用于小学数学教学的探究[J].才智，2016（1）：87.

[5]汪良梅.体验式教学法运用于小学数学教学策略[J].课程教育研究（学法教法研究），2016（010）：142.

中学生藏文书写能力提升策略探究

拉萨江苏实验中学　央吉

摘　要：加强中学生藏文书写能力，首先要严格执行相关教育行政部门的要求，发挥学校作为校本教研的主阵地作用，规划开展藏文书法校本课程编写，营造具有浓厚藏文书法氛围的环境，完善藏文书法教育的课程体系，多组织、开展相关活动等。其次要发挥学生作为学习和体验藏文书法的主体作用，纠正学生的书写姿势，纠正学生的握笔方法，纠正学生的字母书写顺序，纠正学生的书写笔画笔顺及结构间架。

关键词：中学生；藏文书写；改进对策

藏文书法作为中华书法的组成部分和中华传统文化的重要组成部分，在3000多年漫长的演变和改进中，有着博大精深的文化内涵和巨大的文化魅力，具有鲜明的民族性、地域性和传承性。由于各种原因，近年来拉萨市中学生藏文书写能力呈现弱化甚至退化的趋势，为此本文做些探析，并提出改进方法。

一、存在的问题及原因

笔者通过几年的调查研究发现，中学生普遍存在藏文书写姿势不端正，写出的字体不规范，写的字字迹潦草、辨认困难等问题，主要原因分析如下：

一是社会方面的原因。步入信息化社会，包括中学生在内，人们进入了少纸、无纸的时代，对书写规范的要求也就淡出了历史舞台，规范书写和学习书法成了书法家或书法爱好者们的"专利"，整个社会对藏文书法等厚重传统文化的学习和继承不够重视。

二是学校方面的原因。由于应试教育的理念及资金、人员等原因，拉萨市80%以上的中学没有开设藏文书法课，没有专门的书法教室，也没有足够的练习书法所需的纸、墨和笔。即便有些学校在课余时间开设了藏文书法课，但教学状况和效果不尽如人意。学校对规范藏文书写的重视程度不够，对传承和发扬传统文化的重要性认识不够。

三是藏文教师方面的原因。一部分教师在思想观念上对藏文书写的规范重视程度不够，没有摆正藏文书写能力在藏语文教学中的位置，只注重考试分数，忽视了规范藏文的书写与藏文书法的传承发扬。

四是学生方面的原因。过重的学习负担，是学生书写藏文只求快而不管好坏的重要影响因素，很多学生从小没有打好书法基本功，没有在"墙星"上练习过藏文书写，就直接在纸上书写。许多学生在书写藏文时歪着脑袋，捏着笔尖，斜着本子，眼贴着桌面，姿势极不正确。当翻开藏文作业或笔记本时，基字等字母排列间架不规范，字母大小参差不齐，上、下加字位置不准确，写得龙飞凤舞，甚至书写者自己写完都要辨认一番才看得出来。

二、具体改进办法和措施

教育部曾对中小学书法教育提出了指导意见："要求在高中阶段，语文等相应课程中设置与书法有关的选修课程，中小学还可以在综合实践活动、地方课程、校本课程中开展书法教育。"结合意见，针对上述问题，提出如下改进措施：

（一）发挥学校作为校本教研的主阵地作用

首先，要向相关教育行政部门申请，协调并规划藏文书法校本课程的编写，形成一套符合拉萨中学校园实际的藏文书法校本教材。同时，培养相应的专业型教师，配好专用教室，解决纸笔墨等相应硬件设施。教师要带头成立书法社团或开设书法选修所，开展书法学习、比赛等活动，提高学生学习书法的兴趣和动力。

其次，营造具有浓厚藏文书法氛围的环境。苏联教育家苏霍姆林斯基说："努力使学校的墙壁也讲话。"学校的墙壁、宣传窗、黑板、走廊都可以成为教学阵地，起到无声胜有声的教育作用。学校以培育核心素养为终极目标，突出以藏文书法等传统文化教育为主题，统一规划校园文化建设，在校园墙壁上、教学楼楼道内张贴有关励志教育的藏文书法作品，如格言、谚语等，使学校有藏文书法美文墙、格言教育墙、师生藏文书法欣赏墙等，营造出浓郁的墨韵书香氛围。这将有力促进学校校风和学风的根本性转变，使学生为藏文书法艺术所熏陶。

第三，学校一把手带头从思想认识上摒弃"以分数论英雄"的错误观念，真正把学校中心工作从应试教育转轨到素质教育，树牢"以校本课程的理念构建和完善我市藏文书法教育的课程体系，是改进藏文书法教育的必经之路，也是新课程理念顺利实施的关键"的观念，要求藏文教师在常规教学过程中，从注重板书及作业评语的书写开始，严格规范藏文书写要求，为学生做好榜样。同时开展一些具体、生动的活动，如开发具有学校特色、切合学校教育教学实际、能满足学生需求的藏文书法课程，利用逢年过节时组织社团或选修班的学生在学校内开展"写对联提高书法技能、送对联增添节日气氛"的活动等，使藏文书法教育校本课程得以顺利实施，拓展书法教育教学的渠道。

（二）发挥学生作为学习和体验藏文书法的主体作用

其一，要纠正学生的书写姿势。随着社会生活水平的不断提高，在校生盘腿而坐、口耳相传的教学模式已成历史，应重点纠正学生在课桌上书写藏文的姿势。在书写藏文时，如果身体过于后仰，影响握笔和手指发力，视力不好的同学也存在看不清习字本上结构间架条线的问题；如果过于前倾则影响身体健康。书写藏文时，要做到身直，即胸挺起、背撑直，胸口距桌沿一拳（约10厘米）；同时，头应端正，微低，微前倾，不能左右倾斜，下巴稍向内收，眼睛距书本一肘（约30厘米）；两肩齐平，两臂自然展开，右手握笔，左手按本，以自然舒适为宜，做到"头正、肩平、身直"。

学生到中学阶段虽然已不再使用传统的圆柱竹笔，而是使用钢笔或签字笔等，但基本握笔方法相同，即用右手食指和拇指抓住距笔尖三指（约3厘米）的位置，如图所示。握笔要松紧适度，中指以下应适当伸缩，掌心留下能够容纳

握笔姿势

一鸽蛋的空间。在具体书写中，大拇指、食指自然弯曲，握在笔的左右两侧，近似椭圆形。如果使用的是专门的藏文书写笔，在书写一些笔画时还应根据笔画始末的粗细及弯曲程度，通过拇指和食指来转动笔尖。总体握法是"指实掌虚"，就是手指握笔要实，掌心要空，这样书写起来才能运笔自如、灵活用笔。

其二，要纠正学生的字母书写的顺序。藏文文字的特点是以基字（名喜）为中心，五个前加字（温旧）一定要写在前边，十个后加字（检旧）写在后边，三个上加字（国间）写在上边，四个下加字（朵间）写在下边，两个再后加字（阳旧）写在后加字后边。其书写顺序依次是前加、上加、基字、下加、元音、后加和再后加字，最后再加上间隔符号。如

བསྐྱགས་ 的书写：

$$ བ → བས → བྲ → བྲྐ → བྐྲྱ → བྐྲྱག → བྐྲྱགས → བྐྲྱགས་ $$

其三，要纠正学生的书写笔画笔顺及结构间架。学习藏文书法的程序同学习汉字书法一样，都有严格的要求，初学藏文书法是从学习书写粗通入门，所以应重点以书写粗通为例进行纠正。一是书写粗通时根据不同阶段有专门的书写架构线条，如初学者为四线架构线条，即上线（果替）、中线（吉替）、底线（麦替）和脚线（刚替），上、中线之间的距离和中、下线之间距离要相等，藏文习字本上的距离一般为一指（约4厘米），底线和脚线之间的距离一般为二指（约8厘米）。

在具体书写中，一定要按照粗通笔顺和各笔画在四线架构条线上的所属位置进行书写，如：将有头（果）的17个字母，其中长头（果仍）字母（ཀ་ཁ་ག）、短头（果同）字母（ཆ་ཇ་ཐ་ན་པ་བ་མ་ཚ་ཕ་འ་ལ་ཧ）和弯头（典果）字母（ཉ）的第一笔写在上线上，将10个有足的字母中直足（长刚）字母（ཀ་ཀ་ག）和弯足（典刚）字（ཉ་ད་ང་ན་ཟ་ར）的足一直延伸至脚线上。

总之，要转变拉萨市中学生藏文书写不规范的现状，需要相关人员集思广益，付出百倍努力，积极调动各方力量，形成齐抓共管的制度机制，搭建广泛参与的学习平台，落实多管齐下的改进措施和方法。

参考文献：

[1]张文涛.藏文书法艺术对汉字字体设计的影响[J].大众文艺，2012（19）.

[2]邹志伟，侯甬坚.民国时期拉卜楞寺僧侣制度与甘南藏区环境初探[J].西北人口，2012（02）.

[3]吉米平阶.独树一帜的藏文硬笔书法艺术[J].中国西藏（中文版），2011（02）.

[4]达瓦次仁，久美次成.三千年的智慧结晶：藏文书法的起源和溯流[J].西藏旅游，2006（06）.

[5]拉巴次仁.藏文书法赏析[J].西藏旅游，2006（05）.

[6]纵瑞彬.藏文书法形态发微[J].西藏研究，1999（02）.

[7]次仁曲杰.藏族文字史评述[M].西藏人民出版社，2010（10）.

西藏少数民族地区幼儿园双语教学现状及对策分析

林芝市第二幼儿园　黄黎萍

摘　要： 我国是一个多民族国家，各民族共同发展，在西藏地区，应当注重藏汉双语教学工作的开展，进一步促进民族团结。本文就西藏地区幼儿园双语教学的现状进行分析，探究解决问题的措施，尽可能提升幼儿双语教育的教学水平，转变传统的教学模式以及教学观念，优化双语教学情况。

关键词： 西藏；幼儿园；双语教学；对策分析

目前，我国少数民族地区双语教学发展还不够完善，在双语政策构建等方面，应进行改善以及提升。在传统的幼儿园双语教学课堂上，教师们主要使用当地少数民族语言开展各类教学活动，对于汉语的使用频率会比较小，从而让幼儿们无法较为深入地了解汉语知识内容，使用汉语具有较强的局限性，根本无法在阅读汉语的过程中掌握更多的知识内容，幼儿们的知识面发展受到了约束，未来发展也受到抑制，如此一来，国家将流失较多的少数民族人才。

一、幼儿园双语教学的现状

随着我国社会、经济水平的提升，我国民族教育事业的发展也变得越发昌盛，这就使得少数民族对于汉语的学习需求不断地提高。但是，西藏地区的少数民族分布具有一定的特性，受分布特点的影响，使得幼儿园双语教学活动的开展难度增大，幼儿园双语教学工作无法达到西藏少数民族地区双语学习的需求。为此，应当分析西藏少数民族地区幼儿园双语的教学现状，找出存在的问题，为后续开展相关教学活动提供决策依据。

（一）双语教学比重问题

我国西藏少数民族地区接受双语教学的少数民族幼儿人数较多，随着双语教学的发展，学习双语的人数还在不断提升。由此可以了解到，西藏少数民族地区对于教育工作开展的重视程度越来越高，大家都在渴望着民族教育事业的发展。

（二）双语教学的民族分布问题

在一些地区汉族居住的人口数量比较多，这给各民族之间的交流创造了更为优异的学习条件，少数民族同胞可以更为广泛地去接触、学习汉语。但是在一些汉族人口居住人数比较少的地区，汉语教师的数量也比较少，这就使得该地区幼儿园的开办条件比较差，幼儿们学习汉语知识的积极性也随之受到不同程度的影响，汉语教学质量也无法得到较为有效的保障。少数民族的语言具有多样性，加之民族大杂居、小聚居等特点，导致双语教学在西藏少数民族地区幼儿园的工作中呈现出不平衡的状态，需要对其进行改革和创新。

（三）双语师资水平问题

近年来，我国西藏少数民族地区学习双语知识的需求逐渐提升，所开办的双语幼儿园数量也不断增多，但是教师们的汉语教学质量却呈现下滑趋势。这主要是因为一些幼儿园为了满足幼儿园教学师资人数的需求，会随意性地招聘教师，没有严格地考核所招聘教师的汉语水平，而且培训也不到位，教师们的汉语教学水平不能达到相应的标准。一些教师的汉语水平比较差，在汉语教学的过程中产生了相应的偏差性问题，无法让幼儿们达到汉语的学习标准。

（四）教学模式问题

西藏少数民族地区幼儿园双语教师的教学模式过于固化，整体教学方式比较单一，灵活性也比较差，幼儿们在学习汉语知识时，会受到思维定式的影响。教师会一味地将其重心放置到汉语的词汇以及语法理论的学习层面上，所开展的教学活动深受应试教学理念的影响，从而忽视了幼儿们自身的口语能力，所设定的教学目标也不够合理，教学效果不理想。

二、幼儿园双语教学的措施

（一）注重校本研究

以幼儿园的实际发展状况为基准，设置校本汉语教学研究的课题，处理好幼儿园汉语教学存在的现实问题，所制定的教学措施要具有针对性。

校本研究的主体是幼儿园的汉语教学老师，可以采用观察、访谈等形式，实施校本研究活动。让教师们明确自身的教学任务，可以自行进行自我反思，把同伴互助及专业引领等完整地融合在一起。做好教研组活动的衔接工作，将新的教学思想以及内容潜移默化地灌入其中，构建幼儿园汉语教学校本研究和少数民族地区科研机构的协作关系，搭创双语教学教师们沟通交流的平台，使得教师们都可以在各自平台上展现自身的价值，积极主动地参与课堂的教学实践活动，从而给幼儿园带来更强的生命力。抓住幼儿园校本研究工作的重心，可培养出高品质的校本汉语教学人才。

（二）把握学情教学

在新课标的带领下，幼儿教师们应当树立一个正确的教学观念，摒弃应试教学理念，确立幼儿们的主体课堂地位，了解幼儿们的身心发展需求，并以此为基准，改革并创新现行的教学方式。教师们要在实际的教学过程中积极自主地去实践以及探索，实时开展学情调查工作，就幼儿在学习过程中所展现出的能力差异及状况进行探究。为调查并分析幼儿们的学习起点，了解幼儿们的学习能力以及兴趣倾向，改变幼儿们原本固化的学习方式，帮助幼儿们更好地掌握学习的自主权利，教师们应当发挥自身的引导效用，不能持以一个袖手旁观者的态度，要正面直视教学问题，找出引导教学的重点，走入幼儿之中，使用多种方式去更好地了解幼儿们实际的学习状态，改变学情。

（三）设定藏汉双语教学目标

在开展幼儿园双语教学活动时，必须设定好藏汉双语教学的目标。首先，所设定的教学目标要具有层次化的特性，采用培训的形式，使得双语教学人员正确地了解藏汉双语教学的重要性。其次，要赋予教学目标全面性的特征。最后，要尊重幼儿，切实保障幼儿在教学活动中的主体地位，并把生成性以及预设性完整融合在一起。

（四）鼓励支教

为进一步发展藏汉双语教学，应该全力培养学前教育专业的幼师，要求其不仅应具备双语教学能力，能够在教学实践过程中熟练使用藏语和汉语开展教学活动，同时也还要具备一定文化水平，将汉文化以及藏民族文化实现有效融合。

（五）创造良好的双语教学环境

因为西藏少数民族地区"大杂居，小聚居"的生活模式，导致少数民族的语言种类比较丰富，对汉语言相对比较陌生，运用于生活的实际经验较少，所以，在少数民族的双语教学中创造良好的教学环境，对双语教学质量的提高具有重要作用。

三、实施宽松政策，减轻教师教学压力

相关部门和领导可以给教师一个"多元化"的政策，给老师一些宽松的政策和管理，减轻教师的教学压力，重视本民族语言的传承，促进多元文化的发展。给教师营造一个本民族文化的氛围，能方便他们更好地站在幼儿的发展角度促进幼儿的发展。

在西藏少数民族地区幼儿园开展双语教学活动是时代发展趋势，可以通过双语教学来促进民族的团结。西藏少数民族地区的幼儿教师应当正确地去认知藏汉双语教学，实时转变自身的固化思维理念，强化自身的教学水平，找出双语教学存在的问题，创新教学方式，为推动我国民族教育事业的发展做贡献。

参考文献：

[1]张梅，赵江民.学科视阈下的新疆少数民族双语教育[J].中南民族大学学报，2013，（06）.

[2]刁小卫.少数民族双语教育发展概述[J].现代语文，2013，（03）.

[3]阿娜尔·努拉汗.跨文化交际与少数民族双语教育[J].读与写，2013，（04）.

高中生物课堂教学师生互动教学有效策略思考

拉萨市第四高级中学　严洁

摘　要：随着科技的高速发展，如今科学家借助于分析研究生物科学技术，探讨生命之间的联系，获悉各类生物生命活动原理，以生物科学技术的发展来促进大众生活质量的提升。所以，生物教学也变得格外重要，如何为社会培育更多优质人才，是高中生物教学不可忽视的目标。基于此，本文展开分析，研究师生互动教学模式的运用，并提出相关策略，以期为我国高中生物教学水平的提升提供参考。

关键词：高中生物；师生互动教学；策略思考

一、互动教学模式的内涵分析

课堂互动教学可分作两类：简单互动、多维互动。简单互动又叫作单项互动，是指其中一方给出互动信息，另一方予以回应和反馈。多维互动的关键在于多样化，互动信息的发起方、回馈信息的互动方、互动频次都是具有多样性的。放置于课堂教学方式中，多维互动教学则是借助于讨论、研究、协作等方式展开。因互动双方都具有主动性，不存在明显的主动、被动关系，所以要注重师生关系的平等和民主化，教师和学生一同以教学内容为中心进行沟通，从而加强对教学内容知识体系的建构。课堂互动教学模式既包括师生间的互动，又包括生生互动。其中，师生互动既可以指教师和单个学生的互动，也可以指教师和学生群体的互动。

在传统的教学方式中，老师居主导位置，展开单项化传递式教学，这显然和如今新课改背景不相符，对培养和提升学生能力有所滞后。要探索互动教学模式运用举措，以调动学生主体积极性，启发学生思考，引导学生自主找寻相关资料，在互动和探讨中找到解决问题的方法。同时，这也有利于学生语言表达力的提高以及知识的拓展，增进师生、生生联系，推动生物知识在实际生活中的应用。

二、高中生物教学现状探究

（一）很多高中教师依然延续传统教学方法

我国传统文化中有许多关于师生关系的描述。比如韩愈曾讲："师者，传道授业解惑也。"可见教师是主导、主体，学生则是辅体、被动者。迄今为止，不少学校教育依然尊重和延续这种教学模式。但随着时代的进步与发展，教育必然也要做出改革和创新，师生关系应朝着平等、互相尊重的方向发展，尤其是对学生学习的主体地位要予以重视，这样才能有助于教学质量的提高。目前，不少高中的传统教学方法，不但对生物教学效率产生负面影响，对新时代新教育背景下的师生关系发展也造成一定阻碍。

（二）师生互动模式的改革不受重视

生物在高中必修科目中占比不高，因此很多高中对生物的教学都存在忽视现象，大部分的教学重点和焦点都集中于物理、数学等科目上，这样做虽然能在一定程度上提高学生分数，但对于学生能力的培育、综合素养的发展不利。学校负责人对于教学互动模式的变革不够重视，使得高中生物教学效果不理想，学生对生物这门课程的兴趣也不浓厚，课上注意力分散、搞小动作等状况频发，不仅拉低生物科目分数，而且对师生互动模式探究、学生综合素养提升有较大影响。

三、高中生物课堂师生互动教学策略分析

（一）转变教学理念，对学生主体地位予以尊重

教育的对象是学生，学习的主体也是学生，唯有学生主动积极展开学习和研究，教学效果才能更好。传统教学中，"教师＋粉笔＋书"就足以构成课堂教学，不但师生互动贫乏，而且课堂气氛非常枯燥，令学生越发不爱学习。新课改之后，以学生为主体的理念深深地植入广大教师心中。师生互动教学模式中，教师要变主导为引导，重视探究性学习的渗透，变革教学理念，采用多种教学方式，吸引学生的关注和兴趣，使学生自主展开生物知识学习探究。比如"杂交育种和诱变育种"一课中，教师可以提供诸多学习素材，让学生自行观察杂交育种和诱变育种的差异性，同时号

召学生进行合作学习，分成小组讨论研究，每一小组派一名代表阐述研究结果，然后由教师带领大家一同讨论观点的对与错、每个小组的优势与不足。在小组学习当中，学生充分发挥自我能动性，在和同学的互动沟通中自主深入学习，最后教师引导大家继续讨论，进行合理化探究，不但激发了学生的积极性，活跃了课堂氛围，也大大提升了教学质量。

（二）创新教学手段，营建和谐的教学气氛

现在高中生物教学多是延续班级授课制，课堂是师生互动的核心场所，课堂气氛对课堂教学质量有重要影响，和谐的课堂氛围会令教学事半功倍。传统教学课堂氛围枯燥乏味沉闷，使得学生昏昏欲睡，更别提学习知识、提升素养了。在高中生物教学课堂中，教师要发散思维，创造新的教学方法，打造和谐、轻松、舒适的教学氛围，以利于师生互动的推进。比如"从生物圈到细胞"一课中，教师可以采取多媒体图片或视频的方式来增强视觉感，以视觉冲击力调动学生求知欲望，让学生了解各种各样的生物圈，获悉生物的多元性特征。接着教师可以提出问题：生物体的基础架构是怎样的？指引学生回忆初中便学过的细胞知识，启发学生思考，实现新旧知识的关联。然后，教师为学生呈现SARS病毒的结构示意图，让学生形象直观地"看"到病毒。最后，可以让学生进行分组研究和探讨病毒的生物特性，如：SARS病毒是如何展开繁殖的？如果没有了活体细胞，它是否还能继续繁殖？带着问题让学生展开小组探讨，并鼓励学生敢于发言、表达，在互动中引导学生推导出最后的结论，即病毒是没有细胞结构的，病毒对活体细胞的依赖性很大，如果没有活体细胞，病毒则不会再存在生命现象。高中生物教学可以通过多媒体方式令生物知识变得生动有趣，从而提高学生的学习参与度。

（三）组织社会实践活动，提高学生实践水平

社会实践是高中生物教学的一大动力，唯有通过实践方可最终提高学生具体操作能力，推动学生全方面素养的发展。高中生物互动教学当中，教师要注意纳入社会实践活动环节，将理论和实践有效结合，以此训练学生具体技能，增强综合素养。同时也要善于运用和学生实际生活关联度大的实例或者实验，帮助学生建立熟悉和谐的互动情境，增强学生主动交流的意愿。比如"生物科学和农业"一课中，教师可以采用农药和农业的

案例引导学生进行实践研究。教师将学生分成小组，让大家合作分析探讨农药在农业生产中的作用价值，令学生意识到农药对农产品质量的影响重大，并研究生物防治技术和新型农药在生态保护方面的现实意义。农业生产、农药运用和学生生活的联系颇大，学生的讨论热情也会更高涨，从而令教学效果更上一层楼。

（四）注意对教学内容的整合与加工

教学内容是高中生物教学的重要构成内容，新课改要求教师需联系学生实际情况，对教材予以重新加工和创造性设计，改变传统学生接受机械性知识的做法。教材内容是知识学习的一大资源，但并不是绝对的、唯一的。教师如果照本宣科，学生难免心生反感，但如果对教材进行再度开发和利用，以教材内容为基础进行拓展延伸，则会激起学生的好奇和求知兴趣，自然而然地产生互动交流。同时教材中不乏艰涩、复杂的内容，将其拆解和精细划分，也有利于学生的理解和记忆，若可以和现实相结合那是再好不过了。

高中生物课堂教学采用互动教学方法，能够为学生建立良好的学习情境，激发学生互动热情，所以教师要不断探索和尝试新的互动形式，调动学生参与和探究的自主性，实现教学质量的攀升。

参考文献：

[1]沈沁．互动性教学模式在初中生物课堂教学中的运用[J]．读与写（教育教学刊），2017（05）．

[2]李俊．分析高中生物高效课堂教学模式的构建与完善[J]．学苑教育，2018（4）．

[3]孙晓峰．高中生物教学师生有效互动策略探析[J]．中学时代，2018（33）．

[4]刘福全．浅谈高中生物课堂高效师生互动[J]．新校园（中旬），2019（12）．

[5]李跃民．高中生物师生互动教学模式探微[J]．德育教育，2019（4）．

注：本文为西藏自治区教育科学研究2019度青年专项课题研究成果，课题名称是"西藏高中生物课堂师生互动分析研究"，项目编码为XZJKY19416。

新课程改革下的初中语文教学

日喀则市康马县中学　卓嘎

摘　要：振兴民族的希望在教育，振兴教育的希望在教师。随着知识经济的到来，教育正经历着一场深刻的变革，基础教育课程改革已成为当今主流话题。新课程改革下的初中语文教学只有转变观念，树立正确的教师观、教材观、学生观、评价观、学习观，才能与时俱进，提高效率。

关键词：转变观念；教师观；教材观；学生观；评价观；学习观

一、理解课改目标，促进教师"身份"的转变

新课改理论认为：教学过程是师生交往中积极互动、共同发展的过程。作为教师，我们不能再以"师尊""长者""夫子"自居，必须转换"身份"，将自己置于和学生平等的地位，给学生创设一个宽松的学习环境。也就是说，教师应该由过去的课堂教学的"主导者"，转换成"引导者""合作者""组织者"，身份也应当由过去的"老师"转换成"朋友""亲人"，应该注意尊重和自己意见不一致的学生，尊重学困生，赞赏每一位学生所取得的进步。不可否认，在过去的教学过程中，不少教师往往不自觉地走进单纯"教与学"的误区，采用"一刀切""齐步走"大运动量的办法，架空分析教材，照本宣科，成了教材的奴隶。这实际上是对学生身心和智力的极大压抑与摧残，是严重违背教育初衷的。教师实现"身份转换"的另一个方面，就是要努力学习，不断进取，博学多闻，将自己塑造和锤炼成为新形势下的科研型、专家型、全能型的人才。要求做到不仅"能"教，而且"会"教；不仅精通本专业知识，还要了解相关的知识；不仅要钻研新的理论、新的思想，还要善于总结在教育实践中获得的经验与体会，从根本上将以前那种"机械型"的教学转换成为艺术型、趣味型、科学型的教学，有效地提高教与学的效率。

二、认真分析原因，查找根本问题

学生之所以觉得初中语文难学，实际上是由小学升到初中后，他们对语文学习还不适应，尚未习惯。在小学阶段，教材浅易，对话丰富有趣，大多数课文篇幅较短，课堂上有充分的学习时间，甚至不需要课前花时间预习，课后也能对所学内容格外熟悉，几乎篇篇课文都可倒背如流。但是到了初中，情况却不同了。学习内容增多，课文篇幅较长，知识难度加深，而课时相对减少，对于一篇篇幅很长的课文只讲两三课时甚至更少。而且，学习科目增多，课后要忙于其他科目的学习，自学时间不足，不制定计划、不做合理安排就不能及时有效组织预习和复习，导致这个单元学了上个单元又忘记了。从小学到初中，学生在心理上也有一个大的变化，许多学生一反小学在课堂上积极举手、踊跃发言、主动参与的好习惯，而变得腼腆、沉默寡言甚至被动接受，久而久之养成不善交流的坏习惯。试问：这样的状况能学好吗？诸如此类问题摆在教师的面前，需要教师采取实际有效的措施，做出适当的调整以改变现状。

三、积极转变观念，成为清醒的课改人

（一）树立正确的教师观

1.由昔日知识的传授者转变为学生学习的促进者

长期以来，人们一直把教师看作知识的传授者，认为教师首要和基本的职能就是将自己的知识传授给学生。对于学生来说，教师就是知识的宝库，是活的教科书，因而，在学校教学中就造成了"以教师为中心"的现象，教师俨然成为"知识"的天使而存在着。然而，随着信息社会的到来，人们的这种看法已经开始改变，"教师在学生的学习经验中渐渐失去了第一主角的地位"。《学会生存》一书作了精辟的论述："教师的职责现在已越来越少地传递知识，而越来越多的激励思考，除了他的正式职能外，他将越来越成为一位顾问，一位交换意见者，一位帮助发现矛盾论点而不是拿出现成真理的人。"因此，现代教师的作用主要体现在指导学生有效地学习，把学生作为中心，围绕学生的特点和需要，以帮助学生不断进步为目的，与学生商

讨问题、解决问题。只有民主的教育才会有学生个性的张扬，才能释放学生的潜能。教师要重视营造一种和谐的氛围，把"给学生压力"变为"给学生动力"，由"牵着孩子走"变为"推着孩子走"。美国学者罗伯特·麦瑞克认为，有利于学生学习的因素有六种：关怀、理解、认同、尊重、友情、信任。教师要在人的潜能向现实素质的生成过程中，充分发挥促进者的作用，才能有效推动学生生动活泼、快乐自由地发展。

2.由教学的管理者转变为平等的参与者

我国传统教育中长期以来形成的师生关系实际上是一种不平等的关系。教师常把学生当作接受知识的"容器"，认为他们是被动接受知识和教育的对象，强调标准化的培养模式。以这种方式培养出来的学生，其个性发展得如何，是不言而喻的。而新课改提倡树立教师是学生学习的合作者、帮助者、组织者、引导者的教师观，由师道尊严、居高临下的教师权威向平等融洽的朋友关系转变。教学过程是师生交往、共同发展的互动过程。传统意义上教师的教和学生的学应让位于师生互教互学，彼此形成一个真正的"学习共同体"。

3.培养和谐融洽的师生关系

教和学是一对矛盾，作为矛盾双方的代表教师和学生如何融洽师生关系，对完成教学目的至关紧要。青少年的心理特点告诉我们，这个年龄段的学生"亲师性"较强，如果他们对某个老师有好感，他们便对这位老师的课感兴趣并分外重视，肯下大气力、花大工夫学这门课，因而成绩较好。这种现象大概就是我们常说的爱屋及乌吧！反之，如果他们不喜欢某一位老师，由于逆反心理，也就不愿学或不爱上这位老师的课。这种现象也是大家司空见惯的。所以，教师要深入学生，了解学生的兴趣、爱好、喜怒哀乐和情绪变化，时时处处关心学生，爱护学生，尊重学生，有的放矢地帮助学生，让自己在学生的眼中不仅是一位可敬的师长，更是他们可亲可近的朋友。当然，这并非说他们的缺点不可批评，听之任之，而是批评和表扬是出于同一个目的：爱护他们。因而，批评的方式比批评本身更重要，要让他们不伤自尊心，人格不受侮辱，从内心感到教师的批评是诚挚的爱，是对他们由衷的爱护和帮助。也只有这样，师生才能关系和谐，感情融洽，学生才能兴趣盎然地学习。由于年龄的优势，笔者和学生的关系还是比较和谐的，有些学生也愿意跟笔者谈谈他们在学习方面的困难，生活上有困难也会向笔者寻求帮助，当然笔者也乐意帮助他们，从而使他们能更好地学习。

（二）树立正确的教材观

在不少教师的观念中，语文教材是唯一的课程资源，是既定的和封闭的。其实不然。教材不只是特定知识的载体，而是师生共同探求新知识的桥梁，要树立"世界是课程资源"的观念。新课改启动的同时，语文换了教材，许多语文教师都反映教材内容增加，难度加大，教法出新，对新教材的把握有很大的困难。这是因为过去在我国实施单一的课程和单一的教材的时期，教师把教材当成"控制"和"规范"教学的"法定文化"。不少初中语文教师把"统编教材"当成法典，不敢增删，盲目遵循其规定的教法，不敢越雷池半步。由此可见，课程改革中，教师教材观的转变是其中很重要的一项任务。因为我们知道：哪怕由最新理念指导编写的教材，如果由理念陈旧的教师来上，就不能或很少会体现这种新的理念。的确，教材的更新会使我们一时难以适应，但是我们应认识到：教材是我国学校教育主要的，但不是唯一的课程资源，教材是服务于教学的材料和工具。因此，教师不应该再是教材忠实的阐述者和传授者，而是根据学生的需要和教学的实际，灵活地、创造性地研究教的内容和方法，对教材作革新性和批判性的使用；不是"带着教材走向学生"，而是"带着学生（或是在师生互动中）走向教材"。

首先，要善于灵活地运用教材。正如新课标所言，对教材要进行适当的、有科学性的补充和删减，或者替换教学内容和活动，或是扩展教学内容或活动步骤及调整教学顺序等。

其次，善于以教材为基础，积累课程资源。新教材以单元为单位，以话题为主线，因此，教师完全可以结合话题进行教学资源的积累，甚至还包括与之相关的学生生活经历调查资料的积累，并进行加工，从而为更高效地使用教材打下良好基础。

再次，以教材为载体，加强各学科整合。语言是文化的载体，是交流的工具。学生学习语言最终是为了用语言吸取和处理信息。因此，语文教材具有较强的跨学科的性质。目前，新版的北师大版语文教材已突破了日常交际活动的范畴，渗透着其他学科，如思想品德、社会、历史、地理、环境保护等。具有学科融合特点的教材可以开阔学生的视野，满足他们求知的欲望，而且能够引导学生面向社会、了解世界、增强国际意识。因此，教师可以在与其他学科教师讨论后，再决定课堂教学的内容和方式，以加强各学科之间的融合。

最后，以教材为基础，开发教材。教师和学生要做教材的主人，而不是教材的奴隶。开发教材，是在教师及学生的实践、反思中进行的。教师应积极激发学生的联想与创新思维，在师生互动中共同开发教材，为更好地利用本教材进行有益的探索。教师必须从原来的教材观中迈出来，清楚教材仅仅是提供了平台，如何充分而合理地利用教材，是要靠自己去探索、研究和创造的。

（三）树立正确的学生观

新课改的核心理念是"为了每一位学生的发展"，课堂教学由学科本位转向人的发展本位。"以学科为本"的教育理念，过分强调学科知识的科学性、系统性和完整性，忽略学生的身心特点和社会需求，使人成为知识的奴隶；而"以人为本"的教育理念，强调一切教学活动以人为中心，注重人的个性及差异性，符合、服务于人的全面健康发展和时代发展的需求。这就要求初中语文教学要面对每一个学生，注意每一个学生的学习兴趣及态度的变化，采取不同的措施。现在的班级规模一般都比较大，人数多且学习水平参差不齐，而每一个学生对语文的需求不同，在学习成绩的体现上也不同。为了使不同的学生在同一班级中学习达到同一基本目标，教师要组织好课堂的各个环节，设计好各种活动，进行分层教学，因人施教，使每个学生都在原有的基础上有所发展。为此我们要建立更为民主、平等的师生关系，尊重、赞赏每一个学生。本着"一切为了学生，一切服务于学生"的理念，教师必须尊重每一个学生做人的尊严和价值。在课堂教学中，教师应当尊重各种不同类型的学生，以一种分类关心、个别引导、全员帮助的态度来积极营造和谐、互学、相帮的教学氛围，对有智力问题、严重缺点、过错失误、不同意见的学生更要给予关注，特别注意不伤害学生的自尊心。随意批评、羞辱、体罚学生等都是有悖于新课改精神和违反教育法规的不当行为。

尊重学生还体现为激励、赞赏学生。抓住合适的机会给学生以诚挚的鼓励，能使他们得到自尊的首肯和努力奋发的学习动力。赞赏不仅仅针对学生学习中小小的进步、积极的努力和提高的成绩，更重要的是赞赏每一位学生的独特性、兴趣、爱好和专长，赞赏学生对教科书的大胆质疑和对教师的超越，赞赏学生的创新精神和创造能力，只有这样，我们的课堂教学才能真正达到学生积极成长、教学效率极大提高的效果。

（四）树立正确的评价观

正确的评价观需要把形成性评价与终结性评价相结合。评价立足于教师对学生的尊重上。新课标对教师来说也是一个崭新的课题，需要教师与学生共同完成，学习中存在的问题，不能只责怪学生。教师不再是学习中知识与能力的权威，而是学生的"学长"，教学任务的完成需要生生互动，也需要师生互动，且师生互动不只是教师问学生答。教学活动中，教师的任务在于确定任务，以充满激情的活力感染学生，挖掘学生的潜能，帮助他们如何学，有效地引导学生观察、体验、思考、合作、感受成功，与学生共同讨论，在讨论中渗透教师的指导作用，与学生共同评价。对学生的学习行为、热情度、存在问题、学习效果，教师都要做出有效的评价，予以认可、鼓励，给予希望，激励奋进，为学生的发展服务。在教学过程中，帮助学生学会自主学习，学会与人合作，培养创新意识以及具备科学的价值观，这些都是语文教师应承担的责任。

新课标提倡形成性评价与终结性评价相结合，以形成性评价为主。形成性评价注重对学生学习成长的记录，真实反映学生的学习发展过程，让学生放开对考试结果过分担忧的包袱，重视过程，享受过程。积极有效的评价贯穿于语文教学的全过程，评价学生综合语言运用能力、学习态度、行为表现、思维能力和自主学习，以发挥评价对于激励和促进学生学习，指导教师改进教学的功能和作用。苏霍姆林斯基说"让每个学生在学校抬头走路"，包含着深刻内涵，提醒教师评价方式与评价标准要有利于学生健康成长。

语文课堂上，提问学生问题，应给学生充足的时间考虑，不发难，避免学生恐惧、焦虑、紧张，尽量少点名，避免后进生觉得"我不行"，产生怕出错误而不敢参与等消极心理。教师在平时的备课和课堂教学的用语上，要避免使用一些可能损伤学生自尊心和打击学生自信心的话语，而多使用像"好极了""很好""好""不错""你很棒""我相信下一次你一定能做得更好"等这类鼓励性的话语，让成绩好的同学品尝到成功的喜悦，让成绩不那么好的同学消除紧张、害怕的情绪。这些均有利于激发学生的自信，从而产生内在学习动机。同时，评价主体要由单一化向多元化发展，改变教师包办评价的状况，增加学生自评、互评以及学生对教师的评价。对于学习效果，教师应以激励学生更加努力为出发点，从表情和语言传递信息，尽量不打"×"号，指出存在的问题，面带微笑——微笑是一种谅解，是一种帮助学生克服困难的力量。

考试是手段，不是目的，语文考试后不看重总分，不公布成绩，不排名。教师根据考试成绩了解学生学习中存在的问题，以便更好地改进教法。为了让学生认识自我，对考试成绩也应作科学分析，多评价学生的优点，优点再少也应该表扬，对于存在问题较多的学生，课后多与其进行交流。准确评价学生的学习行为，让学生既体验了努力学习获得成功的喜悦，又敢于承认存在问题，并设法解决。

我国基础教育新课改的实施，对语文教师提出了更高标准的要求，有一点正如美国人本主义教育学家罗杰斯所说："教师必须是促进学生自主学习的'促进者'。"自主学习即启发和引导学生从"不会"到"学会"，再到"会学"，逐步培养学生自主学习的能力。我们再不能满足或裹足于过去的"蜡烛"角色，蜡烛的光十分有限，甚至还会限制学生的发展，一味地燃烧只会越烧越短，最后只能以熄灭告终。更何况教师是自然人，也要重视自己的生活和发展。与其比喻成蜡烛，不如比喻为长明灯，为学生的发展和自己的成长不断充电，于人于己都受益无穷。学生是具有灵性的人，其灵魂所需的不是被塑造，而是被"唤醒，激发和升华"。

总之，基础教育的新课改，极大地冲击了传统的"教师为中心，课本为中心，课堂为中心"的语文教学，新时代教师应更新教学观念，在初中语文教学中努力进行教学改革，让学生爱上语文课，使课堂气氛更加活跃，提高学生的语文素养。

议题式教学的设计与实施

——以"价值的创造与实现"为例

拉萨那曲高级中学 李开佑

《普通高中思想政治课程标准（2017年版）》中明确指出："教学设计能否反映活动型学科课程实施的思路，关键在于确定开展活动的议题。议题，既包含学科课程的具体内容，又展示价值判断的基本观点；既具有开放性、引领性，又体现教学重点、针对教学难点。"议题式教学是培育思想政治学科核心素养的重要方法，是落实立德树人根本任务的重要抓手，议题设计质量决定教学目标的达成度。本文以"价值的创造与实现"为例，从学科知识与学科素养相结合、议题深入与活动开展相结合、教学参与度与学生思维度相结合三个层面，就议题式教学设计与实施的策略进行探讨。

一、学科知识与学科素养相结合

学科知识学习是教学的基础，核心素养培育是教学的重心。教师进行教学设计，要树立整体观念，注重引导和引领，依托情境创设，体现知识的整体性。在深入学习情境材料时，结合学生的体验和生活的复杂性，展示教学的开放性，通过探究活动、成果展示，在分享中提升学生核心素养。

活动步骤：合作探究——成果分享——分享提升

（1）他们（科学家屠呦呦、明星黄晓明）是怎样创造价值的？

（2）谁实现了人生价值？谁更幸福？

（3）作为子女，你是如何为父母、家庭劳动和奉献，从而拥有真正的幸福的？结合实际谈谈感想。

活动总结：社会是复杂的、分工是多样的，劳动光荣，不同的劳动者为社会做出了各自的贡献，他们的价值为社会所认可，因此劳动者都很幸福，子女应该为父母分担力所能及的家务，减轻父母的劳动量，弘扬尊老爱幼的传统美德。

这是一则活动型教学议题，为了真正突出"议"的价值，落实学科知识和核心素养，把两者有机结合起来，教师针对这一类型教学议题的特点，精心设计议题情境，促进学科知识和核心素养有机结合。

从学科知识层面看，知识是素养的基础，学生只有精准掌握相关学科知识，才能提升能力、涵养素养。在这则教学议题中，教师要求学生思考、认可不同主体的人生价值，其中包含合作与讨论的过程，就明星的价值和科学家的价值让学生做出判断和选择，依据不同的选择结果自然分成两组，支持科学家的为一组，支持明星的为另一组。他们都认同在劳动和奉献中实现人生价值，教材知识的学习自然水到渠成。第二步是辨析与探究。比较人生价值的大小为辨析提供了广阔的空间。这样的情境设计指向明确，与现实生活无缝对接，精准突出本课的重点学科知识"在个人与社会的统一中实现人生价值"。

从核心素养层面看，劳动的人们是幸福的，奋斗的青春是闪光的。要把枯燥的教材知识点转化为学生的学科核心素养，需要学生在比较中鉴别、在思考中感悟。明星的成长、科学家的成功都有一个积累知识、涵养素养、磨炼自己、克服困难、战胜自我的历练过程。通过两种不同观点的碰撞，找到成功者所具备的共同特质，既是学生社会参与能力的展示，又是政治认同的必然选择。经过辨析与讨论，学生认识到科学家屠呦呦发现青蒿素显著降低疟疾患者的死亡率，进而从内心真正认可科技的力量、科学家的价值，从而增强对科教兴国战略正确性的认识，这是政治认同。与此同时，明星要持久维护自己的地位，需要提升自身的综合素养和技能。经历上述过程，在辨析中培养学生的科学精神。

二、议题深入与活动开展相结合

新课标指出："学科内容采取思维活动和社会活动等方式呈现，即通过一系列活动及其结构化设计，实现'课程内容活动化''活动内容课程化'。"显然，议题的展开及其教学价值的实现都离不开活动。在具体教学过程中，要求准确定位活动，特别是处理好自主活动与议题之间的关系。

自主活动与课时内容相融合。新课标指出："活动型学科课程的实施要使活动成为教学设计和承载学科内容的重要形式。"学生的自主活动需要教师的引领，要紧跟其承载的"学科内容"。这就需要教师精心打造和设计，明白如何活动、为何活动，有效落实"活动内容课程化"要求，实现活动与内容的统一。

新课标"教学提示"提供的诸如"回顾""讲述""讨论""调研""查阅""搜集""感悟""总结""参观""访谈""评析"等具体活动之后，都有明确的学科内容指向。新课标提供的活动形式非常丰富，在教学中可根据学生生活阅历、社会经验、教学需要灵活选用，但不管采用什么样的活动形式，必须努力做到活动与内容的深度融合。

活动步骤：假设论证——实践分享——思维训练

（1）如果没有强大的科研团队和科研设备，屠呦呦能获得诺贝尔生理学或医学奖吗？为什么？

（2）作为在校学生，目前你打算如何实现个人与班级、学校的统一？结合自己的实际情况谈谈体会。

（3）当代是张扬个性的时代，"强调个人和社会的统一会抹杀人的个性"。你怎么看待这个问题？

在这则教学议题中，议题深入与活动开展有机统一，教师对议题立意做了生活化、时代性处理，增强活动的灵活性、实效性。

"在个人和社会的统一中实现人生价值"是一个抽象的理论问题，从合作探究、经验分享、理性思维层面加以分层剖析，显得具体形象，且富有生活化、形象化和具体性特点。从活动开展过程看：合作探究阶段，大家分析屠呦呦成功的案例，看到个人与团队相互依存、密不可分的关系，认识到合作与集体的力量，在结构优化的条件下集体的力量大于个人的力量。经验分享阶段，学生个体与学校集体的关系自然连接，学生感受互帮互助、共渡难关、团结协作的同学情、师生情、生生情，在集体奋斗中收获荣誉和快乐，使活动得以延伸，使议题得到深化。如果强调个人和集体的统一，那么个性张扬问题怎么解决？把思维提升到更高层面，需要学生在总结前人成功经验中反思，在处理好个人与集体关系中展示，进一步提升思维深度、思维层次，远远超出学科知识范围。

三、教学参与度与学生思维度相结合

新课标指出："活动设计应有明确的目标和清晰的线索，统筹议题涉及的主要内容和相关知识，并进行序列化处理。活动设计包括提示学生思考问题的情境、运用资料的方法、共同探究的策略，并提供表达和解释的机会。"议题式教学是以议题为载体、学生为主体、核心素养培育为目标的教学模式，学生的参与度和思维深度是议题式教学中必须重点处理的一对关系。依托情境材料，分析和处理总议题下的分议题，需要学生在比较、分析时注重体验与感悟。

活动步骤：学以致用——经验分享——责任担当

（1）结合材料，分析任正非实现人生价值的主观条件有哪些。

（2）实现人生价值的主观因素有三个，哪一个对你影响最大？谈谈你的感受。

（3）梳理任正非的人生轨迹，请同学们结合自己的体会谈谈我们该如何实现自己的人生理想。（进行分组讨论，时间3分钟）

在这则教学议题中，围绕"实现人生价值的因素与条件"这一主题，教师结合"任正非上学与生活的曲折经历"这一生活化情境，运用经历介绍、共同阅读的方式，对议题任务做了序列化处理，实现参与度与思维度深入融合。从参与角度看，学以致用是在教材知识学习基础上对任正非实践人生价值的践行，学生可以自学的知识，教师没有再展开讲。发挥主观能动性、顽强拼搏、自强不息精神都在任正非的生活经历中得以体现：在吃不饱饭的情况下考上大学、两次与癌症病魔做抗争。这不就是自强不息、坚定信念、顽强拼搏，并积极发挥主观能动性的生动写照吗？下一环节自我展示是触动学生心灵的教学活动，从三个实现人生价值主观因素中选择对自己影响最深的一个谈感受，与学生人生经验密不可分，为学生自我展示提供机会。在高中生活中，面对升学压力和学校要求，学生需要通过坚定意志、艰苦奋斗、主动学习来适应高中生活。学生谈自己战胜困难、实现学习目标的过程，就是激活实现人生价值的主观因素的过程，与下一环节"如何实现人生理想"一脉相承、一以贯之，既深化主题、突出重点，又培养正确的世界观、人生观和价值观，展示责任担当。通过"学以致用——自我展示——责任担当"三个环节，提高学生综合素养。第一步是课堂走入生活，后两步是生活融入课堂。有效活动可以提升学生学习能力，推进学以致用，促进参与度、思维度提升。系列化学习活动要求结合经历谈体会和经验，由课堂走向生活，这也是对未来道路的展望，促使立德树人根本任务在责任担当强化、细化中得以展示，使社会主义核心价值观全面升华、学生活动参与度与思考问题的深度得到锤炼，实现教学参与和思维相融合。

落实立德树人根本任务，提高思想政治学科核心素养，议题式教学是有效的教学策略之一，需要在课堂中落实、在活动中实践，改变教师的教学方式和学生的学习方式，提升学生的必备品质和关键能力。

实验让课堂更精彩

——拉萨地区初中物理课堂实验教学开展浅谈

拉萨市教育研究所　次旦卓玛

作为一名拉萨市教育局教研所的中学物理教研员，笔者深知教研员是专业课程的指导者、引领者，是学科教学发展的指路者。教研要紧跟教育事业发展的步伐，成为教师专业发展的引领者，那么，教研员如何引领教师专业发展呢？教研员肩上挑着的任务很重，心理上的压力也很大。本文，笔者将自己十几年的初中物理实验教学的经验总结、分享出来，和大家做些探讨。

一、教学模式的发展

社会在进步，时代在发展，教育也在发展。教育的出路在哪里？全国的专家都在寻找，这就衍生了各种各样的教学模式。

但无论何种教学模式，笔者认为有三点很重要：第一，教学手段的发展是与科技的发展相联系的；第二，不管是中国的还是外国的，教学过程的根本出发点就是让学生充分参与到课堂中来，学生是学习的主人，学生是课堂的主角，教师只是配角，教师起的是指路人的作用；第三，只有学生参与到课堂活动中来，才能充分调动学生的学习积极性、主观能动性。

（一）教育的本质是人的教育

教育的对象是人，而人是有思想的，人的活动会受到社会、家庭、学校、亲戚朋友甚至身体情况的影响，所以人是会变化的，进而有孟母三迁、范进中举、伤仲永等故事。人的教育有诸多的不确定因素，怎么教育人、塑造人，使人获得知识、提升情感、培养道德、增强能力，这是教育的根本任务，也是教育的本质。

（二）教学过程的本质就是教师教与学生学的互动过程

一节课的质量在于学生的学：学到了多少？学习的效率怎么样？学习

的心情如何？我们提倡要让学生快乐学习，要让学生在学习中获得成功。

教师的教学方法、教学流程、教学手段决定了学生的学习态度、学习热情、学习效果。好的教学流程可以让教师讲课如行云流水，身心舒畅，下课后还意犹未尽，觉得一节课的时间太短；学生则听得如痴如醉，回味无穷。这样的课学生能不爱学吗？如果教师上课一讲到底，或课堂内容讲得磕磕碰碰，颠三倒四，不顾学生的感受，不关注学生的听课情况，不与学生沟通互动，学生听得迷迷糊糊，结果必然是学生不爱听甚至趴下睡觉。

（三）各种教学模式的开展本质上就是如何让学生更好地学

不管哪种教学模式的开展，本质上就是如何让学生能更好地学好知识，只是采取的方法不同而已。但它们都有共性的东西，就是要将学生自主学习的积极性调动起来，让学生主动参与到学习中来，发挥学生自己的主观能动性，主动去学，主动思考，提高学习效率。如何让学生主动去学，不同的教学模式会采用不同的方法。

笔者认为，拉萨地区的学生与东部地区的学生有所不同。首先是地理环境不同。拉萨地区海拔3600米，气压低，氧气含量少，给学生的学习带来了一定的困难。因为缺氧，学生所学的知识容易遗忘，思维的速度慢。其次是语言的阻碍。学生的母语是藏语，而教师上课是普通话，这就相当于学生是用第二语言在学习，所以在知识的接受方面需要一个翻译的过程，从而导致学生接受知识的速度比较慢。第三就是藏族学生天性好动，注意力集中时间短，这也使得学生在课堂上的听课效率比较低。

所以，在学习先进地区教学经验时，要有所选择。笔者认为，不管什么教学模式只要能让学生乐学、爱学、学会、会学、学好，就是好的教学模式。

二、拉萨地区物理课堂教学现状

经过几年教学工作中的观察、了解，笔者发现只要是教师上公开课、评优课或者参加比赛，竞技场地一般都选在实验室，有多媒体应用，有演示实验，有学生实验，教师讲得精彩，学生听得认真，课堂气氛热烈。可是平时上课怎么样呢？笔者有时候会利用空余时间到各个班级转转，了解一下教师的上课情况和学生的听课情况，结果发现大部分教师上课就是一支粉笔一本书，还是以讲为主，只有很少的教师用多媒体课件，而理化生课堂几乎就没看见过老师做演示实验，更别提学生实验了。

是什么原因让我们的教师不做实验呢？是没有实验室还是没有仪器设备？这要从多方面看待。

（一）学校层面

1.校领导班子不够重视

原因有二：第一，觉得藏族学生文科比理科强，不喜欢理科；第二，物理的重要性没有体现，不值得学校花钱投资。

2.缺少必要的实验仪器

学校实验室里仪器不全，老旧，损坏严重。

3.缺少实验员和管理制度

东部地区的学校都有专职的实验员，教师需要什么仪器只需和实验员说一声，实验员就给准备好了，甚至只要说做什么实验就行，节省了任课老师的时间和精力。而拉萨地区的学校没有实验员，实验仪器摆放混乱，甚至还没开封，这使得任课老师做实验要找仪器，甚至将各种仪器找一遍后才发现没有，耽误了任课老师的时间和精力，老师当然不愿做实验了。

（二）教师层面

1.思想存在误区

认为做实验耽误时间还不出成绩，这不是少数教师的想法。教师要转变思维，明白"磨刀不误砍柴工"。实验做得实在，规律自然就理解了，公式、物理量之间的联系自然就记住了，解计算题、做实验题也就轻松了。做实验比死记公式，老师怎么讲都不懂，题型一变就不会做要效果好。只要坚持做实验，肯定出成绩。

2.想做实验，但没有器材或器材不全

有的老师想做实验，但实验室没有相应器材，就不做了。其实可开发生活中的物理实验，让学生明白物理来源于生活，应用于生活。比如：测物体的质量，可以让学生测测身边的物体质量；比较物体运动的快慢，用两张一样大的纸就可以了；没有秒表，手机上有。有的生活中常见的物体，可以让学生从家里带到学校，如：干电池、橡皮泥、各种瓶子等。

（三）学生层面

有些学生认为，学习物理又要背又要算，不如文科背背就行，还容易拿分。西藏地区许多学生的计算能力较弱，如高职校招生考试，问3的平方等于多少，不少学生选择等于6。学习物理既要背诵现象、规律、公式，还要进行数字计算，很多学生一见计算题就头疼，所以主观上也不爱学。

三、开展实验教学的现实意义

初中物理教学怎么教，学生怎么学才能学得更好？笔者认为，要从调动学生的学习积极性，激发学生的学习兴趣入手。

（一）学生动手探究实验有利于调动学习兴趣和积极性

所谓"兴趣是最好的老师"。一个学生如果对某一门学科感兴趣，他就会积极地投入这门学科的学习中，成绩自然会提升。笔者前面说的初三（1）班的学生，经过一年的兴趣带动，从原来初二时的旷课到现在上课迟到的都少，说明兴趣能使学生的学习动机提高，转变学习观点。

（二）学生对学习内容的巩固程度与学习的方式关系很大

据笔者带班调查统计，通过听讲授，能记住25%；看到实物或现象，能记住40%；看到实物或现象自己又描述过，能记住83%；动手边做边描述，能记住97%。所以，在物理实验教学中让学生动手探究实验，在探究实验的基础上讨论、分析，归纳概念和规律，有利于学生理解和掌握知识。

学习不仅要注重学习结果，更应该注重知识的形成过程。总之，实验教学有利于培养学生的动手能力，操作能力。学生参与到实验中去，才能对所学的物理知识、物理规律更深刻的理解。实验教学有利于培养观察能力，提高分析能力。观察是人们对客观事物、现象感知过程中的一种最直接的方法。实验教学也是学习研究的过程，在直接参与动手探究实验过程中，逐渐认识到实验是获得物理规律的根据。

四、开展实验教学的方式方法

实验探究是初中物理常用的实验方法，包括6个步骤：提出问题，猜想与假设，设计实验与制定计划，进行实验与收集证据，分析与论证，评估，交流与合作。在实际课堂教学中，问题一般由教师提出，学生只需要完成后面的步骤。初中课本的实验类型有演示实验、学生分组实验、学生活动。其中学生活动指的是学生小实验，比如简单的手摸着喉咙发声等。下面，主要介绍前两种类型。

（一）演示实验

1. 实验要有针对性、目的性

实验现象要明确、单一，不能复杂，让学生明确观察什么。

2. 实验现象要明显，便于学生观察

这主要是在观察上下功夫，让学生能产生显而易见的观感，如讲弹簧测力计的读数，要用大弹簧测力计。

3. 操作要规范，实验用语要准确

演示实验时会出现实验失误或实验现象不明显的情况，这是正常的。但不能出现实验错误，如连接电路时开关没断开、仪器没校零等。

4. 鼓励学生参与

尽量让学生做演示实验，甚至可以找多个学生多次做。

5. 实验最好有一定的趣味性或悬念，激发学生的兴趣

设计实验要用心，注意兴趣激发，如可选择惯性球实验、水的覆杯实验、静电实验等。

6. 实验材料最好来自生活

来自生活的，方便学生理解、接受。

（二）学生分组实验

1. 教室也可以进行分组实验

在教室里也可以将学生分组进行实验。初中阶段的物理实验仪器都比较轻便，只需几名学生就可以将仪器拿到教室做，省去了整班学生课前急急忙忙去实验室的麻烦。

2. 不要怕课堂乱

学生刚开始接触物理实验肯定会好奇，课堂乱点是正常的。只要教师坚持让学生实验，学生慢慢地习惯了实验课就会好转。笔者所教班级的学生，第一次上实验课还有满教室跑的，但几次后就有序了。

3. 一步步引导学生得出实验步骤

让学生做实验的过程，就是培养学生的思考能力、动手能力、分析问

题能力等的过程。如果老师先将实验讲一遍再让学生做，就不利于培养学生的能力，而是让学生在验证实验结论。对于学生实验，教师可以以问题的形式加以引导，切不可一下子全说出来。

学生在实验的时候，教师要在各组间巡视，对学生的仪器使用、相互合作加以指导，规范学生的实验习惯和小组合作能力。

4.一定要有实验分析

实验分析是学生实验的重要组成部分，是学生回顾实验、对实验过程再学习的重要手段，是端正学生实验态度、培养学生严谨的实验思维的重要措施。实验结束不是学习的结束，应该让学生加以陈述、总结、分析、讨论，就误差进行探讨，并提出改进措施。

5.不要太注重一节课的完整性

实验课中学生实验占用的时间比较长，不能为了一节课的完整就缩短学生的实验时间，使得有的学生的实验没做完就结束了。只要能让学生充分触摸实验仪器，感受实验过程，明确实验现象，找出实验规律，这节课就是成功的。例如电路的连接，可以让学生就串并联电路连一节课，反复连接。

6.多媒体动画、视频是实验教学的必要补充

对于一些比较抽象的物理现象、物理规律，我们也可以适当地由多媒体展示，让学生有直观的感受，比如分子现象。对于缺少实验仪器或没法做的实验，也可以用动画进行演示，如凸透镜成像规律实验、光的折射实验等。

值得一提的是，开展实验教学是必要的，各地各校情况不同，但教师可以根据情况加以设计，真正帮助学生爱上物理、学好物理。

思维可视化在初中物理教学中的实践与应用策略分析

山南市贡嘎县中学　旺堆次仁

摘　要： 将思维可视化应用在初中物理教学中，不仅是物理教学改革的需求，更是培养全能型人才的需求。因此，需要教师高度重视，将思维可视化高效灵活地应用在教学活动中，通过多个方面、多个角度、多种渠道来提高物理教学效率。

关键词： 思维可视化；初中物理；教学

现阶段，由于我区初中物理教学还存在着一些问题，导致教学效率低下，严重挫伤了学生的积极性与自主性。因此，要针对这些问题展开详细全面的分析，提出切实可行的解决策略，创建一种科学合理的教学模式。本文，结合思维可视化谈一谈。

一、思维可视化在初中物理教学中应用的背景与意义

（一）背景

新课改的实施，对于初中物理教学提出了明确的要求。其中，为学生营造趣味、宽松、愉悦、民主的课堂氛围，尊重学生的个性与差异，注重学生的个性化、主动化、全面化发展，建立和谐的师生关系，鼓励学生展开深入交流、探究、总结与反思，提高学生的综合能力，成了初中物理教学必须实现的目标之一。物理知识比较烦琐、抽象与复杂，再加上初中阶段的学生刚接触物理知识，就会增加学习难度，为教学工作的开展带来很多困难与问题。如果采用传统、枯燥的灌输式教学方法，只会增加学习难度与压力，致使学生失去学习兴趣。因此，就需要实现物理教学的改革，将思维可视化灵活应用到教学中，以实现物理知识的整理、优化与调整，在培养学生思维灵活性、创造性的同时，促使学生获得全面发展。此外，通过思维可视化的应用，可以将课前预习、课堂学习、课后复习紧密结合

起来，并且引导学生进行知识点的梳理与重建，通过思维导图的构建，来把握物理知识之间的联系，强化自身的理解，提高自身的灵活运用能力。现如今，思维可视化已经广泛地应用在教学、生活与工作中，并且取得了显著的成效，值得进一步推广与应用。

（二）意义

将思维可视化应用在初中物理教学中，有着非常深远的意义，具体表现在以下几个方面。第一，有利于建立和谐融洽的师生关系。受传统教学理念的影响，如何处理师生关系，成了广大教师高度重视的问题之一。由于传统的课堂教学，无法为师生交流互动留有充足的时间，再加上教师的威严，导致很多学生都惧怕教师，甚至惧怕该课程的学习。思维可视化，可以将学习主体归还于学生，让学生成为学习的主人，尊重与发挥其主动性。教师只需要做好课堂准备，为学生准备好教学目标、教学内容，引导学生自主参与课堂学习。学习中，教师再适当给予提示与点拨，针对各种突发事件给予协调和解决，与学生共同参与沟通交流。这样一来，为学生留有自我表达与自我展现的机会与平台，可引导学生深入理解与思考，找到正确的思维方式与学习方法。第二，能简化知识难度。对于刚刚接触物理知识的初中学生来讲，自然会存在着一定的难度。思维可视化，可以将抽象的知识以图像呈现出来，将烦琐的知识进行梳理简化，带领学生快速看穿、真实摸到知识点，轻松解决各种疑难问题。此外，在可视化的背景下，还有利于强化学生的理解与记忆能力，构建完整的知识结构。第三，可提高问题解决能力。在初中物理教学中，要想提高学生的问题解决能力，不仅需要进行理论知识的讲解，还要展开大量的实践训练，掌握相应的解题技巧与方法，并且学会思考，才能提高问题解决能力。在思维可视化的背景下，可以带领学生快速找到问题的突破口，展开深入、详细思考，然后对同一类习题的特征进行总结。不仅能够快速找到问题答案，还能举一反三，减轻学习压力。第四，益于培养学生的逻辑思维与创新思维。培养学生的思维品质，是提升学生物理核心素养的关键组成部分，也是新课改的要求。只有培养学生的思维品质，才能学好物理知识，获得健全发展。因此在思维可视化的制作、分析、探究中，可以引导学生将新旧知识紧密结合起来，并且结合实际生活，通过问题的解决与探究，来培养自身思维的灵活性、逻辑性与创新性，从而实现思维深度与广度的延伸，提高综合能力。

二、初中物理教学存在的问题

（一）脱离实际生活

虽然新课改已经实施了近二十年，课本内容进行了适当的调整与优化，但是社会发展速度较快，人们的实际生活发生了翻天覆地的变化，课本上的知识内容更新较慢，导致物理教学严重脱离实际生活。物理知识本身就来源于实际生活，并且用于解决实际生活中的问题。课本上的内容与实际生活相差甚远，反而增加了教学难度。

（二）教学方法单一

在传统的初中物理课程教学中，重理论知识的传授，轻学习思维、学习技能、学习方法的培养。随着新课改与素质教育的提出，传统单一的教学方法，已经无法适应新时代与学生的学习需求，在教学内容与目标上，也没有进行更新与拓宽。不仅现代化信息技术没有得到广泛应用，也没有将学习主体归还学生，引导学生自主参与。

（三）忽视学生差异

传统初中物理教学，不仅教学方法单一，而且忽视了学生的个性与差异。人是课堂教学活动的重要构成部分，也是教学改革的关键与核心。由于忽视了学生的差异与需求，因此实际教学中教师普遍过于注重个人的主观意向，导致学生的地位始终处于被动化。不仅制约了课堂教学的改革，还严重阻碍着学生的健全发展，急需改革与创新，实现思维可视化的灵活运用。

三、思维可视化在初中物理教学的应用策略

（一）结合学生认知

思维可视化在初中物理教学中的应用，能够培养学生的思维品质，提高学习能力。在实际教学中，要结合学生的认知，不能过于重视知识技能的传输，而是引导学生掌握相应的学习技巧与方法，主动参与各种主题任务，才能为学生今后的学习打下坚实可靠的基础。首先，教师

要与学生展开深入的互动交流，了解学生的兴趣、习惯、能力、特长等，结合学生的个性与差异，制定个性化教学目的、教学方法、教学内容，并结合学生的学习进度展开拓展延伸。其次，在学习任务的布置与习题的选择中，一定要结合学生的认知经验与学习能力，才能提高学习效率。教师可以通过各种生成图示的软件，以游戏、聊天、竞赛等方式，激发学生的学习兴趣，带领学生准时完成学习任务。例如，在《光现象》教学活动中，教师可以借助思维可视化导图，将本节课的基本知识，呈现在学生面前。如下图所示：

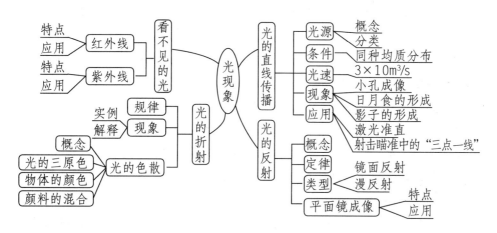

通过思维可视化导图的呈现，可以将抽象复杂的理论知识，形象直观地呈现在学生面前，帮助学生通过问题的思考、差异的分析构建完整的知识结构。

（二）强调情感投入

要想充分发挥思维可视化技术的价值与作用，还要强调情感的投入。首先，教师要唤起学生的学习兴趣，引导学生认识到思维可视化的价值与作用，从而改变学习态度与观念，养成良好的学习习惯，能够自主踊跃参与物理学习，获取相关知识与技能。其次，教师可以充分发挥自身的带头示范作用，比如概念图、流程图、表格、可视化导图的制作等，激发学生的学习意识，从而引导学生借助各种途径与方法，去获取、搜集、整理知识，高效完成学习任务。最后，在思维可视化的背景下，可以带领学生快速找到问题的突破口，展开深入、详细思考，然后对同一类习题的特征进行总结。这样不仅能够快速找到问题答案，还能举一反三，减轻学习压力。

（三）创新教学方法

思维可视化在初中物理教学中的应用，还要通过创新教学方法，将其有效结合与引入，以展开高效教学。首先，教师可以借助投影仪、电子白板等与思维可视化技术紧密结合。这样一来，可以将物理知识思考的过程、问题的解决过程，通过多种颜色、不同字体、图像演示等方式，直观形象地呈现在学生面前，从而激发学生兴趣，营造人机交互的学习环境，突出教学的重难点，高效教学。其次，可以将概念图与故事、生活事例等结合起来。无论是故事的讲解，还是生活事例的引入，都可以拓宽物理教学的时空。再通过概念图的呈现，就可以引导学生快速发现知识的亮点与特色，深入文本内容，去感悟、体验与思考，提高课堂教学的质量与效率。最后，可以通过思维导图的形式，将其与思维可视化技术或者生成图示的软件技术紧密结合，快速呈现教学目标、重难点知识，实现拓展延伸，引导学生结合思维导图，在思维可视化的自制中提高自身的动手操作水平与理解能力。此外，小组合作、翻转课堂、教育信息技术、在线课堂等，都可以与思维可视化紧密结合，促进初中物理教学工作的高效开展。

（四）善于总结评价

不同学生之间，由于成长环境、兴趣爱好、学习习惯、智力等因素影响，还存在着较大的差异，在实际教学中，还要针对不同学生的表现，给予相应的评价。首先，教师要运用思维可视化技术，将课前预习、课堂学习、课后复习等整个学习过程设计为合理的考查任务，密切跟踪学生的学习动态，更好地把握学生情况，展开针对性学习。其次，教师要针对不同学生的表现，给予不同的评价，来增强学生的积极性与自主性，全面提高物理教学效率。

综上所述，思维可视化在初中物理教学中的应用有着非常深远的价值与意义。作为物理教师，要紧跟时代发展潮流，提高自身的综合能力，熟练运用各种教学方法与信息技术，带领学生学好知识，获得健全发展。

参考文献：

［1］吕传生.思维可视化在初中物理教学中的实践与应用［J］.新智慧，2019（16）：9.

［2］缪一锋.思维可视化在初中物理教学中的实践与应用［J］.明日，2018（3）：120.

［3］刘福燕.思维可视化在初中物理教学中的实践与应用［J］.新课程·中学，2017（9）：405.

［4］孙存蔚.试论思维可视化运用于初中物理教学的要点［J］.魅力中国，2020（8）：125.

创新理念在初中化学实验教学中的应用

日喀则市白朗县中学　李隆武

摘　要： 想要了解化学学科，要对其实验内容有具体的了解和掌握。但在实际的初中化学教学中却没有体现这一点，基本都是口述或者使用教材的内容来替代，所以学生理解化学知识比较吃力。本文将创新理念引入，对其必要性进行分析，并对其中可能存在的问题和对策进行研究，以期可以将创新理念更好地应用在初中化学实验教学当中。

关键词： 创新理念；初中化学；实验教学

化学是偏于实践的一门学科，且教材当中的大部分理论都是从实验中得到的，因此教师在教学过程中，不仅要对学生进行基础知识的讲解，同时也要注意培养学生的创新能力，只有这样学生才能学有所得，为未来发展奠定基础。本文对创新理念在初中化学实验教学中的应用研究，具有重要的理论意义和现实意义。

一、创新理念在初中化学实验教学中应用的必要性

初中时期，是初中生初次接触并了解化学学科知识的关键时期。然而，对于大多数初中生而言，化学知识相对复杂且陌生，基本上从零基础开始。初中生在之前所接受的知识教育当中，只有科学一门学科与化学学科具有一定的联系，虽然二者都是研究世间万物根源与规律的，但是二者也存在区别，化学学科更偏于理科，包含了很多化学元素和化学公式，多是从原子和分子的变化来展现物质的结构与组成。化学知识融合了理论知识与实践知识，只有将二者结合才能更好地帮助初中生学习化学。然而由于部分初中学校的硬件设施条件有限，教师无法完全地将化学知识内容展现，因此教师只能从理论知识入手，这在一定程度上不仅导致化学课堂枯燥乏味，同时也非常不利于学生学习和吸收化学知识点。所以，这也就提

高了对化学教学方式的要求，其不仅要具备创新意识，同时也要在枯燥的化学学习当中创新教学模式，帮助学生理解化学，加深学生的印象，只有这样才能帮助初中生更好地学习化学知识。

二、初中化学实验教学存在的问题

（一）学生缺乏对基础知识的掌握

由于初中学生对化学基础知识掌握不牢固，使得无法有效地提升自己的成绩。再加上初中教师的教学理念偏于传统，且在教学过程中没有根据学生平均水平调整教学目标，一直都是以应试教育为教学重心，这样不仅不会提升学生的学习热情，反而会降低学生学习化学的兴趣，严重的话会产生厌学心理。另外，由于初中学习压力巨大，一些成绩上的波动会容易加深其心理上的负担，从而对学生的未来发展造成非常负面的影响。

（二）学生缺少化学实验操作

由于初中化学教师缺少化学实验的教学，加上学校担心化学实验带有隐患，所以初中化学教师在授课时只能用教材内容来替代化学实验，导致学生无法观察到化学实验现象，从而无法提升学习质量。虽然化学与日常生活联系十分紧密，但实际教学内容却没有丝毫的体现，进而也就提高了初中学生学习化学的难度，无法更好地掌握化学知识点。

（三）学生缺少正确的学习态度

由于初中时期的学生正处于青春期，加上学习和生活各方面的压力，导致学生的心理负担较大。初中生在化学学习以及日常生活中若产生厌学的心理，自然无法提高对化学学习的重视。另外，由于初中生刚接触化学，化学基础知识较为薄弱，经常会出现公式不完整、元素符号写错等问题，若加上思想误区认为自己学不好化学就是不够聪明，就会对化学这种技术性很强的学科无法产生学习兴趣，进而在心理上懈怠对化学学科知识点的学习。

三、创新理念在初中化学实验教学中的应用

（一）转变教师教学理念，引导学生自主探索

新课标提到，在学习化学知识点的过程中，因教师无法有效地帮助学

生提高化学知识的记忆能力，所以加强培养学生对化学知识的探索能力，才可以更好地帮助学生掌握化学知识点。因此，在具体的化学知识点教学过程中，教师应该转变自己的教学观念，摒弃过去的传统应试教学模式，采用创新理念并引入较为有趣的课堂学习内容，帮助学生理解化学的基础知识，只有这样才能更好地帮助提升初中学生的化学成绩，鼓舞其学习积极性和主动性。例如，教师在讲解《走进化学世界》的时候，可以在讲解"物质的变化和性质"的过程中，通过不同的物质展示，联系学生的日常生活，以帮助初中生了解更多的物质；或者利用身边常见的物品，像可乐的组成元素是什么等联系生活帮助学生强化对化学基础知识积累。

（二）开展实验教学，提升初中生学习兴趣

初中学生对化学学科的学习不上心，多半是没有是对化学知识点产生兴趣，因此教师要多多开展实验教学，以此来吸引学生的注意力，并提高他们对化学知识的学习兴趣。由于在过去的初中化学实验教学当中，教师基本上都是采用口述的教学方法，在一定程度上增加了学生学习化学知识的难度。因此，初中学校需要鼓励初中化学教师创新教学理念并开展实验教学，这样不仅能提高教师的教学效果，同时也能加深学生对化学知识的理解，并提高化学成绩。例如，教师在讲解《我们周围的空气》的时候，可以将实验中所需要的制取氧气的材料以及设备提前准备好，然后让学生亲自动手并实践做出制取氧气的化学实验，这样不仅可以充分调动学生学习化学的主动性，还能更有效地提高化学教师的教学效果。

（三）关注探索性教学，增加实践活动

由于学生处于初中阶段，且教材课本当中多是结果验证实验，这也就说明了教材比较注重的是验证性实验。因此，教师可以利用应用实验来提高学生的化学实验操作能力，以在帮助初中生了解实验基本方法的同时，可以自己进行一些具有探索性质的化学实验，这样不仅能提高其学习兴趣，同时也要培养其创新能力和探索精神。另外，为了更好地将创新理念应用于化学学科的教学当中，化学教师可以组织学生开展有关化学知识学习的课外活动，以此在提高初中生化学知识学习兴趣的同时，有效地拓展学生的视野并培养其创新能力。一般情况下，开展化学课外活动的形式有很多种，如化学竞赛、调查访问、家庭实验，等等。例如，化学竞赛。教师可以利用化学竞赛来帮助学生更好地了解课本上以外的化学知识，以此来加深其对化学知识的理解。再如，调查访问。教师可以多多鼓励学生在课下时间撰写社会调查报告，并将自己观察到的有关化学知识的现象记录在报告内容当中，并总结其中所涵盖的化学知识点，从而加深其对化学知识的印象。

（四）引导学生自主创新实验设计，激发学生的化学实验探索欲

在初中的化学实验教学过程中，教师也要更加积极地鼓励初中学生自主创新化学实验设计，以在巩固其以往学过的化学知识点的同时，可以更好地提高自身的化学实验能力。比如，"举一反三"，也就是说，教师可以利用"一个实验，多种方案"这种实验方法，鼓励学生迸发想象力，以此来创新更多的化学实验。例如，教师在讲解氢气、浓硫酸的制取实验过程中，教师应该让各个学生阐述自己的观点和想法，鼓励其标新立异。除此以外，教师在讲解教材上较为简单的制法以外，也要在具体的实验过程中为学生们讲解更多的制法，如电解水制法、凝固空气制法等等。当然在实验的过程中，学生也会接触到各种各样、难易不同的化学知识点，但这些都不会成为阻挡学生学习知识的阻碍力量，反而会激发学生对化学实验的探索欲，促使学生们更加积极地思考化学问题。需要注意的是，教师在引导学生做化学实验的过程中，也要保证学生的实验安全。

综上所述，随着素质教育的推行，创新型人才在社会发展的过程中具有非常重要的现实意义。因此，教师在具体的化学实验教学过程中，不仅要为学生讲解化学知识点，同时也要为学生提供各种不同的化学思路和化学方法，以此来让初中教师培养初中学生的化学创新思维。但在具体的实验教学过程中，教师不仅要以培养学生的创新能力为主，同时也要注意保障学生的实验安全。

参考文献：

[1]刘亚军.新理念在初中化学实验教学中的应用[J].陕西教育（教学版），2020（Z2）：95.

[2]刘立，刘素.论创新理念在初中化学实验教学中的应用[J].家

长，2020（17）：109-111.

[3]夏婧蓉. 创新理念在初中化学实验教学中的应用[J]. 中华少年，2020（15）：159-160.

[4]王豪钟. 例谈创新理念在初中化学实验教学中的应用[J]. 中学课程辅导（教师教育），2020（04）：94-95.

[5]周华富. 谈创新理念在初中化学实验教学中的应用[J]. 试题与研究，2020（03）：162.

[6]朱祺禄. 创新理念在初中化学实验教学中的应用[J]. 学周刊，2020（01）：83.

微课在初中化学教学中的应用研究

日喀则市白朗县中学　李隆武

摘　要： 在初中化学教学中运用微课，除了能够深入剖析新知识点，还可以反馈学生学习信息，进行教学反思，把多种优势资源整合到一起，有利于创设丰富的课堂教学情境，突破教学的重点和难点。本文基于微课在初中化学教学中的应用，进行分析研究。

关键词： 微课；初中化学；教学情境；突破；实验教学

微课短小精湛，以微小短视频作为载体，主要以视频形式传授教学内容，教学资源比较丰富。以下结合笔者的教学经验和几个教学实例，从创设初中化学课堂教学情境、突破化学教学中的知识重点和难点、给化学实验教学提供资源等几个方面，对微课在初中化学教学中的应用进行研究，并提出一些观点和看法。

一、创设初中化学课堂教学情境

初中化学教学，需要在九年级一年的时间里学习完成所有知识点，具有重点多、知识点分散、探究实验多等特点。教学周期短且比较集中，可以说是时间短、任务重，化学知识内容相对于其他科目来说比较枯燥，抽象性也强。因此，很多初中生在学习过程中难免会遇到一定困难，导致失去学习兴趣，甚至产生抵触的心理，严重制约着化学教学质量的提高。借助微课创设丰富的化学课堂教学情境，可以把抽象复杂的化学知识变得形象化，营造活跃的课堂教学氛围，降低学习难度，帮助初中生更容易理解和接受知识，促使初中生建立学习好知识的信心，从而提高教学质量。

比如，在"常见的酸和碱"课堂教学中，主要教学目标是：让学生知道石蕊和酚酞溶液是常用的酸碱指示剂，并能说出石蕊和酚酞在酸性、碱性和中性溶液中所显示的颜色，初步学会用酸碱指示剂检验溶液的酸碱性；能根据植物花瓣或果实提取液在酸性、中性和碱性溶液中的颜色变化，来判断其能否用作指示剂。为帮助学生有效掌握这些化学知识，就可以借助设计微课创设教学情境，进行探究教学。微课视频的展示可带领学生进一步认识和体验科学探究的过程，增强对化学知识的探究欲。通过探究酸碱指示剂在酸性、中性和碱性溶液中显示不同的颜色，学生提升化学学科的归纳能力。利用微课创设的教学情境，引导学生强化对酸碱指示剂变色规律的记忆方法，能运用酸碱指示剂鉴别溶液是酸性还是碱性，进一步强化学生参与课堂的积极性、能动性，体现学生的主体性。

二、突破化学教学中的知识重点、难点

初中化学教学设计了大量的化学公式、原理和实验，是一门以探究性学习为主的科目。初中化学课程与其他科目教学相比难度较大，知识的复杂性和抽象性也比较强。虽然化学教师在教学中耗费大量精力，精心设计教案，认真仔细地进行课堂讲解，但是还会有一些学生对化学教学中的知识重点、难点理解不透，把握不准。微课教学基于设计灵活、短小精湛、形象生动的特点，可以提高化学教学的针对性。与传统的化学课堂教学相比，微课可以把教学中的重点、难点内容集中起来，突出教学的主题；可以结合初中生学习的特点，围绕特定的知识点展开教学，进行重点、难点知识的集中突破，查漏补缺教学知识点。因此，在初中化学教学中应用微课，能够提供更有效的教学方法，跳出传统课堂教学的局限性，把复杂抽象的化学知识难点简单化，帮助初中学生轻松地理解和掌握，突破初中化学教学的重点、难点。

比如，在"分子和原子"课题教学中，主要教学目标是：让学生认识物质是由分子、原子等微小粒子构成的，分子是保持物质化学性质的最小粒子；原子是化学变化中的最小粒子。其教学重点是从宏观现象到微观粒子的运动，形成分子和原子的概念。其教学难点是培养学生化学概念的抽象思维。为了突破这一课题教学的重点、难点，提高教学效果，我们就可以应用微课视频模拟"分子和原子"的模型，引领学生进入微观世界，给学生解释微观现象，加深他们对微观概念的理解。

三、给化学实验教学提供资源

实验是初中化学教学的一项重要内容，许多化学知识的探索、获取以及论证都是建立在实验基础上的。然而，在初中化学实验教学中，并不是所有的实验都能在课堂上操作完成。很多实验都具有一定的危险性，实验过程无法有效控制，或者对外部环境要求极为苛刻，就现有的实验教学条件来说，很难实际操作完成。由于这些复杂的化学实验，无法真实展示给学生，给化学实验教学质量的提高带来制约。面对这类型的化学实验，如果还是按照传统教学模式，用口头讲解的方式"说"出实验的过程和结果，教学的质量肯定不尽如人意，效果可想而知。在这种情况下，我们也可以通过应用微课提供教学资源，来解决这一教学难题。把那些因为抽象复杂、有毒有害、过程控制困难、环境要求苛刻等而无法在课堂上操作的实验，设计成微课教学视频课。用视频的方式把实验的过程形象动态展示出来，给学生创造直接观察实验的过程。利用微课提供资源这种视频教学的方式，引导学生加深对化学实验的理解，并对实验过程形成深刻的印象。为化学实验教学顺利开展创造条件，也进一步提高了化学实验教学的效果。

总而言之，把微课应用到初中化学教学中，可以改变教学传统模式，有助于优化化学教学过程，帮助初中生理解、感知、掌握化学知识，提升教学效果。

参考文献：

［1］沈建忠. 浅谈微课在初中化学教学中的实践应用和思考［J］. 中国新通信, 2019, 21（1）：168.

［2］肖长伟. 利用微课提高初中化学教学效率的策略［J］. 辽宁教育, 2019（19）：60-62.

［3］姚亮发, 张明月, 杨毅明. 微课在初中化学教学中的运用：以"原子的构成"为例［J］. 中小学教学研究, 2019（3）：64-66, 70.

浅谈中小学生思想政治教育

昌都市教科所　陈历贵

摘　要：在新时代，面对瞬息万变的社会，教师必须打破传统的旧模式，探索适应当下的思想政治教育的新思路、新途径，不断改进对中小学生进行思想政治教育的内容、形式和方法。本文，尝试从情感渗透、德智融合等方面进行探索。

关键词：新时代；思想政治；教育；新方法

青少年阶段是人生的"拔节孕穗期"，最需要精心引导和栽培。思想政治教育对青少年学生的健康成长起着十分重要的导向、保障和动力作用。2019年3月18日，习近平总书记在学校思想政治理论课教师座谈会上发表重要讲话，指出："我们办中国特色社会主义教育，就是要理直气壮开好思政课，用新时代中国特色社会主义思想铸魂育人。思政课作用不可替代，思政课教师队伍责任重大。"思想政治理论课是落实立德树人根本任务的关键课程，在大中小学循序渐进、螺旋上升地开设思想政治理论课非常有必要，是培养一代又一代社会主义建设者和接班人的重要保障。加强对未成年人的思想政治教育，学校是主阵地。那么，在新时代条件下怎样做好中小学生思想政治教育呢？

一、应注重思想政治教育的情感渗透

常言道：人非草木，孰能无情。人的情感是后天形成和变动的一种心理现象。任何认识事物的过程都伴随着情感变化。苏联教育家苏霍姆林斯基说过："没有情感，道德就会变成只能养成伪君子的枯燥无味的语言。"因此，教师应把学生现有的或可能产生的思想政治倾向，适当地、巧妙地与学科教学内容和活动有机结合起来，做到"润物细无声"，使中小学生在课内外学习活动中受到潜移默化的熏陶，从而在集体的熔炉中自觉地认识、审视自己和他人的言行，于对照体验中不断提升自我、完善自我。

二、要深入学生中多看、多听、多分析

俄国著名教育家乌申斯基说："教从了解开始，了解学生是掌握学生的一把钥匙。"只有深入地了解学生，才能产生更加有效的教育教学效果。"知己知彼，百战不殆"说的也是这个道理。作为中小学教师，一方面要多看多听多了解学生的日常情况，另一方面也要多渠道收集了解分析社会上出现的有利于对学生进行思想政治教育的正反两方面案例和素材，使思想政治教育贴近中小学生生活实际，帮助中小学生不断发现自身问题，解决在日常生活中遇到的各种现实问题。

三、在德智融合中加强教师的育德能力

现在的中小学生，由于特殊的生长环境，社会责任感较弱，有时意识不到自己的一言一行都与他人、社会、国家、自然有着紧密的联系。走上教师岗位的于漪，立志要把个人的前途命运与祖国的前途命运紧密联系在一起。她曾说："教师一个肩膀挑着学生的现在，一个肩膀挑着国家的未来。"进入新世纪，她还提出学科要"德智融合"，充分挖掘学科内在的育人价值，将其与知识传授、能力培养相融合，立体化施教，全方位育人，真正将立德树人落实到学科主渠道、课堂主阵地，从而加强教师的育德能力。这与现在强调的学科核心素养是一致的。教师是立教之本、兴教之源，做好思想政治教育，离不开一支政治素质过硬、业务能力精湛、育人水平高超的高素质专业化思政课教师队伍。因此，教师政治要强、情怀要深、思维要新、视野要广、自律要严、人格要正。教师要注重挖掘传统伦理教育的精华，选择适当的时机、适当的阶段对中小学生进行传统的美德教育，弘扬和培育民族精神，使中小学生意识到自己的人生意义，意识到自己对社会、对国家、对自然的责任和对民族的义务，自觉践行社会主义核心价值观。"学高为师，德高为范"，当一个教师的品行、学识、人格达到甚至超出了学生原有的想象时，学生对该教师的敬重、信服之心油然而生，从而"亲其师，信其道"。作为思政课老师，更应"术业有专攻"要用习近平新时代中国特色社会主义思想来武装头脑，站稳政

治立场，确实把握好教学课堂这个主渠道，用一些学生喜欢的方式，通俗易懂的语言，把宏观的命题讲得让学生能够入耳、入脑、入心，讲得"有意义""有意思"，进一步增强思政课的思想性、理论性、亲和力和针对性，用真理的强大力量引导学生。

语文和地理学科融合的探研式教学实践与思考
——以地理视角解读苏东坡《定风波·莫听穿林打叶声》为例

山南市完全中学　　刘新果

摘　要：地理学科具有综合性，和语文学科一样承担着弘扬中华民族优秀传统文化的重任。在新课程标准的指引下，在对学生地理学科核心素养的培育中，学科融合的理念发挥着越来越重要的作用。本次探研式教学以地理视角解读苏东坡的《定风波·莫听穿林打叶声》为例，进行了语文和地理学科融合的课堂教学实践，并进行了思考。

关键词：语文；地理；学科融合；探研式教学

一、选题背景和意义

（一）背景

2017年，教育部印发《中国学生核心素养发展》《2017年高考改革方案》和普通高中课程方案及语文等学科课程标准（2017版）一系列重要文件，旨在推进落实"全面深化高中教育课程教学改革"以及"立德树人"根本任务，满足学生终身发展和社会进步的现实需求。

《普通高中地理课程标准（2017版）》明确了地理学科兼有自然科学和社会科学的性质，具有综合性和区域性的特点。一线教学实践证明，很多地理知识都与语文、历史、化学、信息技术等学科具有广泛的联系。语文作为学习基础学科的基础，其情景的创设可用来丰富地理课堂教学，特别是语文教材中的文学作品，如诗歌、地理游记等都包含大量的地理要素，可以帮助学生加深对地理知识、地理现象、地理原理与规律的理解与掌握。

进行语文和地理学科融合的探研式教学实践，不仅可以提高学生的学科能力，增强学生的学科素养，而且可以为塑造全面复合型人才提供有益尝试。

（二）意义

1.更新地理教学模式

运用学科融合的方式进行地理教学，将古诗词的学习与学生现实生活相联系，激发学生内心真实情感，营造良好的学习氛围，可让地理教学达到事半功倍的效果。作为一种新型的地理教学模式，将古诗词所特有的人文精神融入学生的学习、生活及生命教育，对于树立学生乐观的生活态度和科学的思想观念，提升文学鉴赏和审美能力，具有重要意义。

2.丰富课堂教学情境

地理学科的生活性很强，但和语文相比，稍偏理性，人文情感较弱，在地理教学中若能发挥语文的情感渲染作用，调动学生的人文情怀，满足学生的精神需求，就会使教学效果更为明显。语文教材中的古诗词，都是知识分子的内心写照、情感表达，不仅语言优美，思想内涵深刻，情感也颇为丰富，将古诗词融入地理课堂教学中，一方面可以丰富课堂情景，活跃课堂氛围，激发学习兴趣，另一方面也能拓宽学生视野，提高学生多角度分析问题的能力。

3.增强学生综合素质

对于学生而言，单一学科知识掌握与运用已经不符合时代对于人才全面发展的要求。高中语文和地理的融合教学对于学生而言，既能提高学生对语文特别是古诗词的鉴赏能力，又能激发学生学习地理的兴趣，提高学习效果，从而增强学生的综合素质。

二、研究思路和方法

（一）研究思路

认真研读苏东坡的《定风波·莫听穿林打叶声》原文和高中地理新课程标准，找出这首词与自然地理的契合点，然后结合学生实际，编制教学设计方案和课件，并进行探研式课堂教学实践。

（二）研究方法

1.文献法

研读高中地理新课程标准，把苏东坡的《定风波·莫听穿林打叶声》中的地理元素找出来，进行地理学解读，需要大量的文献支持。

2.调查法

学生对苏东坡及其诗词的了解程度、对自然地理的掌握程度，通过调查法可以获取。

3.学科交叉法

地理学科本来就与其他学科联系很紧密，在教学设计与课堂实践中，需要把语文、科学、历史和地理等多学科结合起来研究，从而达到学科融合、提质增效减负的目的。

三、案例呈现

（一）教材展示

课文略。

（二）教材分析

该词选自高中语文人教版教材必修四第二单元，是豪放派大家苏轼的代表作。文本中通过对"出行遇雨"这一件小事的描写，表现了词人旷达超逸的胸襟，和坦然面对人生的风雨，不畏坎坷、宠辱皆忘、超乎物外的旷达情怀。

从地理视角来看，这首词至少包含了六个方面的地理原理和规律，既体现了地理学科的综合性，又有着浓郁的生活地理气息。在教学中，应将重点从地理视角对这首词进行单纯的文本解读，并适当引导学生学习苏轼在困难坎坷面前豁达的心胸和积极乐观的人生态度，而这，也是语文和地理跨学科融合教学的一次尝试。

（三）学情分析

学生为山南市二高重点班的学生，地理基础相对较好，但由于本届高三学生还是使用区编的语文教材，大部分学生没有听说过这首词，对其中的创作背景、双关手法等语文知识缺乏了解。

（四）核心素养

1.通过介绍苏东坡被贬黄州之前的生平经历及该词的创作背景，引导学生树立积极向上的人生态度，增强为民族振兴而努力的使命感和社会责任感，培养学生文化传承意识。

2.通过朗诵和吟唱的方式，分析该词的思想情感和语言特点，培养学生高雅的审美情趣和高尚的审美品位，形成自觉的审美意识和创造能力。

3.通过对该词进行地理学角度文本解读，挖掘其地理内涵，并对词中的地理原理和规律进行分析，培养学生的综合思维能力。

4.通过展示苏东坡被贬黄州之前的足迹地图，引导学生了解苏东坡前半生的人生轨迹，学会描述具体区域的地理位置，培养学生的区域认知能力。

（五）教学重难点

1.从词中找出地理元素。

2.对词进行地理学解读。

（六）课前准备

1.教案、学案、课件。

2.资料来源：林语堂《苏东坡传》，余秋雨《苏东坡突围》，苏东坡有关的网络资源。

（七）过程设计

教学环节		教学内容	教学活动		设计意图
			教师活动	学生活动	
导入		课前播放《定风波》歌曲，展示《定风波》全文。	提问词牌名、小序、上阕、下阕、作者、朝代等基本信息。	学生集体回答，然后让学生朗诵该词（豪放、积极向上情绪）。	让学生对该词有一个整体了解。
过渡		展示林语堂对苏东坡的评价和苏东坡前半生的足迹地图。	展示苏东坡的足迹地图，口述苏东坡的生平介绍，转入本课的空间所在地——黄州。	在学案上依次写出苏东坡足迹地图中的省级行政区名称、地形名称。	让学生从语文情境逐渐过渡到地理情境，实现学科融合下的思维转换。
教学过程	基础铺垫	黄州的地理位置：1.绝对位置 2.相对位置	展示黄州地图。	让学生自己归纳黄州的地理位置。	学会描述一个区域的地理位置，培养学生的区域认知能力。
	合作探究	从地理视角解读该词。	提问：《定风波》中的地理元素有哪些？	找出该词中的地理元素，在学案上用下划线标记出来。	让学生学会使用学科交叉法，培养学生的综合思维。

教学过程	合作探究	问题归纳：该词中的地理元素有三月七日、遇雨、雨具、遂晴、穿林打叶、竹杖、芒鞋、蓑、料峭春风、微冷、斜照、相迎、也无风雨也无晴等，共13个。 设问探究： 1."三月七日"，是按什么历法算的？是在"春分"之前还是之后？ 2.从"斜照""相迎"能否推断出当时太阳的方位及苏东坡的行进方向？说明理由。 3."遇雨"，是什么"雨"？雨的类型有哪四种？ 4.从"穿林打叶""竹杖芒鞋"推断黄州的气候类型及植被类型，并分析黄州气候的成因与特征。 5."料峭春风""微冷"的原因是什么？ 6.从"也无风雨也无晴"一句，可知当晚是否可能有霜冻天气发生，说明理由。
	地理视角	1.太阳的回归运动； 2.太阳视运动的判读； 3.雨的四种类型（按成因）； 4.亚热带季风气候的成因与特征； 5."倒春寒"的成因； 6.大气的保温作用。
	板书设计	一、黄州的地理位置 1.绝对位置； 2.相对位置。 二、从地理视角解读《定风波》 1.太阳的回归运动； 2.太阳视运动的判读； 3.雨的四种类型（按成因）； 4.亚热带季风气候的成因与特征； 5."倒春寒"的成因； 6.大气的保温作用。
	课堂小结	1.让学生从语文和地理视角对《定风波》进行总体解读。 2.全体学生读"序"，然后老师弹唱《定风波》的上阕和下阕，学生可唱和。

四、教学思考

（一）创新与收获

在教学过程中，采用了以学生为主体的"探研式"教学模式，在"苏东坡足迹地图"和《定风波·莫听穿林打叶声》的主线下，设计了六个问题进行了探研式教学，这是对传统的语文和地理课堂教学模式的一次大胆的创新和尝试，师生都受到了一定的启发、感悟和成长。

（二）不足与展望

跨学科融合的探研式教学影响因素很多，除了地理教师自身的知识储备与整合教学能力外，还需要学科间教师的合作，有时还需要上升到学校课程的统筹与顶层设计。本次教学实践，只是地理学科内的单方面实践，语文学科老师并未参与到教学设计中来，跨学科整合度不够，与语文教师的合作联系还不够广泛。在场听课的语文老师评课时说："具有启发性，新颖创新，引发思考，但没有把这首词的语文美充分体现出来。"笔者认为语文老师的评价很中肯，在以后的跨学科融合教学中，可以尝试让语文老师参与教学设计和课堂教学，把语文和地理两个学科的内在价值都充分展现出来，培养学生的多学科核心素养。

参考文献：

[1]王浩，孔冰．语文地理学科融合的活动式教学模式探究[J]．地理教学，2017，4：14-17．

[2]李彦飞．学科融合在高中地理教学中的应用研究[D]．西宁：青海师范大学硕士论文，2021．

[3]杨晓彤．学科融合视野下的高中诗词教学研究[D]．沈阳：辽宁师范大学硕士论文，2019．

[4]杨远伟．基于跨学科融合的高中地理教学策略研究——以人教版必修一为例[D]．福州：福建师范大学硕士论文，2019．

[5]李燕妮．地理、语文跨学科整合在高中地理教学中的实践探究[D]．重庆：西南大学硕士论文，2021．

第二篇

教育研究

试论传统文化对语文教学的影响

拉萨市北京中学　谭瀛

摘　要：在教育体系中，语文教学是学科中的重中之重，语文是语言和文化的综合体，是民族文化传承的一部分，具有工具性和人文性。所以，把中华传统文化渗透到语文教学中去，不但可以让学生更加深入地了解中国传统文化内涵，还有利于提高他们学习语文的兴趣。因此，传统文化在语文教学中有着重要意义及重大影响。

关键词：传统文化；语文教学；意义；影响

语文教学是传统文化传承的重要途径，在语文教学中加入传统文化内容的学习，不但可以提升学生的学习效率，提高学生的道德修养，还有利于培养学生的综合文化素质。在目前的语文教学中，一些教师的教学模式还是根据传统模式进行教学，忽略了传统文化的重要性。在新时代的语文教学中，传统文化要渗透到语文教学中去，让学生在语文学习过程中不但可以学到课本中的内容，还能学习到传统文化知识，自觉传承和弘扬中华民族优秀文化，达到学习语文的真正目的和良好效果。

一、传统文化在语文教学中的问题

（一）受传统教育影响

长期以来，大部分家长比较注重孩子的学习成绩，把学习成绩放在第一位，一些家长为了让学生把学习成绩提上去，还给孩子报各种学科的补习班，使孩子每天都处在一个高压的学习状态下，而这种教育形式肯定是不利于孩子的身心健康和发展的，并且学习效果也不理想，更没有时间来学习传统文化。而在语文教学中，有些教师比较注重课本内容知识的讲解，学生无法通过语文教学课堂接触到传统文化知识。所以，在传统教育观念的影响下，不少人忽视了传统文化对学生的渗透和熏陶，导致在语文教学中无法开展传统文化教育。

（二）对传统文化不重视

当前，很多学校及教师都对传统文化不够重视，在语文教学中未融入传统文化知识。教师没有深入研究语文教学课程与传统文化之间的联系，对两者结合没有明确规划，便导致教学内容混乱不清晰，既影响了语文教学的质量，又提高不了学生的学习效率，更别提让传统文化渗透进去。在经济欠发达地区，由于条件较弱，在语文教学中更无法渗入传统文化教育。

二、传统文化渗透到语文教学中的对策

（一）改变传统教育思想，研究传统文化与语文教学的结合点

首先要改变学习成绩第一位的传统思想观念，引起家长对传统文化的重视。在语文教学中，教材内容里面有很多相关的传统文化知识，教师在语文教学前，要先确定好教学目标，深入分析语文教材内容与传统文化知识，思考如何将传统文化渗入语文教学内容中，让学生主动地了解传统文化知识。学习传统文化知识，不仅能让学生充分了解中华民族传统文化的魅力，还可以增强学生在语文学习中的兴趣。

（二）丰富教学手段，引入传统文化，加强对传统文化的重视

在传统教学中，要不断创新教学观念，调动学生的学习积极性。教材里的很多古典文学作品都与传统文化有关，如：韩愈的《师说》一文，可以让学生先了解古代传统文化，然后结合文章分析在古代传统文化中尊师重教的良好传统，以及了解传统文化中学生从师求学倡导的原则。从这些古典文学作品入手，可深入学习文章中所包含的传统文化思想观念及文学底蕴，进而让学生认识到学习传统文化的重要性，充分认识中华民族传统文化的博大精深，从而加强对学习传统文化的重视。

（三）开发传统文化学习平台，促进传统文化与语文教学相结合

教育是对传统文化的有效延伸。在日常生活中，要想让学生养成良好的行为习惯，就要重视语文教学中基础知识的培养，通过学习到的传统文化提高自身的素质。在语文教学过程中，要把传统文化的核心精神融入实际学习中，让学生自觉养成学习传统文化的好习惯。教师一定要为学生创建一个实践学习的机会，为学生提供传统文化知识学习的平台，促进传统文化与语文教学相结合。

三、传统文化在语文教学中的重要意义及影响

（一）有利于提高学生的综合素质

在语文教学中融入传统文化知识的学习，不仅可以丰富学生对语文课程的兴趣，还可以促进学生学习传统文化知识，提高学生的思想道德品质，树立学生正确的人生价值观，帮助学生养成良好的学习和生活习惯，进而提高学生的综合素质。

（二）促进学生更好地了解中华民族文化

在语文教学过程中融入传统文化知识的学习，让学生深入学习语文教材中与传统文化相关的文章内容，多学习了解传统文化知识，学生能进一步深刻领会和理解中华民族传统文化的底蕴和内涵，为中华民族传统文化的博大精深感到自豪，从而更加热爱我们伟大的祖国。

随着社会不断发展，中华民族的优秀传统文化作为我国精神文明进步的重要支柱，已成为学校教育的重点之一。而语文学科，是引导学习优秀传统文化的重要学科，语文教师在这方面一定要有所为，努力做出成绩。

参考文献：

[1]李亮．浅谈高中语文教学与传统文化的契合[J]．赤子，2016（11）：241．

[2]王美．初中语文教学中渗透传统文化的措施探讨[J]．赢未来，2018（002）：267-267．

[3]徐雅静．将传统文化融入职校语文教学中[J]．南北桥，2019（6）：165．

[4]黄依梦．浅析传统文化教育在中职语文教学中的渗透[J]．考试周刊，2019（33）：41．

高中历史教学中审辨性思维培养策略研究

拉萨中学　王征军

摘　要： 随着高中教育改革工作的不断深入，相应教育教学工作中渗透运用审辨性思维越来越引起人们的重视，在高中历史教学中如何针对学生进行审辨性思维的培养也显得极为重要。本文主要围绕高中历史教学中审辨性思维的培养策略进行简要分析论述，希望有助于提升高中历史教学水平。

关键词： 高中历史；审辨性思维；问题；培养策略

对于高中历史教学而言，只有高中生具备了理想的审辨性思维，才能够规避对于历史内容的全盘接受，针对历史事件具备自身的独有见解，从而进一步升华高中历史教学价值。但是在当前高中历史教学中，一些历史教师并没有意识到培养学生审辨性思维的重要性，需要在未来结合高中历史课程，经过恰当的设计和引导逐步培养高中生的审辨性思维。

一、高中历史中审辨性思维的特点

（一）能够反思和怀疑历史问题

在高中历史教学中，学生具备审辨性思维的一个重要表现就是其能够对于历史问题持有怀疑态度，能够反思其中可能存在的问题，进而能够较好实现对于历史事件的自我认识，避免仅仅是接受课程中的知识。

（二）能够针对可靠史料进行深入分析

审辨性思维在高中历史教学中的表现不仅仅是单纯的怀疑和反思，对于任何历史事件和问题进行怀疑当然也并非正确，需要建立在可靠史料基础上进行反思和怀疑，必要情况下还需要进行实证研究，如此才能够对于自身形成较强的支持。

（三）探究方法科学合理

对于审辨性思维在高中历史中的具体应用，高中生还需要从具体探究方法和手段入手进行优化，能够综合运用科学的逻辑探究方法，针对历史事件以及某一段历史时期进行研究分析，如此才能够更好地实现审辨性思维的有效落地，避免仅仅停留在思维层面。

（四）理性

在高中历史学习中，学生具备审辨性思维还需要体现出较强的理性特点，能够针对具体历史事件以及相关问题进行理性的判断，确保自身相关观念并非偶然的想法，而是经过了深思熟虑后的决定，如此才能够确保审辨性思维的应用具备意义和价值。

二、高中历史教学中审辨性思维培养局限性分析

（一）反思质疑教学缺失

在当前高中历史教学中，一些教师不能够鼓励学生进行反思和质疑，受到应试教育的影响，往往只要求学生对于所学知识进行死记硬背，或者是按照简单的逻辑进行梳理，如此也就形成了学生总是被动接受的局面。此外，若高中历史课堂中依然是以教师为中心，学生在课堂中无法占据主导地位，如此也不利于学生反思和质疑的培养。

（二）科学论证教学缺失

在现阶段高中历史教学中，历史教师往往还缺乏对于科学论证方面的教育，认为高中学生的课业压力比较大，进而也就不会从科学论证角度增加学生的负担，甚至认为相应科学论证在高中历史课程中不必要，如此必然限制了高中生科学论证方面的开展，影响审辨性思维的培养。

（三）自主探究教学缺失

目前高中历史教学工作的开展，比较缺乏对于高中生自主探究方面的要求，虽然目前很多学校相应教育改革号召设立了相应的自主探究活动和课程，但往往流于形式，在高中历史教育方面的自主探究也仅仅是针对历史教材中的相关知识进行预习和汇总归纳，很难培养高中生的探究能力，限制了审辨性思维的形成。

三、高中历史教学中审辨性思维培养策略

（一）课堂设计中引入审辨性思维

审辨性思维在课堂教学设计中应用的需要表现在方方面面，比如对于基本教学内容的组织，就需要为审辨性思维的培养提供必要条件，以促使教学内容的组织较为合理，有助于高中生把握好其中的疑点，进而能够有目的地进行质疑和反思。此外，还需要重点关注课堂教学手段的恰当选择。当前多媒体课件的应用越来越常见，如何采取较为恰当的多媒体课件设计方式，促使课堂教学内容的呈现更为合理，在丰富多彩的基础上，实现对于高中生的有效引导，促使其可以更好地发现其中存在的问题，如此也就能够鼓励其进行深入探究和分析，逐步养成对于历史教学内容的反思和质疑行为。

（二）研究性学习中引入审辨性思维

对于高中生审辨性思维进行培养，高中历史课程的设置还需要关注研究型学习模式，促使高中生可以在研究性学习中逐步获得审辨性思维能力，这也是审辨性思维培养的一项基本条件。在研究性学习中，需要由教师引导学生发现高中历史知识中存在的一些冲突，进而针对这些冲突和质疑点要求学生进行研究，促使学生形成审辨性思维。

当然，在此过程中还需要注重培养学生的主动性。应逐步引导学生主动发现高中历史教学中存在的一些矛盾和偏差，进而能够自主设置相应课题进行研究分析，自己带着疑问去探究，培养审辨性思维。

（三）合力创设教学情境

为了更好地培养高中生的审辨性思维，传统的教学模式和课堂教学手段很难达到相应教学目标，进而也就需要从情景教学法入手进行合理构建，通过创设适宜的教学情境，引导高中生进行质疑和反思。这种情景教学模式能够较好提升高中历史教学水平，有助于增强高中生对于历史知识的融会贯通，是审辨性思维形成的基础条件。比如在某一历史概念的教学中，可以由教师创造相应的情境，进而要求高中生结合相关历史知识进行该情境的丰富、填充，并且在此过程中进行质疑和反思，逐步形成习惯，获取审辨性思维能力。

综上所述，对于高中历史教学中审辨性思维进行培养已成为当前高中历史改革中比较重要的一个发展方向，需要从整个历史课程体系入手进行合理设计，逐步引导学生能够针对历史问题进行反思和质疑。当然，这也对高中历史教师提出了更高的要求，需要首先培养具备审辨性思维的教师团队，促使教师能够将审辨性思维意识传达下去。

参考文献：

[1]王华荣.高中历史教学中的审辨思维培养策略研究[J].科学咨询（教育科研），2018（05）：20.

[2]王翔.中学历史教学对学生思维能力的培养[J].基础教育研究，2015（23）：74-75.

[3]程子金.浅谈中学历史教学中历史思维的培养[J].赤子，2014（20）：145-146.

[4]张庆欣.浅谈历史教学思维转变及学生能力培养[J].学周刊，2014（18）：186-187.

西部贫困地区中小学青年教师培训方式探究

拉萨中学　王征军　刘艳

摘　要：随着教育的不断发展，青年教师的成长显得越发重要。进一步促进西部贫困地区中小学青年教师成长，成为该地区学校发展的重要工作，而青年教师的发展则有赖于有效的青年教师培训活动。整理、总结、研究西部贫困地区青年教师培训的方式，促进青年教师培训有效方式的推广，能有效推进西部贫困地区教育的发展。

关键词：西部；贫困地区；青年教师；培训

青年教师是学校师资队伍的重要力量，为了发展青年师资队伍，促进青年教师尽快成长，培养优秀教师，很多地市、学校都开展了青年教师的培训。基于此，本研究主要关注青年教师培养后对有效培养方式的整理和总结，探索提高西部贫困地区中小学青年教师培训方式的策略。

青年教师培训的有效性是指青年教师在参加一定的培训之后，青年教师对教育的认识有一定的提升，能促使青年教师改进教育方法。青年教师培训的有效性，体现在针对青年教师的培训方式、培训内容、培训过程、培训结果等方面。

一、常见的培训方式

本课题组向陕西、西藏、云南、新疆、重庆、四川、甘肃等11个西部省（自治区、直辖市）教师发布"西部贫困地区中小学青年教师培训模式有效性研究"问卷调查，涵盖70多所学校的青年教师共计4236人，其中有效问卷4198份。本课题的问卷调查对象中，41%青年教师在小学任教，31%在初中任教，28%在高中任教。通过对问卷数据进行分析，89%的西部贫困地区中小学采取校本培训的方式培养青年教师，68%的受访者表示校本培训效果很好。根据调查问卷结果，总结出以下几种常见的校本培训方式：

（一）"结对子"

由于刚参加工作，青年教师普遍存在以下几种问题：仪态过于死板或随便，肢体语言欠佳；专业知识欠缺；照着PPT读，照本宣科的现象严重；备课随意，课堂教学准备不充分；缺乏教学反思；等等。青年教师亟待自我成长和学校的促进成长，学校的培养任务显得尤为亟须。

青年教师培养工作中常见的"结对子"方式，即有经验教师指导青年教师，指导的内容涵盖各个方面，从教学工作延伸到日常生活。青年教师刚刚步入社会，来到一个新的工作环境，有许多不适应的情况。这时，一个经验丰富的教师能够给他们带来很多工作和生活上的指导，让青年教师更好地适应新环境、新工作。数据分析显示，"结对子"培养模式占据了34.58%的比例，是培训中最为常见的方式。

（二）网络研修

网络平台持续更新的教育教学内容，例如中小学教学中常用到的教学案例、教学视频等媒体资源，能够为西部贫困地区特别是偏远地区的教师提供良好的教学参考，了解现代化的教学方法和技巧，可以打破时间、空间的局限。

数据显示，98%以上的西部贫苦地区中小学都开展了网络研修，72%的受访者认为网络研修的效果非常明显。学校针对教师学员的网络研修进度和各阶段完成研修任务的情况等进行监管，将网络研修成绩纳入学校年终考核体系，达到人人参加网络研修的目的。网络研修成为青年教师活动的主战场，一些高质量的网络研修为提高青年教师的教学水平发挥了重要的作用。例如以教师专业发展为培训目标的网络研修，针对不同学科，给广大教师提供了新课标方面的培训内容，让西部贫困地区中小学教师能够及时了解新课标的目标、意义，及时做好教学内容和教学方法的调整。

（三）青年教师互相学习

青年教师的成长需要相互间的鼓励和促进，研究数据可知，在培训中24.37%是以青年教师间的相互学习展开的。青年教师间的相互学习，使得相互间有了合理的参照与对比，在评价中有了一个横向的比较。研究过程中，我们发现一个有趣的现象，某一年同时参加工作的青年教师都成长得比较优秀，或者某一年同时参加工作的青年教师都成长得较一般。这些在一定程度上说明，青年教师间会互相影响。

（四）引进式培训

所谓引进式培训，是指邀请专家或者教授到学校进行讲座或授课等方式的培养。引进式培训方式是多元化的，西部贫困地区大多数会作为受体，接受来自北京、上海、江苏等地的对口支援，这样的支援不仅是硬件设施上的支援，更是教学思想、教育方法的支援，能够让青年教师接受更加现代化的教育。以西藏为例，拉萨中学的对口支援学校是人大附中等名校，对口支援学校为拉萨中学带来了先进"一对一数字化教学"和STEAM（科学、技术、工程、艺术、数学五大学科结合的跨学科教育）项目式教学，帮助拉萨中学在教育教学方面取得了长足的发展。

（五）走出式培训

所谓走出式培训，是指本校青年教师走出去，到外面进行培训或者交流学习。大多数学校采取组织青年教师外出到教育资源优越的学校或省市参加学习、听课等方式，实现资源共享。其中比较有特色的形式是定向培养。

定向培养青年教师不仅有利于改善西部贫困地区教育现状，还能进一步推进教育资源的合理化。免费师范生是一种最为典型的"定向培养"。2007年，全国6所教育部直属师范院校为解决我国基层教育人力资源短缺的问题，第一次面向全国招收免费师范生，迄今为止为我国基层教育领域培养了大量的教育人才。他们投身于西部地区的基础教育，以崭新的姿态步入社会，同时国家也给这些身披"免费师范生"战袍的青年教师们提供了更好的成长、发展平台。这一政策为培养更加优秀的青年教师贡献了不可小觑的力量。

总之，校本培训是西部贫困地区中小学采取的最主要、最有效的模式，在提高青年教师专业能力方面发挥着极其重要的作用。实践证明，校本培训在培养青年教师方面有着突出的优势，校本培训的针对性很强，能够针对自身学校青年教师发展的问题，结合学校发展的实际进行个性化教育教学、师德师风建设等方面的培训。青年教师作为受众，能够及时消化培训的内容，并将相关的理论运用到教学实践中。

二、特色培训方式

（一）"四位一体"式

由于地理和经济的原因，当前西部贫困地区的教育和中东部发达地区相比还有相当大的差距，最主要表现在师资力量方面。刚入职的青年教师中，存在的问题比较突出。为了更好地培养青年教师，四川省邻水中学展开了"'四位一体'精准培养农村青年教师"的课题研究，在吸收借鉴已有经验的基础上，探索出了适合该校青年教师的"培—研—教—赛"的"四位一体"培养模式。

培指的是岗前培训，研指的是教研活动，教指的是教学活动，赛指的是赛课。"四位一体"培养模式，构成了一个统一的、有机的、生态的青年教师培养系统，即：培训为基，以培促研；研为保障，以研助教；教为关键，以教辅赛；赛为促进，加速成长。这样一来，学校就可以从职业道德、课程设置与教学技能、教学方法等方面对青年教师进行培训。

（二）"三度三维"模式

鉴于西部贫困地区的实际情况，部分中小学建立"三度三维"的青年教师培养方式非常有效。所谓"三度三维"，是指青年教师以"品德、专业、研究"三度为发展目标，而"学习、培训、评价"三维是推动青年教师实现"三度"目标的具体操作措施。实践证明，"三度三维"培养模式比较适合于西部贫困地区普通高中青年教师的培养。

学包含经验分享的共学、集体备课的研学、师徒结对的互学、在职研究的自学等，培包含校本培训、定点培训等，评包含教学反思的自评、同行评价的互评、课堂评价的生评、专家的促评等。

（三）"双轨三段"式

"双轨三段"的基本含义是既要培养青年教师的教学素养和执教能力，又要培养青年教师管理班级当好班主任的能力。"三段"是指青年新秀阶段（工作1—2年）、青年骨干阶段（工作3—5年）、青年精英阶段（工作6—10年）三个阶段。"双轨三段"实际上将青年教师群体分为三个阶段进行管理，因其不同的成长阶段设计不同的培训目标，采取不同的培训措施。

"双轨三段"式适合小规模范围内进行开展，更能全面参考青年教师的发展，追踪好青年教师的发展轨迹。这样的方式也充分考虑到青年教师的个性和自我，是一个极具个性化的发展培训方式。

参考文献：

黄侨明．教师培训有效性的探索[J]．中小学教师培训，2007（12）：19-20．

本文系全国教育科学"十三五"规划2018年度单位资助教育部规划课题"西部贫困地区中小学青年教师培训模式有效性研究"的阶段研究成果，课题编号为FFB180663。

西藏高中生对藏民族传统文化进校园认识的调查
——以拉萨那曲高级中学为例

李开佑[1]　茶本义[2]　巨海波[1]　旺扎多吉[1]

（1.拉萨那曲高级中学　　2.拉萨那曲第三高级中学）

摘　要：本调查提出高中生藏民族传统文化进校园认识的模型，设计调查问卷从拉萨那曲高级中学高中生对藏民族传统文化的认同感、学习藏民族传统文化的兴趣、藏民族传统文化知识储备及对藏民族传统文化的应用能力等方面，分析该校高中生藏民族传统文化素养水平，并从学校教育传承藏民族优秀传统文化的视野提出合理建议。

关键词：藏民族传统文化；进校园；调查；西藏高中生

近年来，藏民族传统文化传承已经引起了学界的高度关注，发挥学校教育优势，让藏民族文化进校园成为一个重要研究方向。作为新时代的西藏高中生，要具有爱国主义情怀，要认同中华文化，还要弘扬优秀藏民族传统文化，是时代的要求和历史的必然。2019年，笔者申报了西藏自治区教育科学"十三五"规划一般课题"藏民族优秀传统文化进校园现状分析"，旨在通过高中课程资源渗透、学校社团活动、校园文化建设等教育形式挖掘藏民族传统文化知识，以激发西藏高中生的学习动机与兴趣，培养他们理论联系实践的思维品质以及分析、解决问题的社会必备品质和关键能力。同时，在学科教学中通过优秀藏民族传统文化的渗透强化德育工作，落实立德树人的根本任务，坚定学生的文化自信，提高西藏高中生的民族自豪感和民族凝聚力，促进他们的全面发展。

为深入推进本课题藏民族文化进校园的研究，课题组设计调查问卷从思政教学及相关学科渗透藏民族文化、提升学生藏民族文化素养的角度，分析拉萨那曲高级中学（后文简称"该校"）高中生藏民族传统文化素养水平。藏民族传统文化素养是一种文化学习、实践渗透的涵养教育，能够帮助学生理解藏民族文化的塑造作用，引导学生拥有体现藏民族文化的各种精神核心，特别是用藏民族传统伦理思想规范自己的行为。高中生藏民族传统文化素养应包括对藏民族传统文化的认同感、学习藏民族传统文化的兴趣、藏民族传统文化知识储备以及对藏民族传统文化的鉴别能力。

一、调查时间和对象

本次调查于2020年6月初进行，对该校2017级、2018级高中生发放问卷300份，收回有效问卷297份，同时对部分高中生进行多次访谈。该校为西藏自治区级示范性高中，学生主要来自那曲市区及所辖各县，以牧区生源为主，也有少数城镇学生。该校藏族高中生达99%，藏族教师在80%以上，是典型的寄宿制民族学校，调查数据具有一定的代表性。

二、调查结果分析

（一）对藏民族传统文化的认同意识

大部分高中生对藏民族传统文化具有强烈的认同感和亲近感，在回答问卷中"你对传统文化的态度是什么？"这一问题时，94%选择"很感兴趣"，反映出学生对藏民族传统文化有着较为强烈的认同感，可见藏民族传统文化对学生的影响是深远和巨大的。在回答"你喜欢学校开展的相关西藏传统文化活动吗？"这个问题时，92%选择了"很感兴趣"，4%的受访者选择了"一般"，并且随着学习的深入和思政课文化生活教学的推进，文科学生喜欢程度也具有递增的特点，能够正确认识到藏民族传统文化对个人成长的促进作用。（见表1）从具体学生对藏民族传统书画展的认识情况来看，学生对藏民族传统书画比较模糊，缺乏必要的鉴别能力和正确态度（见表2），反映出该校高中生对藏民族传统文化缺乏科学的认知态度和基本的鉴别能力，对藏民族传统书画没有给予关注和重视。书画展一般在课外时间开展，毕业班学生因为课业任务重，对画展没有及时给予关注。任何一种文化都有一个矛盾统一体，其精华与糟粕并存，只有在新时代背景下具有时代价值的传统文化才是优秀的藏民族传统文化。2017版《普通高中思想政治课程标准》指出，继承和弘扬中华优秀传统文化，培养高中生坚定中国特色社会主义道路自信、理论自信、制度自信和文化自信，担当民族复兴大任，民族文化开展具有开阔学生视野，丰富校园文化生活，提升审美素养的积极作用。

表1　学生对学校开展藏民族传统文化活动的态度

指标	0次	1次	3次以上
人数（单位：人）	56	62	178
百分比（％）	19％	21％	60％

表2　学校举办传统书画展情况

指标	很感兴趣	一般	不喜欢
人数（单位：人）	273	11	11
百分比（％）	92％	4％	4％

（二）学习藏民族传统文化教育传承的动机因素

该校高中生对藏民族传统文化有浓厚的兴趣，但学习与发展水平不均衡。当前，学习藏民族文化途径呈现出多元化，通过教学课程学习、文化环境熏陶、文化活动参与等多种途径学习了藏民族传统文化知识，同时又具有一定的局限性和被动性，学习动机明确以应试为主，考试科目学习时间多，娱乐性活动学习时间少，一定程度上制约了主动性的发挥。

调查表明：学生对藏民族传统文化的学习被动性十分明显，只有86％的受访学生会通过藏语文教师课堂教学形式学习藏民族传统文化知识，12％的受访学生认为藏文课教师对藏民族传统文化有所涉及，23％的受访学生认为汉语文教师在教学中对藏民族传统文化有所涉及，甚至还分别有2％和3％的学生认为藏语文教师、汉语文教师对藏民族传统文化很少涉及（见表3、表4）。

表3　藏语文教师涉及藏民族传统文化情况

指标	很少涉及	有所涉及	经常涉及
人数（单位：人）	6	36	255
百分比（％）	2％	12％	86％

表4　汉语文教师涉及藏民族传统文化情况

指标	很少涉及	有所涉及	经常涉及
人数（单位：人）	9	68	220
百分比（％）	3％	23％	74％

调查发现：该校高中生主要通过汉语文（74%）、藏语文（86%）课程获取藏民族传统文化知识（见表3、表4）。该学校不定期开展藏民族文化进校园活动，邀请校外专家向学生介绍藏民族某类专业知识，不同年级段的学生因为学习任务的不同，没有或较少参与专家讲座活动，因而认识上也呈现出差异性的结果。结合社团活动，专家会和部分学生代表交流，给部分年级、班级做报告。这样一来，宣传面受到一定的限制，影响了校外专家对学生宣传与教育的效果。该校藏民族传统文化展示区类型多样，区域广泛，黑板报、教学楼走廊、医务室、升旗仪式周围的图画、文字以及藏式建筑的特点，多方面彰显了藏民族文化内容的展示。学生由于注意力的重点不同，对藏民族传统文化展示区域的认识也呈现多样性认识。可喜的是，64%的受访学生认识到学校教育中传统藏民族文化展示区的呈现及作用。（见表5、表6）

表5 学校邀请外校专家宣讲传统文化次数

指标	0次	1次	3次以上
人数（单位：人）	101	166	36
百分比（%）	34%	54%	12%

表6 学校传统文化展示区

指标	没有	1处	多处
人数（单位：人）	15	92	190
百分比（%）	5%	31%	64%

从访谈中发现：学生对升学考试科目情有独钟，藏民族传统文化的学习也与升学直接挂钩，具有强烈的升学色彩——以应试教育为主。相当数量的受访学生表示，藏语文、汉语文考试对藏民族传统文化的考查涉及的知识、频率比较多，如藏民族语言、习俗、历史贡献等，自己比较熟悉，也比较喜欢，增强了民族自信心。

（三）藏民族传统文化知识学校教育传承现状

由于受访对象以高二、高三学生居多，且高中学习内容丰富，因而对藏民族传统文化知识储备及应用能力的调查以教师渗透藏民族文化内容和学科知识调查为主。

藏民族传统文化知识储备情况的调查从学校开设的考试科目和特长生

培养科目以及相关活动对学生获取藏民族传统文化知识、对学生民族文化素养的影响来开展调查。调查设计的课程内容有音乐、体育、美术、汉语文、藏语文、思政，相关的课外因素问题有图书室的利用、校外人员的讲座、校园文化环境的熏陶等。

调查表明：该校高中生对藏语文课本中涉及的藏民族传统文化知识储备是所有学科中最好。校外专家讲座以及社团活动，对学生习得藏民族传统文化知识发挥了十分重要的作用。

受访学生中，藏语文教学对藏民族传统文化有所涉及（12%）或经常涉及（86%），汉语文教学对藏民族传统文化有所涉及（23%）或经常涉及（74%）（见表3、表4）；参加音乐、美术、体育特长班的学生主要集中在高三年级，对特长班教学涉及民族传统文化知识的认同度更为高，高三调查结果显示，音乐、体育、美术涉及藏民族传统文化的比例，回答"有一些""有很多"的人数分别占24%、66%；课间操以那曲锅庄模式传承藏民族舞蹈文化，回答"一直有"的人数高达93%。（见表7、表8）

表7 课间操锅庄模式

指标	一直有	偶尔有	没有
人数（单位：人）	276	15	6
百分比（%）	93%	5%	2%

表8 音乐、美术、体育涉及藏民族传统文化

指标	有一些	有很多	没有
人数（单位：人）	101	166	36
百分比（%）	24%	66%	10%

高二学生对学生社团传承藏民族文化的作用认识深刻。在回答"你会参加学校社团活动吗？"的问题时，91%的学生回答会积极参加，表现出对社团活动的认可度和参与度。学生社团是学生学习藏民族传统文化的一种重要途径，深受学生的喜爱和欢迎。

通过访谈发现：对物理、化学、生物课本之外的古代著作中的物理学知识该校高中生所知甚少，对西藏自然科学方面的传统文化知识的习得更为有限。

（四）藏民族传统文化教育传承的地位和作用认同

该校高中生长期生在西藏，长在西藏，对藏民族文化具有浓厚兴趣，关于藏民族文化对自身成长的促进作用有深刻体验和认识。94%的受访者认为学校开展的传统文化活动对个人学习有帮助，93%的学生认为学校传统文化进校园活动提高了自己的藏民族传统文化素养，83%的学生认为学习西藏传统文化活动促进了自己道德思想的提升。可见，通过学科教学、社团活动、环境熏陶、讲座开设等多种途径，学生的藏民族传统文化素养得以提升。

虽然该校高中生对藏民族传统文化知识储备及其积极作用的认识较好，但是缺乏必要的鉴别能力，对藏民族传统文化的学习比较被动，总体素养水平与社会发展需求存在不平衡状况，有待进一步强化学习和提高认识。

三、教学建议

（一）营造学习氛围，拓展高中生视野

高中生学习课程多，学习任务重，心理比较紧张，高考升学压力大，深入学习藏民族传统文化的时间少之又少，学习内容以娱乐型知识为主。通过开展以"藏民族传统文化中的知识"为主题的黑板报评比活动、民族文化走廊建设，营造浓厚的藏民族传统文化校园氛围。利用班级图书角、学校图书馆向高中生提供相关书籍，丰富学生的藏民族知识素养等，让高中生利用课余时间进行阅读，培养他们良好的阅读习惯和文化积累意识，同时拓展学生的知识视野，提升学生的思维空间。加强学科渗透，开设相关的校本课程，让学生了解藏民族先贤在藏民族文化方面取得的成就，不断提升学生的民族自豪感和民族凝聚力，坚定文化自信。

（二）挖掘藏民族传统文化素材，丰富课堂教学内容

高中汉语文、藏语文及文综等学科，教材中涉及藏民族传统文化知识较少，思政课教材中涉及藏民族文化的也只有两个地方——一个是插图，一个是辅助文介绍，可见教材与民族文化知识的结合上还有巨大空间，我们民族地区教师要提升藏民族文化素养，提升利用藏民族文化知识的能力，结合自己所教学科，挖掘与授课内容有关的藏民族传统文化知识。

例如，通过介绍中华民族传统文化的分类，可以对西藏传统文化从传统习俗、传统建筑、传统思想、传统文艺等方面进行梳理和提升，引导学生对藏民族文化的特色深入了解和分析，引导学生争做新时代社会主义新西藏的建设者和接班人。藏民族传统文化中的精华很多，但一定要选择切合学科特点拟定教学目标，选择具有代表性的素材，提升教学实效。

参考文献：

[1]李开佑，茶本义，巨海波，郝少奇，刘刚.新时代西藏优秀传统道德文化进校园之探讨[J].四川民族学院学报，2019（6）：78-81.

[2]陈华杰，卓玛.民族地区院校学生跨文化交际能力培养的对策研究[J].西藏科技，2020（4）：32-34.

[3]田志军.高师与中小学构建教师教育合作共同体探析[J].西藏科技，2019（6）：41-43.

[4]郭蕊."优秀传统文化进校园"的现状及促进策略研究——以宜良Z中为例[D].昆明：云南师范大学，2019.

[5]吴瑜卿.含英咀华灌溉德育之花——中华优秀传统文化进校园案例探新[J].中小学德育，2019（7）：32-34.

本文系西藏自治区2019年度教育科学研究课题"西藏优秀传统文化进校园现状与发展研究"成果，课题编号为XZJKY19346。

西藏高中学段传承藏民族传统文化初探
——以拉萨那曲高级中学为例

李开佑[1]　茶本义[2]　巨海波[1]　郝少奇[1]　刘刚[2]

（1.拉萨那曲高级中学　　2.拉萨那曲第三高级中学）

摘　要： 西藏地区高中教育是传承藏族传统文化的有效路径。在调查和考察拉萨那曲高级中学藏民族传统文化传承情况中发现，当前教师传承藏文化存在知识储备不足，缺少激励机制、缺乏相关条件支撑等问题。因此，藏族地区高中学段传承藏民族传统文化应从提升教师文化素养、遵循学科教学特点、制定相应的传承藏族文化的机制、建立相应的条件支持等几方面着手，使高中教师真正成为促进藏民族文化的传播者和享用者。

关键词： 西藏地区；高中学段；传承；藏民族传统文化

藏族人口占西藏全区总人口的91%，占全国藏族人口总数的46%。高原地理环境和历史文化多元化造就了今天西藏地区多姿多彩的藏民族文化，如格萨尔、藏戏和藏医药等已列入联合国教科文组织世界非物质文化遗产名录。丰富多彩的藏民族文化，为藏民族人民的生活增添了厚重的气息和无尽的魅力，是人类优秀文化的一部分。藏民族文化的延续，主要依赖于其自身群体创造的一种原生态的活动，如藏民族传统习俗、宗教仪式、传统节日等。随着西藏教育事业的快速发展，教育传承民族文化的功能与优势突显，已有7个非物质文化遗产进校园示范校。高中学生在认知、思维等各方面都处于比较成熟的阶段，对民族文化传承有着天然的优势。拉萨那曲高级中学建校近20年，在生源分布上牧区与城市并存，以牧区为主；在教育资源享用和自然环境上，具有拉萨市的普适性；在民族文化传承上，具有典型性。以该校为个案进行研究，了解高中学段传承藏民族传统文化的现状及问题，提出针对性解决对策，具有十分重要的现实意义。

一、高中学段传承藏民族传统文化的意义

高中阶段是学生世界观、人生观、价值观形成的关键时期，是人生的"拔节孕穗期"，加强藏民族优秀传统文化的学习，对于学生的成长和人生价值的实现以及民族共同体意识的形成，都具有深远的意义。

（一）有利于加强民族团结，筑牢民族共同体意识

学校生活就是社会的一个缩影，保护与传承藏民族文化，体现了学校教育传承与创新文化的功能，使藏族学生感受到国家和学校对藏民族文化的重视，不断激发他们对藏民族文化的热爱。西藏教师是传承藏民族文化的最佳主体，他们长期在西藏生活和工作，具有了解和熟悉当地藏民族文化的诸多有利条件，也是当地知识水平较高的文化传播者和民族文化的享用者，在处理民族关系和教学关系的过程中能无形地加深师生民族情感和教育情怀。保护与传承优秀藏民族文化，对于加强民族团结，促进和巩固和谐民族关系，形成平等团结互助和谐的新型民族关系，筑牢民族共同体意识，具有重要的现实意义和政治意义。

（二）有利于藏民族文化的繁荣与发展，增进民族文化自信

民族文化的保护与传承具有多种多样的方法与路径，学校教育具有传承与创新民族文化的功能与优势，学校教育对文化具有保存、传递、选择和创造的功能。发挥学校教育中保护和传承民族文化的功能，对学生进行藏族传统文化教育，对于藏族文化的保护与传承，增加学生的民族文化自信，弘扬民族精神和时代精神，具有特殊的文化塑造功能及现实意义。

（三）有利于彰显办学特色与水平，提升办学实效

教师依托藏民族文化，注重培养高中学生民族情感、增强藏族学生主体意识，达到塑造民族精神、不断注入时代精神的目的，把民族精神的培育融入学科教学和校园文化活动之中，让全体学生在实现中华文化认同的基础上树立民族自信心。如从民族舞蹈、传统音乐、藏式建筑、传统体育项目、民族手工艺术的教学入手，让学生领悟到藏民族文化的精髓，进一步增强民族自豪感。这也可突显我区高中学段办学特色，提高学校教学水平与办学质量。

（四）有利于借助双语教学，助推传承民族文化

双语教学是民族文化传承的有效而科学的教育方式，可以增强藏族高中学生对藏民族传统文化知识的学习，增强民族文化自信，从而热爱本民族的文化，传承和创新藏族优秀的传统文化。藏汉双语教学，学生学习更多的中华主体民族文化，提高了适应中华文化社会的能力，符合未来社会多元文化共存的社会环境的发展需要。藏汉双语教学，教师的教学效果非常明显，教育质量得到切实提高。西藏拉萨那曲高级中学实行汉藏双语教学，推行藏族文化教育办学特色受到多家新闻媒体报道。因此，加强藏汉双语教学的理论与实践探索，是提高藏族地区高中学段教育教学质量和传承藏族民族文化的重要途径。

二、藏民族传统文化在高中学段传承存在的问题

为深入了解藏族地区高中学段藏民族文化传承的现状，笔者对拉萨那曲高级中学进行了调查，通过校园实地考察、课堂教学观察、师生访谈等形式，了解到学校传承民族优秀文化取得的明显成绩。在课程设置上安排民族文化传承形式的活动课，以社团课和民族文化课为主要方式；课间操为那曲锅庄模式，极富区域特色，深受学生喜爱；晨跑时段播放歌唱家朱敏演绎藏民族特色的优秀歌曲《唱支山歌给党听》，富有感染力和亲和力，是利用爱国歌曲传承藏民族文化的一种有益尝试；为适应高校艺术专业招生形式，在高三年级还开设了音乐、舞蹈和美术特长班，对艺考学生进行专业训练和能力培养。可见，拉萨那曲高级中学在藏民族文化传承的教学设置上做了倾斜考虑，艺考生2019年参与专业学习人数48人，能升入高校继续在艺术专业学习的人数有19人。部分考生学习了专业知识虽然没有进入艺术专业，但在民族文化专业知识传承上也具有一定的经验与功底。同时，科任教师注重研究性学习的指导，对学生在民族文化方面的研究性学习进行精心的设计与指导，结合自身藏文化素养，安排实践性作业；依托田野调查方式，指导学生利用周末或寒暑假时间，对民族节日和社会变迁进行调研或分析，进行深度藏民族文化素养渗透。当然，拉萨那曲高级中学民族文化传承也存在一些问题需要改进，如高中教师缺乏藏文化素养和功底，传承能力不足，传承力度较弱，传承缺乏相应的条件和支持。

（一）文化传承能力不足

拉萨那曲高级中学是一所重点中学，学生主要来自农牧区，20%学生来自拉萨城区，学生以藏族为主体，极少汉族学生，教师队伍民族构成主要有藏、汉、门巴和回族，学校实行寄宿制封闭式管理。在对拉萨那曲高级中学进行中调查发现，虽然学校少数民族教师占教师总人数的86%，藏族教师占教师总人数的85%，藏族学生占学生总人数的99.8%，但是对藏民族文化传承能力不足，双师型教师十分匮乏。一是教师自身的藏学素养较弱，12%的藏族教师不会讲藏语，31%的教师不太了解藏族文化，包括藏纸、藏族沐浴节等。藏文化素养的缺失，是一种长期存在的普遍性问题。在这种情况下，教师很难顺利地向学生传承民族文化。二是虽然88%的教师本身会藏语，对藏民族文化也比较了解，但是缺乏把藏民族文化知识在课堂教学中加以运用传承的能力，不能很好地向学生传承藏民族文化。三是教师对藏民族文化的创新能力明显不足。一部分教师会藏语，懂藏族文化，在课堂教学中也会适当运用，但却缺少结合时代要求对民族文化进行创新的能力。没有创新，民族文化就缺少活力，缺少吸引力、感染力，就较难吸引学生学习，从而不能顺利地对民族文化进行有效传承。

（二）缺少相应的机制

民族文化教育传承都需要一定的激励机制。通过对拉萨那曲高级中学进行调研了解到，学校对教师传承民族文化没有激励措施。如学校对考试科目十分重视，导致对藏民族文化的传承相对弱化，在传承内容上周三下午教学活动就显得简单与随意化，以民族歌舞为主，没有形成统一的教育体系，传统民族体育项目也因设施不到位没有有效传承。

教师传承民族文化的动力很大一部分来自教师自身的教育情怀与责任担当。教师在日常教学中面临较重的升学压力和学校严格的评价机制，缺少相应激励机制，对于民族文化的传承缺少了积极主动的行动与民族传承的责任感，对学校传承民族文化是存在较大障碍的。

（三）缺乏教育要素协调配合

通过对拉萨那曲高级中学的调查发现，对于藏民族文化的传承，学校缺少相应的条件和支持，教育要素协调性不够，具体表现在两个方面。其一，教师教学中缺少藏族民族文化校本教材。教材是承载文化的载体和主要媒介，教师教学主要就是通过课程和教材来实现文化的传承。其二，藏民族文化传承尚未纳入地方教育总体规划，在管理制度上部门配合上没有形成合力，藏民族文化传承缺少社区及家长的支持。受传统教育观念的影响，高考升学成为全社会关注的焦点，在家长高度关注学生学业成绩的背景下，是无法顾及、支持学校民族文化传承工作的。

三、加强西藏高中学段传承藏族民族文化的几点建议

西藏高中教育是义务教育的最后阶段，学生在西藏学习，对藏民族文化有深刻的体验和感悟能力，也是进入高校的准备阶段，为后一阶段的学习提供了重要的人生阅历和学习准备。加强高中阶段藏民族文化的学习与传承，意义深远，作用重大，需要给予高度关照和支持。

（一）不断优化和提高西藏高中教师藏文化素养

教师自身的文化素养对学生的影响具有深远性、持久性，提高教师的藏文化素养是传承藏民族文化的前提。为此，可以从三个方面努力。第一，国家可利用好民族院校，加大培养特色专业人才和在职教师继续教育培训力度，外引内培，多样化吸引教师到民族地区从事教育事业。发挥西藏民族大学专业优势和西藏大学的地缘优势，强化藏学有关的专业基础知识的学习，实行订单定向式高中教师藏文化培养，巩固高中教育在藏族文化传承中的坚实地位。第二，聘请藏族文化非遗传承人做高中教师培训。聘请藏族文化传承人做教师培训既解决了目前高中师资贫乏的难题，又为藏族文化教育传承找到了好的教育路径，一些青年教师也拜专职人员为师，学习和提高藏族专业文化知识。同时聘请专业人员到校做兼职教师，到学校教学生学习民族歌曲与舞蹈。第三，组织拉萨高中教师实地参观博物馆、科技馆、民间技艺场馆，现场进行藏文化知识学习和考察，加深对藏族历史及传统文化基础知识的学习，提高教师藏文化素养。同时，坚持学以致用的原则，组织教师进行藏文化进课堂的比赛，激励教师在课堂教学中传承和运用藏文化，鼓励教师把藏文化传承融入课堂实践中。

（二）改进和完善藏民族传统文化的传承机制

文化的传承需要相应的传承机制，需要制定合理且有效的机制，才能够更好地引导教师传承与创新藏民族文化。在拉萨那曲高级中学，教师

传承藏族文化缺少相应的机制，具体改进措施如下。其一，高中学段适度增加民族文化课程。自治区高中学段可以根据实际情况，将藏语、民族舞蹈、传统体育、民族音乐、手工制作等藏文化课程的课时适度增加，以兴趣组、特长班、社团活动等形式开课，丰富学生文化生活，增强藏文化氛围，增强学生学习本民族文化动机，提高民族学生学习民族文化的主动性、实效性和积极性。其二，建立教师之间的竞争与激励相结合的传承、评价机制。通过组织教师进行民族文化进课堂比赛的形式来体现民族文化传承的能力，并制定相应的评审细则，把藏文化课程相关内容纳入教学管理及考核中。深化教学制度改革，探索适合藏区发展特点的教学方式，采取绩效评价与藏文化素养评价相结合的方式，促进西藏高中教师对民族文化教育传承的积极性。

（三）建立健全相应的条件支撑

针对高中学段藏文化传承缺乏的客观实际，加强政府的规划和指导。各级政府做好顶层设计，在政策、制度、法律人才培养等方面给予倾斜和支持，是做好学校民族文化传承的基本条件。学校需要遵循教育规律和学生认知规律，挖掘民族文化资源，开发校本课程。第一，鼓励教师参与藏族民族文化校本课程的开发。从教育目标层面说，要确保完成国家规定课程学习，从民族文化传承的功能说，要组织专家团队及本地教师参与藏民族文化校本课程资源的开发和利用。发挥学科优势，借助学科平台，把藏族优秀传统文化与学科的特点有机结合，增强学校民族文化传承的可操作性和实效性。各学科教学，可以使学生系统地了解和掌握藏民族优秀传统文化。民族文化教育传承的方法离不开课程开发、课程教学、实践活动三个环节，要结合西藏高中藏族学生实际，因地制宜开发校本课程，诸如民间歌曲舞蹈、藏戏、手工艺制作、传统体育等内容，彰显地域特色，发挥学生的兴趣进行学科渗透，引导学生在理论与实践相统一中学习。第二，加强学校与文化部门、文物部门、社区的协作，发挥社会和社区对藏族文化传承的教育功能，形成良好的传承藏民族文化的合作教育发展倾向。学校应该采取内引外联的方式，邀请社区中掌握藏族文化、具有一技之长的长者和大学教师、民间艺人、科技人员走进学校，通过开讲座等方式，传授民族文化知识及技能；组织教师和学生走进社会及社区，亲身直观感受藏族文化的丰富多彩，增强师生对藏民族文化的认同感、亲近感和自豪感。

总之，在上级领导部门的关心、支持和帮助下，西藏高中教育者努力挖掘各种藏民族优秀文化，寻找适合西藏自治区传承实际情况的有效路径，藏文化在高中学校教育的传承中一定能够取得丰硕的成果。

参考文献：

[1]韩辉丽.非物质文化遗产保护的2007[J].音乐生活，2008（2）.

[2]觉安拉姆.西藏非物质文化遗产保护的成功实践[N].西藏日报（汉文版），2019年6月13日.

[3]次里卓玛.试论在学校教育中加强民族文化传承[J].高校与高等教育，2018（5）.

[4]秦惠源，陈飘飘.浅谈多元文化时代的文化发展实施[J].广西社会主义学院学报，2012（5）.

[5]权梦云.民族传统文化在学校传承的调查及思考[J].中国民族教育，2019（7）.

新时代西藏优秀传统道德文化进校园之探讨

李开佑[1]　茶本义[2]　巨海波[1]　郝少奇[1]　刘刚[2]

（1.拉萨那曲高级中学　　2.拉萨那曲第三高级中学）

摘　要： 传统文化进校园是当前学校教育工作中一个重要的理论与实践问题。如何最大程度地发挥传统文化在新时代教育发展中的作用，越来越成为人们关注的社会热点之一。本文拟从西藏传统道德思想的合理内核、时代意义及融入校园途径等方面，对西藏优秀传统道德思想文化进校园展开初步的探讨。

关键词： 新时代；西藏；传统道德文化；进校园

党的十九大报告强调，"文化兴国运兴，文化强民族强。没有高度的文化自信，没有文化的繁荣兴盛，就没有中华民族伟大复兴"。西藏传统文化是藏民族生存与发展的精神根基，其中的传统道德文化在藏族长期的历史发展中一直规范着人们的行为，维系着正常的社会秩序。西藏优秀传统道德文化在提升人们核心素养、立德树人和实际生活中为人处世等方面都具有重要的教育传承发扬价值，是西藏地区各级各类学校开展、提升德育教育工作极其宝贵的文化教育资源。为了培养具有各种文化核心素养，敢担当、能担当的新时代社会主义事业的接班人和建设者，有必要在学校德育工作中积极挖掘、传承和发扬西藏传统文化道德中的精华，改变、创新教育教学方式，提高当代西藏学生的各类素养，实现学生的全面发展。

一、西藏传统道德文化概述

在西藏历史发展的长河中，西藏传统道德思想经历了一个产生、发展和日趋完善的漫长过程。特别是西藏和平解放以后，以马列主义、毛泽东思想和中国特色社会主义思想为指导，在批判性继承西藏传统道德文化的基础上，逐渐形成了新时期社会主义道德新风尚。我们要主动传承、发扬西藏优秀传统文化，首先就要深入挖掘这一传统文化中的优秀道德文化，这集中体现在众多的藏族谚语、民间故事当中。其中，《萨迦格言》《礼仪问答写卷》《四部医典》等著作，是西藏传统道德文化中的主要代表。

（一）西藏传统道德文化的源头

在藏学研究中，有人认为西藏传统文化的源头应该推及吐蕃王朝松赞干布以前，也就是西藏原始社会末期。这种观点有其一定的合理性。西藏传统道德文化源于藏族及其先民的原始集体主义道德、苯教道德、藏传佛教道德。应该承认，在松赞干布时期以前，西藏的先民们就生活在这片土地上，创造出特有的文化生活，也为后人留下了许多美好的传说故事。尽管当时没有留下文字记录，但这些传说故事一直流传至今，在一定范围和程度上仍然影响着今天的雪域儿女。因此，我们不能忽视这些藏族先民的生活，如"藏族三种起源说"等传说透露出的早期藏族朴素的思想观念，可以将之看作西藏传统道德文化的萌芽。

（二）西藏传统道德文化的雏形

吐蕃王朝松赞干布时期，藏文基本创立。松赞干布用文字的方式制定了规范当时人们社会关系的重要法律，即"十善法"：不许杀生造罪，不能偷盗大于针线的财物，不能淫邪，不许谎言，不许挑拨人和，不可恶言咒骂，不许散布流言，禁贪欲，禁害人心，不做违背因果之事。通过制定、颁布"十善法"，松赞干布不但维护、巩固其统治，还以文字法律的形式把藏族早期的道德确定下来，"十善法"里面所包含的道德文化至今仍具有顽强的生命力和现实指导意义，规范着人们的生活方式，流淌在藏民族的血液之中。

在"十善法"的基础上，松赞干布还制定出孝敬父母、恭敬有德、尊长敬老、诚爱亲友、利济乡人、心须正直、效法量宽等十六条法规。这两部道德法规以法律文字的形式记载下来，具有鲜明的道德规范性和人际关系之间的警戒性，对西藏后世的道德和法律发展产生了深刻的影响。在"十善法"特别是"十六净法"中，可以清楚地看出，松赞干布越来越重视藏民族的道德规范，而且越来越具体到伦理方面，既巩固了吐蕃王朝的统治思想基础，又进一步整合了那个时期西藏道德文化。

（三）西藏传统道德文化的发展

在西藏传统文化发展中，除了松赞干布所代表的官方文化外，西藏社会的民间传统道德文化也得到极大的发展与丰富。西藏社会世俗道德文化一直从8世纪持续到10世纪，集中体现在素有藏族论语之称的《礼仪问答写卷》上。

《礼仪问答写卷》蕴含着浓郁的伦理思想，它以弟问兄答的形式，把道德说教变得更加通俗易懂。做人之道为公正、孝敬、和蔼、温驯、怜悯、不怒、报恩、知耻、谨慎、勤奋；相反，非做人之道是偏袒、暴戾、轻浮、无耻、忘恩、无同情心、易怒、骄傲、懒惰。它从正反两个方面形成强烈的对比，论述处世之道、待人接物等方面的道德规范和行为修养，具有浓郁的藏民族道德特色。

除此以外，《萨加格言》在求知方法上有独到见解，强调"知而后行"的知行观。即使明早要死，也要学习知识的思想，强调了活到老学到老的进取精神和顽强拼搏的精神。要善于和聪明者商讨、别人微小的长处要汲取、不贪图安逸等思想精神，对于今天的我们在学习、工作和做人方面仍具有重要的借鉴意义。

当然，许多藏族民间故事、民歌、谚语等艺术形式都沉淀着丰富的道德文化，其中最为典型的就是《格萨尔王传》。许多谚语都给我们阐述了真善美，"一个人成不了社会""撑帐篷时同撑，掌马掌时同掌""邻居死了牦牛，也要同愁三日"等都从不同角度赞美了团结、友善的真理；"一根羊毛捆不住跳蚤，一把羊毛拧成绳就能捆住狮子"则用通俗的语言把深奥的道理形象化、具体化，增强了道德教育效果。

西藏传统道德文化是西藏传统文化中不可或缺的重要内容，也是中华传统文化的有机组成部分。它与中华文化一脉相承，既富有藏族鲜明的民族特色，又与其他民族文化相融相通、相得益彰，共同繁荣了中华文化。

二、西藏优秀传统道德文化对于学校教育工作的时代意义

（一）丰富了西藏中小学德育教育资源

西藏传统文化中的道德文化同中国传统文化中的儒家道德思想相契合，共同书写了中华民族对"真、善、美"的执着追求。其中的道德思想

折射了社会主义核心价值观的影子。

面对西藏传统文化这一精神宝藏，不能无动于衷，要避免"历史虚无主义"的错误倾向。西藏各个历史时期的传统道德文化，大到对于当今我们建设文化强国，实现中华民族伟大复兴，具体到对于各级各类学校思想政治工作、学生德育工作，都有借鉴、学习意义。藏文化里，不论《萨迦格言》中的道德规范，还是"十六净法"中法律规范，都是对世人诚信做人、有礼有节，感恩父母、负有担当等具体思想要求，也是对中华民族勇于承担责任的深刻诠释，它们仍然具有时代借鉴意义，对于塑造、陶冶中小学生优良的道德情操，培养中小学生的爱国主义情怀，都有着重要的价值。

（二）提升了西藏学生的核心道德素养

当前各种社会思潮、价值观念鱼目混珠，中小学生对传统道德文化了解较少。因此，学校教育要完成立德树人的根本任务，着力培养学生各种核心素养，就必须对西藏优秀传统道德文化进行深入的挖掘、传承与发扬。

《礼仪问答写卷》《萨迦格言》等为世人提出处世之学、为人之道的道德规范与做人的标准，有利于培养学生良好的道德素养；《格萨尔王传》和《四部医典》中包含的伦理道德文化，给学生提供了为人处世的典范。充分挖掘、利用西藏传统道德资源，将优秀传统道德思想融入学校德育教育工作中，丰富德育内容，挖掘其中的教育元素，在培养藏族学生良好品质和人际交往能力、适应社会交际能力等方面将大有裨益。

（三）坚定了藏族学生的民族自信、文化自信

当今世界，信息网络全球化犹如一扇打开的大门，让地球村的信息交流变得畅通无阻。经济的飞速发展，多元文化的交融渗透，对于价值观尚未形成、知识阅历欠缺的藏族学生来说，极易让他们产生彷徨和迷茫，增加了学校德育工作的复杂性和艰巨性。

在西藏传统道德文化中，有很多内容是比较优秀的社会道德规范，传统道德中适应时代发展要求的内容，能帮助学生避免西方享乐主义、自由主义、拜金主义等腐朽思潮的影响。发挥合理内容道德教育的积极作用，将有利于坚定学生理想信念，提升他们的道德水平，牢固树立"四个自信"，增强"四个意识"，做到"两个维护"，为实现中华民族伟大复兴的中国梦做出自己的努力。

三、西藏优秀传统道德文化融入教育教学工作的途径

（一）营造富有西藏优秀传统文化色彩的校园氛围

在校园文化建设中，不妨融入西藏优秀传统道德文化。采用"润物细无声"的方式，发挥文化对人潜移默化影响的特点，深远持久地影响、提升藏族学生的思想道德修养。应该积极探索传统道德文化融入校园文化的有效途径与方式，使校园文化在社会主义核心价值体系与西藏优秀传统道德文化的共同作用下，成为学校思政工作、学生德育工作的新途径与有效载体。

首先，在学校整体文化环境规划上，应该尽可能多地吸收、引入西藏传统文化中的积极因素或元素。可以考虑在校园各区域悬挂先进藏族文化名人的名言警句或书画作品，或开设专门的优秀传统文化长廊，让学生在良好的民族传统文化的氛围中受到优秀传统道德文化熏陶。其次，定期或不定期举办弘扬西藏优秀传统道德文化的校园活动。如举办传统诗歌朗诵比赛、主题演讲比赛、书法比赛等活动，开设一些带有藏族传统文化特色的各种兴趣培训、特长班，从而创立民族优秀传统道德学习与思想政治教育相结合的新载体、新形式，吸引学生积极学习、主动参与。最后，还要善用"微媒体"，利用校园广播、电视台、黑板报、宣传栏等公共信息平台，宣传学生在继承、发展优秀传统文化方面的情况或取得的成绩，提升学生对相关传统文化信息的关注度和参与度，使弘扬西藏优秀传统道德文化与弘扬社会主义核心价值观有机融合，正确处理好传统文化与当代文化之间的关系，让学生达到"耳濡目染，不学以能"的效果。

（二）培育一批双师型中小学德育教师队伍

教师在学生德育工作中发挥着核心骨干的作用。建设一支本土化、双师型德育工作队伍，是保证西藏优秀传统文化资源有效融入学校德育教育的关键性因素。首先，针对当前西藏各学校教师西藏传统道德素养整体不高的现状，要加大资金开展教师专项培训，通过专业培训的形式夯实教师的民族传统德育文化基础，帮助其将民族传统文化资源与社会主义核心价值观结合起来，与坚持文化自信、走中国特色社会主义文化发展道路结合起来，从而提高双师型教师队伍的传统文化素养。其次，要通过定期举办

德育工作教师交流会，由校际交流、县市级交流再到省区级层层铺开，形成规模效应，交流彼此的工作心得，传播优秀传统文化进校园的成果、做法。再次，创造机会聘请著名民族文化研究的专家学者到中小学开设专题讲座，讲授西藏传统文化中道德文化的合理成分，帮助教师认识到传统道德文化对学校德育工作的重要性，提高广大教师的传统文化素养，提升他们运用西藏优秀传统道德文化解决德育工作中实际问题的能力。

（三）在学科教学中传递西藏优秀传统道德文化

教师要紧紧抓住与落实习近平总书记在学校思想政治理论课教师座谈会上所提出的思政教师六项新要求、新标准，提高自身的师德水平和传统文化素养，用自身的崇高师德为学生成长树立标杆，用自身的传统文化素养感染学生，让更多的学生受到优秀传统文化的熏陶。

要积极探索学科教学、德育与传统道德文化教育相结合的有效方法。如汉语文学科教学中可以穿插格言警句、名人名言，历史学科教学中提炼西藏传统道德文化的发展历程，政治学科教学中可以联系各时期相关的道德文化内容，等等，激发学生的学习兴趣。只有做到多学科发力，满含德育内容，引发学生的注意，拉近学生与所学内容的距离，才可以增强学生的文化自信和历史使命感，激发学生传承与弘扬优秀传统文化的主动性，培养学生道德情感，坚定学生道德信念。

（四）依托民族节日确立学生正确的民族传统文化价值取向

民族节日具有增强民族凝聚力、树立核心价值观、加深民族文化认同的重要作用，是本民族集体活动的一种文化记忆。学校教育应以传统节日为契机，坚持传统节日文化与德育教育紧密结合，开展优秀传统文化知识教育，有效培养学生以社会主义核心价值观为核心的社会主义道德素养。例如，借助"3·28百万农奴翻身解放纪念日"这个西藏特有的民族节日，了解藏民族的历史文明发展过程，捕捉其中所含的传统道德文化思想，深化民族集体意识中的道德规范和价值取向。让整个西藏传统文化成为我们思想政治教育的良木之根，让教育教学工作深深烙下传统民族文化的印记。

　　西藏优秀传统文化不仅是藏民族特有的精神家园，也是人类极其珍贵的文化财富。它是培养、提升西藏地区学生的道德文化素养重要的加油站，是学校在德育教育工作中落实立德树人的重要资源宝库，是打造世界特色文化保护地的有力支撑。广大教师要在教学中坚持优秀传统文化进教案、进课堂、进学生头脑，不断提升德育工作的针对性、科学性和实效性。

参考文献：

　　［1］习近平．决胜全面建成小康社会夺取新时代中国特色社会主义伟大胜利——在中国共产党第十九次全国代表大会上的报告［M］．北京：人民出版社，2017年：11.

　　［2］许广智．西藏传统文化与可持续发展（上）［M］．北京：中国藏学出版社，2008年：230.

　　［3］丁玲辉．藏族传统文化伦理道德思想在构建社会主义核心价值体系中的意义［J］．西藏民族学院学报（哲学社会科学版），2008（3）.

　　本文系西藏自治区2019年度教育科学研究课题"西藏优秀传统文化进校园现状与发展研究"阶段性成果，项目编号为XZJKY19346。

构建西藏高中教学质量数据分析模型的探索

林芝市第一中学　郭军舰

摘　要：本文通过建立"精要检测、精确分析、精准评价、精细教学"数据分析模型，分析学生学习过程和教师教学过程，找出影响教与学成效的不利因素，指导学生解决学什么及如何学的问题，总结学习经验和方法，提升学习效果；引导教师调整教什么及如何教的策略，帮助教师提高专业水平，改进教学方法，提高教学效果；指导学校制定适合学校发展的长效机制，对教育教学过程进行精细考核，促进学校教学质量持续提升，推进学校精细化管理。

关键词：高中教学质量；数据分析模型；西藏

普通高中教育是实施素质教育的重要过程，是基础教育的重要延伸，是学生成长过程中形成个性品质、掌握基础知识和基本技能的关键时期，肩负着"培养什么人、怎么培养人、为谁培养人"的重要使命。近年来，西藏普通高中教育取得了长足的进步，但由于经济、地理环境等因素的影响，教育质量与其他省份相比，还存在着较为明显的差距，处于较低水平，如何在短期内找到有效提高教学效果的途径，是当前西藏地区普通高中教育面临的重大课题。

问题的提出

（一）教学现状

无论在西藏哪一所高中，大多数教师都非常敬业，授课也非常认真，课下辅导更是特别辛苦，教师虽能理清考纲、课标，但对学生基础情况无法掌握透彻，教师的教学方法不能与学生的思考方式形成共鸣。学生学习很认真、很刻苦，但由于对汉语言文字描述的内涵理解存在一些障碍，基础知识和基本技能比较薄弱，学生能听懂表层意思但不明白深层含义，能理解教师所讲授的知识点但不会运用知识点，导致学习效果普遍较差。教师和学生的付出与效果不成正比，致使教师教学热情受挫，学生学习积极性受到打击，甚至导致部分学生产生厌学心理，学习效果无法大幅度提高。

（二）监管现状

对教学过程的监管、教学管理的规范停留在制度表面，教学处在"备课、上课、批改作业、辅导、考试"五个环节上，对教师教学效果和学生学习效果的分析和评价仅停留在按照平均分、分数段人数对各年级、各班、各学科进行分析和评价，很少对考查知识点的合理性及难易度进行双向分析，也很少对每个知识点学生的掌握程度进行分析。这种监管只能粗放地了解学生对知识的总体掌握程度，无法了解学生具体掌握了多少知识点，每个知识点又掌握到何种程度，更无法发现制约学习质量提高的具体症结及产生这些症结的具体原因，无法为以后的教学提出切实可行、具体有效的改进措施。

（三）政策现状

《国务院关于加快发展民族教育的决定》指出：到2020年，民族地区教育整体发展水平及主要指标接近或达到全国平均水平，逐步实现基本公共教育服务均等化。高中阶段教育全面普及，各级各类教育质量显著提高，服务民族地区全面建成小康社会的能力显著增强。《西藏自治区基础教育教学质量提升行动计划》指出：用5到10年时间，基本建立完备、规范、科学的学校管理制度和教育教学工作机制，形成适应西藏实际、促进学生全面发展的教育教学方法体系，学校管理水平明显提高，教育教学质量稳步持续提升。到2020年全面消除薄弱学校，到2025年建立规范化、制度化、科学化的现代学校管理制度体系，中小学生各学科学业水平合格率达到90%以上，其中优良率达到30%，教育教学整体质量达到中西部地区平均水平。

建立模型

（一）建模目标

通过诊断分析软件，提供精确数据，建立数据分析模型，较好地解决考试检测只重视分数、不能准确诊断学生学习存在问题，教师教学全面撒网、缺乏重点和针对性，学校教学管理粗放、缺乏精细化改进措施的问题。

（二）模型架构

通过"精要检测、精确分析、精准评价、精细教学"四个方面的教学管理措施，对教师备课、上课等教学情况进行跟踪分析，对学生掌握的知识构成进行质量监测，诊断出教师教学存在的不足、学生学习存在的问题，促进教师有针对性地改进教学、学生有目的性地改进学习方法，使学校教学管理更加精细，实现"学生、教师、管理"相互作用的评价功能。

（三）模型内容

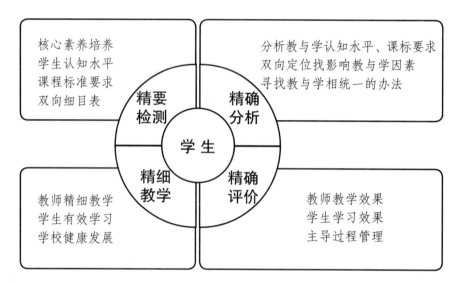

首先，精要检测。精要检测是评价教学效果的有效途径之一。需要教师以课标、西藏学生认知水平为依据，以核心素养培养为指导，以双向细目表为标准，规范检测体系，预测教学效果，对教师授课内容和学生所学知识进行有效检测。确定检测内容时，用双向细目表对检测内容的范围、难易度进行分析，确保对学生的检测知识点符合课标要求，预估学生的认知水平，预估检测结果。检测结果出来后，再次利用双向细目表核算学生对检测知识的掌握程度，确定检测内容相对于学生的难易度。前后进行比较，找出课标、大纲要求与学生掌握程度的差距。

其次，精确分析。使用数据库工具分析所检测的知识点，确定教师所教内容及学生所学内容是否符合课标要求，是否以学生认知水平为起点，找出影响教学效果的具体因素，寻找有效的强化策略来提高教学质量。采用信息化的手段，利用网上阅卷平台收集学生对每个知识点的掌握数据，通过实际数据分析，统计学生对每一个检测点的掌握程度，并与教师的预期教学效果进行比较，统计教师期望的教学效果与学生实际的学习效果之间的差距，分析差距产生的原因，寻找解决差距的办法。

再次，精准评价。依托数据分析评价结果，对学生学习效果和教师教学效果进行反馈，指导学生解决学什么及如何学习的问题，引导教师调整教什么及如何教的策略。一是评价教师，通过双向细目表对知识点的预估统计和网上阅卷数据对知识点掌握程度的统计，评估教师对课标的掌握程度和学生对应学知识的掌握程度，评价教师的教学效果。二是评价学生，在用总分评价学生学习效果的模式中加入知识点的过程性评价，让学生清楚成绩由哪些知识点构成，掌握了哪些知识；失分是由哪些知识点掌握不牢固造成的，反思原因，有针对性地进行巩固。三是评价管理，消除以往教学管理粗线条、以结果定效果的弊端，以过程为主导，以大数据精确分析教师教学效果和学生学习效果，使学校宏观指导更科学、更规范、更有前瞻性。

最后，精细教学。一是指导教师制定符合课标要求、适合西藏学生认知水平的教学手段。通过精细分析，教师提高自身对课标及教学实际的认识和结合程度，清楚学生在学习过程中的能力差异情况和薄弱环节，及时进行教学反思、经验总结和问题解剖，改进教学方法，提高教学效果，提升授课能力。二是指导学生明确要学的知识点，明白自身学习能力存在的问题，总结学习方法、经验，有效学习。通过精细化分析，学生能清晰地知道所考查知识在所学知识中的地位、自己对所考查知识点的掌握程度和运用能力，在后续的学习中有针对性地加以巩固，从而达到提升学习效果的目的。三是指导学校建立适合学校特点的长效发展机制，对教育教学过程进行精细考核，促进学校教学质量持续提升，推进学校精细化管理。

模型功能

本模型主要由双向细目表、网上阅卷系统及成绩分析系统构成，主要对要考查的知识点及产生的数据进行定量和定性分析，能够让教师的教学针对性更强、学生的学习目的性更明确、学校教学管理机制更有效，能够解决以下几个方面的问题。

解决师生付出与成效不成正比、解决办法依赖主观经验、教学策略简单粗糙的问题，使教学针对性更强、效果更明显。在教学过程中，西藏教师非常辛苦，学生学习也很刻苦，但教与学的效果不明显。特别是理科教学，教师的教学付出与效果、学生的学习付出与成绩都相差甚远。到底哪个细节能够突破教学瓶颈，使教与学的效果显著提升呢？本模型从检测知识点及学生成绩入手，详细分析学生对知识点的掌握程度，为教师教学和学生学习提供了有力的支撑依据。

解决对教师教学效果和学生学习效果评价单一化，不够科学合理的问题，使评价更有导向性，让学生更乐学、善学，教师成就感更强。本模型把过程性知识点掌握情况与结果性成绩评价有机结合，是对西藏普通高中教学管理评价更科学合理的一次有效探索。目前，各校没有对考查知识点及难易度进行双向分析，也没有对每个知识点学生的掌握程度进行分析，这样只能粗略地了解学生对知识的总体掌握程度，试卷的难易度也只是停留在大致对课标要求的分析上，教学与学习效果不理想的具体原因不清楚，通过大数据精细化分析，以上问题可迎刃而解。

解决考查重结果轻过程，不能有效促进教师提升教学能力和学生自主修正学习方法持续学习的问题。传统双向细目表用于核定教师所出试卷考查知识是否符合课标要求，忽视学生基础能力、认知能力的主体地位。在双向细目表中加入学生学情元素后，考查更接地气，学生学习的主动性得到更好调动，教学有效性更明显。

实践效果

经过三年实践的数据跟踪，学生对知识的渴望以及思维方式得到有效激发，学习的积极性和自信心逐渐增强，学习成绩持续提高，具备参加全国性各类竞赛和比赛的基础，并取得不错的成绩；教师教学能力明显增强，专业水平普遍提高，一部分名师逐渐显露出过硬的专业能力，在各类教育教学评比中取得了很好的成绩；学校教育质量也在稳步提升，在模型形成的"学生、教师、管理"多元结合评价引领下，形成了"以常规促创新，以创新促长效"的循环发展机制，学校向上一级院校输送的学生数量和质量大幅提升。

参考文献：

[1]国务院关于加快发展民族教育的决定[N]．中国民族报，2015-08-18（3）．

[2]关于印发《西藏自治区基础教育教学质量提升行动计划》的通知[EB/OL]．藏教厅〔2017〕38号．

本文为西藏自治区教育科学"十三五"规划2016年度一般课题"西藏中学教育信息化建设研究"（编号：XZJKY31653）和西藏自治区教育科学"十三五"规划2017年教学成果奖专项课题"民族地区普通高中实施精细化教学管理的实践探索"（编号：XZJKY11720）的成果。

民族聚居区脱贫攻坚的教育行动策略

林芝市第一中学　郭军舰

在脱贫攻坚战中，西藏墨脱县认真贯彻落实习近平总书记提出的"改变藏区面貌，根本要靠教育"的战略思想，高度重视基础教育建设，积极履行教育扶贫职责，确保适龄幼儿、儿童、少年有学上、能上学、上好学，有效阻断贫困代际传递。

合理办学，确保适龄孩子有学上。墨脱县是一个以门巴族、珞巴族为主，藏族、汉族等民族和睦共处的多民族聚居区。全县下辖7个乡（包括1个珞巴民族乡）、1个镇共46个行政村，总人口14478人。

精细规划，用心建校。墨脱县位于西藏东南部，县域内有雅鲁藏布大峡谷主体段，有中国最完整的山地垂直气候带——具有热带、亚热带、高山温带、高山寒带等立体气候，海拔高差巨大，是全国最后一个通公路的县。经过多年精确规划、用心建设，现建初级中学1所、县完小1所、乡小学7所，确保了每一名适龄孩子都能合理接受教育；建双语幼儿园25所（县级1所、乡级5所、村级19所），覆盖36个行政村，覆盖率达78%，其余10个行政村双语幼儿园正在筹建中，预计到2022年实现全覆盖。

精确摸底，保障上学。由县教育局牵头，积极联合公安局、扶贫办、民政局、各乡（镇）核查完善全县0—23周岁人口受教育情况，对全县各年段学生在校情况进行统计，做到底数清、情况明。大力推进学前教育普及，通过改造闲置村公房与新建幼儿园相结合的方式发展公办幼儿园，保障3—6岁孩子就近入园，学前教育毛入园率达84.81%；均衡推进义务教育发展，乡镇小学均达到基本办学标准，全县义务教育净入学率和巩固率均达100%；加快推进高中及中职教育普及，积极鼓励学生走进校园继续求学，高中及中职教育毛入学率达90.08%。

政策支持，确保适龄孩子能上学。全面落实义务教育阶段农牧民子女"三包"政策、城镇困难家庭子女助学金制度、营养改善经费相关管理使用政策和学前教育免费政策，配套经费使用办法，切实加强经费管理，将经费预算到校到生，由各校具体执行、按月公示，做到专款专用，确保每一分钱都花在学生身上，充分发挥经费作用，确保适龄孩子接受教育一个都不少。

做好大学生资助补助，确保每名大学生都能安心求学，不因家庭困难影响学业。一是落实建档立卡大学生免费教育补助金，在严格执行区、市两级建档立卡大学生免费教育补助经费的同时，积极配套县级大学生免费教育补助资金，近3年兑现建档立卡大学生免费教育补助资金206.28万元，惠及建档立卡大学生288人次。二是落实激励办法的资助，近4年对考入大学的新生进行重点本科5000元/生、普通本科3000元/生、专科2000元/生的激励性资助，已发放88.1万元，惠及183名学生。

对口援藏资金助力教育脱贫，确保家庭困难学生上得起学、家庭困难教师安心教书。广东省援藏工作队墨脱县工作组及墨脱县政府共同筹措资金，对墨脱籍干部群众子女在小学、初中、高中（含研究生、博士）升学考试中成绩优异者给予奖励。落实"粤藏育才教育基金"，近4年兑现学前至初中学生及困难教师资助金7.9万元，惠及84名学生及2名教师。

社会力量献爱心助力教育脱贫。充分动员社会各方力量关心、支持、参与教育脱贫工作，多渠道争取社会帮扶资金、助学基金等项目，以资助建档立卡、城镇低保家庭困难学生，奖学与助学相结合，在解决贫困学生入学难的同时，激励成绩优异学生变得更优秀。

优化配置，确保适龄孩子上好学。优化学校基础设施。大力实施学前教育项目、薄弱学校改造工程和学校标准化建设，自2016年以来实施学校基础建设项目52个，目前各学校分区合理，办公、教学、生活、运动等校舍建设面积达标，校园环境优美，教学、生活设施、设备完善，师生用电用水用网保障到位，学校基础设施和配套设施逐步完善。

优化教育教学管理。出台《墨脱县教师队伍管理暂行办法》《墨脱县教育教学工作激励办法》等文件，坚持管理与激励并举，质量提升与内涵发展并重，不断规范学校教育教学常规管理，增强教师工作积极性和主动性。深入开展送教下乡、送培到校等活动，更新教师教学理念和手段，全面推进新课程改革。全面加强"备教批辅考"常规教学过程检查指导，认真开展校本教研活动，形成依托教研促进质量发展的良好态势。

优化师资队伍建设。充分发挥县域教师统一调配，在各学校师生比均达到国家标准的基础上，按照学校需求灵活配备教师，均衡城乡学校教师资源。充分发挥教育援藏资源优势，通过支教、挂职等形式多渠道充实乡村教师力量。充分利用国培、区培和网络研修等多种途径对教师开展培训，提升教师专业水平和职业素养，全面提升教师参与教育教学工作的能力。

核心素养背景下高中化学绿色课堂的践行路径

拉萨江苏实验中学　王汝华

2016年发布的《中国学生发展核心素养》，标志了我国将学生核心素养的培养提上日程。化学是高中阶段的重要学科之一，在核心素养背景下，教师在教学过程中更应该坚持"科学发展观"，积极培养"全面发展的高素质化学人才"，通过对学生化学知识、技能的培养，引导学生提高自身综合能力，如此才能更好地适应社会需求，实现可持续发展。基于此，作为一线化学教师，笔者积极探寻课程改革中"绿色课堂"的新实践，在核心素养背景下拓展高中化学绿色课堂的教育视野。

一、高中化学绿色课堂概述

核心素养是课程学习形成的关键能力和必备品格，体现了学生的综合素质，彰显了新时期育人的核心价值要求。在核心素养的背景下，高中化学的核心素养之一就是培养学生的"科学精神与社会责任"，既要让高中生培养可持续发展的意识和绿色化学的理念，又能够对与化学有关的社会热点问题做出正确的价值判断。在此基础上高中化学绿色课堂教学模式也应时而生，既能转变传统知识讲授式和技能传授式教学规范体系，又能符合可持续发展理念，真正在学习化学知识的过程中培养和激发环境保护的意识和责任感，进而达到通过绿色化学教育促使全面提高可持续发展意识和全民环保的最终目的。比如，化学课堂教学与实验产生的实验废渣、废液以及其他的有毒气体都可能会导致污染，在课堂教学过程中引导学生科学文明地使用化学实验室，致力于"零污染、零排放"，能让学生了解到现在社会的能源构成现状，提高学生的资源保护意识，增强学生的绿色理念。

二、核心素养背景下开展化学绿色课堂的有效路径

（一）在化学实验课堂渗透绿色思想

1.形成绿色化学思想

教师的言行在一定程度上影响着学生的言行。在进行化学实验的过程中，教师要做到在实验的过程中控制好药品用量，在实验后做好相关的回收处理工作，给学生树立一个良好的学习榜样。长此以往，学生在老师的影响下也能够在实验中跟随老师的做法，控制好相关的药品剂量，对一些废弃物和有害物质进行科学合理的处理，保障整个实验过程的绿色安全。同时，学生也能够在实验的过程中逐渐培养起自己的环保理念，树立起绿色化学理念。这样一来，对绿色化学理念的实施便起到了积极作用。

2.掌握绿色化学方法

在化学实验中要实现绿色环保，要求在每个实验环节都要做到科学合理地使用药品、进行实验装置，最后对所产生的废弃物进行有效的处理，只有这样，才能尽量减少化学实验过程中产生的有毒气体和有害物质。同时要引导学生掌握绿色化学实验的方法，要跟随教师的步伐，学好实验过程中需要用到的理论知识，做好相应的实验器材准备和器材设计，掌握好不同药品在实验中所使用的剂量。在实验结束后，一定要对实验所产生的废弃物进行有效的处理，做好相关器材的清洗工作。认真严谨地做好实验的每个环节，久而久之也会形成自己的实验习惯，学到更多的绿色化学实验方法。

3.减少化学实验造成的污染

高中化学教材在编写的过程中也考虑到了环保的因素，但是也不能够做到完全避免在实验过程中可能产生的污染问题。教材的大部分实验会对环境造成一定影响，进行一次实验可能不会有太大的影响，但是学校的学生和教师众多，在教学过程中会有很多个班级进行化学实验，所产生的污染便大了。在处理的过程中往往需要耗费大量的时间和精力。由此可见，绿色化学实验实施很重要，绿色思想的贯彻和落实刻不容缓。

（二）在化学实验课堂践行绿色发展

高中化学教育对于实验操作教学较为看重，而与绿色化学教育联系最

为直接和紧密的环节，也就是化学课堂教育中的化学实验教学。在绿色教育视角下高中化学绿色课程的开展，不仅包括日常对学生绿色化学思想的灌输和引导，而且包括绿色的化学实验教学。因此，对于化学课堂实验发展的要求就是建立微型化绿色化学实验课堂。化学实验课堂的微型化绿色发展，对于传统的化学实验课堂而言，既能达到最大程度上的节约化学材料，培养学生的绿色化学思想，又能够达到保护学生的作用。

例如如何进行氯气的制备。微型化化学实验主要通过减少化学材料的利用来达到绿色教学的目的。所以可以通过减小烧瓶的体积，即将反应场所缩小，这样对于反应物高锰酸钾的质量要求也随之减少。微型化实验不仅能够产生需要的化学反应，还能够减少对于化学材料的使用，同时也降低了实验过程中产生的有害物质对于学生身体健康的影响。在当前的化学实验过程中，要尽力采取环保的方式进行，比如在铜和浓稀硝酸的反应中，可利用无色透明塑料袋来控制实验产生的NO_2的空气污染等。特别是一些有毒物质的使用按照微型化来发展，就更有利于推动保护环境事业的进步。

综上所述，在核心素养背景下，创设轻松、快乐的学习环境，既能积极引导学生结合化学实验提升环保意识，提高学生知识实践能力，让学生主动投入学习中去，又能构建高效的化学教学课堂，在课堂中潜移默化地渗透对学生核心素养的培养，真正践行绿色化学教育。

西藏视力残疾儿童教育发展历程及改进措施

拉萨市特殊教育学校　林利华

摘　要： 当前特殊教育正在进行以义务教育阶段为基础，向学前教育、高中教育、职业教育延伸的教育体系的建构，西藏的特殊教育正随着国家特殊教育事业的发展而不断地发展，西藏视力残疾儿童的教育亦随之发展。本文阐述了西藏视力残疾儿童教育发展历程和受教育现状，并针对存在的问题提出改进措施。

关键词： 西藏；视力残疾儿童；特殊教育

人们认识客观世界主要有六大信息通道，即视觉、听觉、嗅觉、味觉、触觉与本体觉。其中，视觉信息约占信息输入总量的71%。视力残疾儿童，尤其是先天失明的儿童，由于视觉缺失对其个体在语言发展、认知发展、社会交往等方面都会产生不良的影响，特殊教育的作用在于补偿因为视觉缺失而产生的不良影响。目前，西藏的视力残疾儿童接受教育的方式是以特殊教育学校为主体，以"送教上门服务"为辅助，全方位、全覆盖地兼顾因残疾程度不同导致的不同教育需求。

一、西藏视力残疾儿童教育发展历程

西藏视力残疾儿童的教育具体可以分为以下几个发展阶段。

（一）空白阶段

西藏在和平解放之前，是处于"政教合一"统治之下的封建农奴社会，处于被统治地位的农奴连生命的保证权都没有，更谈不上受教育的权利。而视力残疾孩子连生存的权利都没有，更没有接受教育的权利。

（二）萌发阶段

1951年，西藏在中国共产党的领导下和平解放，百万农奴翻身做主人，开启建设社会主义新西藏的征程。西藏社会开启了跨越式的进步与发展，西藏的教育事业也获得迅速发展。拉萨市两名盲人教师就是视力障碍教育萌芽时期（20世纪70年代）最典型的代表，在新社会里，他们的父母在教育各自视力残疾孩子中起到极大的作用，让他们完成受教育的过程并实现了人生价值。

（三）初步发展阶段

德国女盲人萨布瑞亚于1998年集资创办了西藏第一所盲童学校，在当时是西藏唯一的一所盲童学校。该校招收视力残疾孩子入学，但不是按照我国国家课程计划开设课程，学习的内容非常简单，处于一种满足于日常生活需要的教育。虽然视力残疾孩子有入学机会，但学习品质不高、内容不丰富，因此我们将这个阶段视为初步发展阶段。

（四）蓬勃发展阶段

拉萨特殊教育学校于2000年12月1日在拉萨挂牌成立，标志着西藏历史上第一所由人民政府出资办学的综合性特殊教育学校诞生，当时有视力残疾儿童1名，听力残疾儿童3名。2001年3月，3名视力残疾儿童入学。2001年8月，7名视力残疾儿童入学，该校视力残疾儿童第一个班级建设完成。随着国家各项政策的不断完善，政府资金的大量投入，入学的视力残疾儿童数量明显增多，享受到的教育服务质量也不断提高。当前，西藏自治区人民政府投资办学的6所特殊教育学校，包括拉萨市特殊教育学校、山南市特殊教育学校、日喀则市特殊教育学校、昌都市特殊教育学校、那曲市特殊教育学校、林芝市特殊教育学校，均招收视力残疾儿童。当前，西藏视力残疾学生在特殊教育学校接受教育的人数是121名，还有部分多重残疾的中视力残疾儿童被纳入送教上门服务对象，视力残疾儿童获得入学的保障和受教育的基本权利，视力残疾儿童教育进入蓬勃发展阶段。

二、西藏视力残疾儿童受教育现状

西藏视力残疾儿童的教育获得了发展，取得了进步，从入学人员、课程设置、经费保障上都得到了实现，具体表现为：

（一）学生按残疾程度享受教育权利

1.以特殊教育学校教育的集中安置为重点，辐射其他领域

目前西藏视力残疾儿童基本上是集中入学于各市特殊教育学校，具

体情况是：拉萨市特殊教育学校57名（其中全盲学生18人，低视力学生39人），山南特殊教育学校16名（其中低视力学生15人，全盲学生1人），日喀则市特殊教育学校37名（其中低视力学生31人，全盲学生6人），那曲市特殊教育学校11名（其中低视力学生8人，全盲学生3人），昌都市、林芝市的特殊教育学校尚未招收视力残疾学生。

2.重度、极重度与多重残疾的孩子以送教上门服务的方式接受教育

在视力残疾孩子中有一部分还有智力缺陷、发展迟缓、肢体残疾等其他障碍，这部分孩子没办法到学校完成九年义务教育的学习。根据孩子的缺陷特征以及专业的评估工具得出结论，在征得孩子监护人的同意后，为每个孩子设计出适合孩子学习与认知发展、行为引导等方面的个别化教育计划（IEP），由各特殊教育学校派出送教教师进行上门指导与训练，送教时间为两周一次，一次4小时。

3.资源教室的设立助力轻度视力残疾学生在普通学校就读

2019年底，拉萨市教育局在所辖范围内的普通学校设立12个特殊教育资源教室，那曲市教育局在其所辖范围内的普通学校设立10所特殊教育资源教室，均为部分视力残疾儿童在普通学校接受教育提供了硬件设施上的可能性。2020年5月，达孜县中学、墨竹县扎西岗乡小学、堆龙乃琼镇中心小学等在北京教科院特殊教育专家的巡回指导中获得肯定与高度评价，为残疾儿童提供教育与支持提供了宝贵的成功经验。

（二）国家课程标准与地方课程相结合助推学生的全面发展

西藏招收视力残疾学生的学校严格按照教育部《三类特殊儿童课程标准》开课。例如，拉萨市特殊教育学校视障七年级的课程设置如下：每周语文6节、数学6节、英语6节、地理3节、生物3节、历史3节、道德与法治3节、音乐1节、体育1节，另外根据民族地区特点每周开设藏文课程6节，可以说在课程设置上既重视文化课，又重视音乐、体育等艺术课程，既有国家课程又有地方课程，既有知识课程又有兴趣课程，有助于培养全面发展的学生。

（三）"三包"经费制度使得学生的入学获得最大的保障

西藏自治区特殊教育学校的学生享有国家对藏区学生特有"三包"经费。"三包"经费指包吃、包住、包学习用具。针对特殊教育的复杂性和

特殊性，特殊教育学生的经费标准每人平均每年约6000元人民币，是普通学校学生经费标准的6倍。视力残疾学生只要送到学校，不需要缴纳任何的费用，国家、政府、学校为其提供一切的学习和生活保障，可在没有任何的经济负担的基础上获得学业和生活上的培养和帮助，这使得视力残疾孩子的学习机会得到100%的保障，个体发展得到最大的帮助。

三、现有情况下的一些反思与改进措施

在教育行政主管部门、学校、家庭、社区等的努力下，虽然视力残疾儿童的教育取得了许多成绩，创造了许多辉煌，但是还要继续加大发展的广度、深度，形成完整的视力残疾儿童教育体系，切实提高教育服务质量。

（一）积极推进视力残疾儿童学前教育建设

美国心理学家布鲁姆经过20年对1000多人的跟踪研究，得出一个令教育界震惊的结论："假设一个人在17岁时的智力是100%的话，那么4岁以前获得50%，4～8岁获得30%，8～17岁获得20%。"其实这和人的神经发育成熟过程有关系，因此我们必须要抓住这一关键期。特殊教育提倡的"早发现、早治疗、早干预"也是基于此认识提出来的，然而我们现有的特殊教育学段里不包含学前教育这一阶段，大量的实例证明视力受损的孩子因为早期教育的空白导致认识范围窄、认知能力差，进而导致入学后学习困难，因此我们必须高度重视学前教育阶段的建设，让视力残疾孩子在学前阶段能够有学可上，以便教育者抓住其发展关键期进行有效的康复训练，发展其他感官能力，补偿视觉缺陷带来的不利影响。

（二）视力残疾学生职业教育的多元发展建构

对视力残疾学生来说，职业与其未来的生活方式息息相关，他们不仅要学习理论知识，更应该培养专业技能，为生存提供保障。西藏特殊教育学校为视力残疾学生提供九年义务教育，部分学校开展的职业教育只有一个专业——盲人按摩。视力残疾人士的职业真的只有这一种吗？答案当然不是的，可以是教师，可以是调音师，可以是手工工作者，等等。20世纪40年代起草的《盲人学校及聋哑学校规程（草案）》中提道："参酌盲聋哑青年身体耐力以及地方需要之情形设音乐、美术、纺织、针按、木工、藤工、打字等组。"当前，我们处于多元的社会，需要给予视力残疾儿童

多元的技能培养以及职业教育与规划，提供多元的服务与建设。

（三）积极倡导"融合教育"理念，让视力残疾孩子回归主流社会

近年来，随着人们认识的发展，随着国家对残疾人教育事业重视力度的加大，社会、学校、家长对残疾人教育的支持力度越来越大，更多的人积极地面对身边的残疾孩子。主流社会的认可度越高，视力残疾孩子特别是低视力残疾孩子在普通学校入学便越来越多。融合教育的理念和实践活动在西藏的教育园地里蓬勃发展，拉萨市教育局下辖12所资源教室中的低视力孩子入学的比例非常大，昌都、山南、那曲、日喀则等地的资源教育建设也逐步完成，惠及了更多的视力残疾孩子。在不久的将来，融合教育必将越来越被推广，让更多的视力残疾孩子、其他残疾孩子与普通孩子一起学习、一起成长。

参考文献：

［1］中华人民共和国国务院新闻办公室·西藏发展道路的历史选择白皮书［EB/OL］. http://www. gov. cn/xinwen/2015-04/15/content_2846718. htm.

［2］李文治. 农奴翻身做主人——纪念西藏百万农奴解放59周年［EB/OL］. http://www. ti-bet. cn/cn/rediscovery/201803. html.

［3］张海龙. 奇妙的旅程下：拉萨的面孔［J］. 中学生天地报，2006（06）：17-18.

［4］周春梅，庆祖杰. 雪域高原上的援藏汉子——记拉萨市特殊教育学校校长宁红兵［J］. 现代特殊教育，2016（19）：28-30.

［5］卢英俊. 早期教育对幼儿神经发育的影响——来自发展认知神经科学的证据［J］. 幼儿教育，2005（Z2）：14-15.

［6］顾定倩，朴永馨，刘艳虹. 中国特殊教育史资料选（中卷）［M］. 北京：北京师范大学出版社，2010：1163.

培养西藏小学科学教师探究能力的理论与实践

拉萨市教育局教研所 次旦卓玛

摘 要：受区域地理位置及经济发展等因素的影响，西藏小学科学教师在探究能力方面存在较多问题，影响了该学科的教学质量。本文首先分析了存在的主要问题，然后对培养策略进行探讨，进而指导提升小学科学教师的探究能力，为该学科教学质量的提升助力。

关键词：小学科学；探究能力；教学实践

伴随教育改革的持续推进，西藏小学科学教学发生了非常大的变化，但是教师探究能力较弱的问题一直存在，对该学科教学形成了极大的制约。虽然很多教师都深入研究了探究教学所应具备的素养与开展形式等，但在实际应用时在实施技能方面仍然存在很多问题，亟须改进和提升。要从根本上解决这一问题，需多方主体共同努力，在推动教育改革不断深化的同时，促进西藏小学科学教学探究能力的不断提升。

一、存在的问题

（一）探究教学设计能力弱

首先，西藏小学科学教师在开展教学设计时，原创性不足。很多教师在拿到某一课题时，最先想到的就是从网上收集探究教学设计的相关资料，然后对其进行细微的调整与修改，再运用到课堂教学中。这种"拿来主义"的教学设计，无法系统分析小学科学教学存在的问题，也无法定位教学重点，甚至脱离了教学内容与特定情境等。其次，很多科学教师未能分清探究教学和实验教学的差别，认为只要设计了实验，就完成了探究教学。

比如，在学习《声音是怎样产生的》一课时，教师设计了很多振动实验，包括鼓的振动、音叉振动以及皮筋振动等。小学生受到教师实验的吸引，会认真地观察教师的演示。在此过程中，教师会反复多次地问学生："振动了吗？"小学生会下意识地回答："振动了。"而小学生虽然这么回答，但很有可能只是受实验本身和教师引导的影响，并未学习到声音产生的原理。这明显不是探究课应当达到的教学效果，偏离了预期的教学目标。

（二）探究教学实施能力弱

西藏地区很多小学科学教师在教学经验方面严重不足，而且并不熟悉科学探究方式，实施探究教学的能力比较弱，无法充分落实各项教学行动。首先，教学内容比较泛化，未能重视培养小学生的独立思维和创造力，仅仅是讲解每个科学理论，使得很多学生的学习兴趣逐渐弱化，限制了学生思维的发展。其次，教学模式过于固化，西藏地区很多小学科学教师在理解探究教学方面存在偏差，直接影响了科学教学的质量。

比如，在开展电路实验探究时，要求学生通过正确连接各线路，分别利用串、并联电路，让小灯泡发光。教师在为学生进行实验演示时，经常会出现各种各样的问题，导致实验失败。由于考虑不全面，未能设置对照实验，学生也无法观察出不同连接方式下小灯泡亮度的差异。

（三）探究教学反思能力弱

对于西藏地区的小学科学教师而言，要想提升自己的探究教学能力，需要及时对教学效果进行反思。在实际教学时，可以发现科学学科教师在反思能力方面还比较薄弱，主要表现为缺乏反思意识和反思习惯。这极大地限制了教师探究教学能力的提升，无法从根本上改善教师的行为，难以较好地对学生的科学素养进行培养。

比如，对"为什么冬天脱毛衣会起电"进行教学时，很多教师把重点放在教学方式与备课上，甚至准备了梳子等实验材料，而教师并未对整个教学过程进行反思，也未意识到引导学生对实验背后的知识进行探究的重要性。课结束后，学生虽然见识了实验的效果，但是对于教学原理理解不清。

二、培养策略

（一）转变探究教学的理念

西藏小学科学教师只有先转变教学理念，才能对自身教育观念进行引导，进而规范自己的教育行为。要对西藏小学教师科学探究能力进行培养，首先要求其能够对探究本质形成正确的认识，其次要对其探究意识进行培养，最后要坚持以人为本，才能实现预期的培养目标。

（二）优化探究知识结构

首先，要结合西藏地区的不同需求，设置一些普通话课程，为现代技术的运用做好铺垫。其次，要设置大量的实验课程，为实验课程的开展提供一些必要的条件，不仅有助于提升教师的实验探究教学能力，而且有助于学生探究能力的提升。最后，在教学时要增加实践教学的比例，更好地提升教师的探究实践能力，为教学活动的有序推进做好准备。

（三）加强探究实验技能

就科学学科本身的特征而言，主要是对学生的科学素养进行启蒙。通过对教学设计进行调整，有助于丰富学生的探究技能，不断提升科学教学的效果。同时，要对学生的自主性进行培养，促使学生科学探究的主动性不断增加，创造性思维不断提升。此外，教师要给学生预留一些独自思考的空间，不断优化探究教学模式，充分挖掘学生的创新潜质。

总体而言，受多种因素影响，西藏地区小学科学教师开展实验探究教学的能力整体上比较弱，要全面提升该地区小学科学教师的探究能力并非短期内可以完成，需要长期持续下去，需要教师不断进行探索与尝试。

参考文献：

[1]李娟，陈典．基于STEM教育理念的小学科学教师专业能力需求探析——以"物质科学领域"的教学为例[J]．南昌教育学院学报，2018（33）．

[2]左秀娟，郭聚鑫．小学科学教师教学能力发展现状及提升策略研究[J]．现代教育，2018（06）．

[3]陈光磊．小学科学教师应具备的教学能力探究[J]．小学教学研究，2015（19）．

[4]王艳萍．信息技术与小学科学课程整合中的教师能力研究[J]．黑龙江科技信息，2009（34）．

[5]康卫国．师范院校培养小学科学教师探究能力的理论与实践[J]．科技信息，2016（S2）．

西藏小学科学教师教学能力发展现状及提升策略研究

拉萨市教育研究所　次旦卓玛

2010年教育部发布了《国家中长期教育改革和发展规划纲要（2010—2020）》，明确提出要加快教育科学化建设，并指明提高新一代国民科学素养，具有极深的战略性意义，对此要求各小学积极开展科学活动。对于西藏地区，加强下一代科学意识更是重中之重，但因为西藏是一个以藏族为主的少数民族地区，地处高原环境，人均受教育水平较低，对科教的普及更为困难。为了更好地提高当地学生的科学素养，必须首要提高教师的科学素养和综合教学水平。

一、西藏小学科学教师教学能力发展现状

西藏地区是我国典型的经济文化欠发达地区，这一点使得西藏教育系统的基本现状十分严峻，不容乐观。目前，西藏地区科学教师团队的组合极为单一，整体年龄偏大，科学素养、教学水平偏低，这也就使得他们的教学能力和水平相对其他地区而言提高较为困难。而且，绝大多数科学教师没有经过专业教育机构的培训，大部分都是凭借长年累月的教学经验开展教学的，他们的教育理念相对内地发达地区而言较为落后，知识结构整体老化，不适应新时代的教学情况。再加上因为缺乏竞争，不少教师安于现状，忽视深化教学和教学研究，合作意识极为淡薄。

因此，只有在探索西藏科学教育自身发展道路的基础上进行改革与加强，于宏观上对科学课教学进行总体的提升与课程改革，于微观上对具体课节进行全面深入的课程教研与深化探索，才能使西藏的中小学科学教学逐渐步入正轨，真正地解决西藏目前科学学科教学薄弱问题，从而实现转变与提高。

二、西藏小学科学教师教学能力提升策略

（一）提高科学专业发展的自觉意识，制定个人专业发展规划

为了更好地面对当今飞速发展的社会、不断变更日新月异的知识和更多有自己个性的学生，作为科学教师必须坚持不懈地提高自我的教学水平，主动在科学专业上寻求发展，才能适应时代的要求，跟上时代的脚步，更好地教书育人，做一名21世纪的合格科学教师。

为了更好地提升和发展自我，提高教学水平，制定详细的个人专业发展计划就显得十分的重要。制定更为详细的计划可以从每个小学科学教师的自身情况入手。如对自己的兴趣爱好、文化水平、教学能力等进行自我调查，根据自身的实际情况来选择适合自己的提升路线，合理规划未来的科学教学计划和个人发展策略。并做到对自己当前教学情况进行及时反思，发现不足，做到查缺补漏。在制定科学教师发展计划时，要注意把重心放在教学改良上，而不是单纯地进行读书和学习培训。

在制定个人专业发展计划时，不要好高骛远，而要更加贴近学生，可以把大的规划拆分成几个小的规划，做到化整为零，逐步提升。只有这样，才能在最短的时间内做到完成科学课教学质量的飞跃。

（二）根据西藏实际，着手编写区情补充教材

科学教材是目前科学教师进行授课传道的主要依据和学生课堂学习的主要凭借，是科学教师进行教学的基本依据，也是学生获得系统知识、发展智力、提高思想品德觉悟的重要工具。由此可见，科学教材在学生学习科学这一学科中的重要性是十分重要的。

但是在西藏地区，小学科学的教材并没有被独立编写，而是直接引用了内地发达地区的教材。这样是极为不合理的，因为有些情况是内地有而西藏地区没有的。为了有效地提高西藏小学科学教师的教学能力，建议对科学教材进行重新编写。例如：在讲述"神奇的大气"时，我们可以直接通过西藏地区家家户户都有的高压锅入手，从学生们身边的生活细节入手，让学生更加直观地了解科学，感受科学这一学科的魅力。还可以根据西藏地区的地貌特征适当加大对高原地貌的描写，尽可能地多从学生身边的小事与细节进行入手，把一些离很远的知识跟生活联通起来，让学生能

够更好地在脑海里建立出一个完整的科学模型。

关于科学教材的改写，我们应根据西藏当地学校的实际教学情况再补充或减少科学教材和教学资料的编写基础，摸索出一条属于西藏地区自己的科学教学之路。而这需要西藏各级教育主管部门、教研单位以及全体一线教师共同努力，不断深入地交流与探讨，才能实现。

（三）建立健全科学专业培训体系，努力培养造就学科带头人

西藏地区是目前全国唯一一个没有独立的科学专业教师培训基地的地方，那么建立起健全的科学专业培训体系，就显得十分有必要了。对于年轻一代教师的培训，应在教育行政部门的统一规划下进行，以解决小学科学教师极为缺乏为重点，注重以教育科研能力为主的培训，努力培养新一代的学科带头人，以此来解决目前科学教师匮乏、新鲜血液不足的情况。

为了更好地培养科学学科带头人，建立起健全的科学教师培训体系应以年轻教师群体为重点，抓好科学教师培训工作，完善教师培养培训体系。例如：充分利用学生寒暑假的时间，组织年轻科学教师进行集中交换培训和集中教学研讨活动。同时组织年轻科学教师前往内地发达地区进行学习和培训，以求培养起新一代科学学科的带头人。同时在节假日，组织全体科学教师进行教学研究，做到系统化交流，深入探讨，细化每一节课，不断提高科学教师的教学素养。

在建立培训体系时要注意，教学研究要与课题深化相结合，并做到及时更新教学理念，做到在教书育人中及时调整自身的不足，建立起成型的科学专业培训体系，培养出更多的科学学科带头人。

科学学科的教学培养与加强并不是短时间内就能完成的，而是需要长时间的努力和全体教育相关部门的配合。让我们一同努力，积极响应国家教改的号召，共同塑造全新的科学教师形象，让西藏地区的学生们学好科学知识，为国家的发展添砖加瓦。

西藏初中物理实验教学中的科学方法教育研究

拉萨市教育研究所　次旦卓玛

摘　要：物理科学方法教育对学生的个人发展有着至关重要的作用，是初中物理实验教学中重要的组成部分。文章立足西藏教育情况，通过问卷调查和访谈等多种形式实地调研西藏地区初中物理实验教学中科学方法教育的现状，分析西藏地区在物理科学方法教育上存在的不足，从课程和学科教师两个层面对西藏初中物理实验中实施科学方法教育进行讨论并提出合理建议。

关键词：科学方法教育；西藏；初中；物理；实验教学

引言

科学方法是"人们在认识和改造客观世界的实践活动中总结出来的正确的思维、行为方式，是人们认识和改造自然的有效工具。作为一种基本的研究途径、方式和方法，它与自然科学的概念、规律等知识是平行的，包含在自然科学的范畴之中"。初中物理实验教学中的科学方法是指在实验教学中所用到的各种思维方法、操作方法的总和，主要包括理想实验法、理想模型法、类比法、转换法、控制变量法、比值法等。

从当前我国基础教育课程改革来看，物理教学必然以实验为支撑。《基础教育课程改革纲要（试行）》要求基础教育要开展学生主动参与、主动探究、主动动手的实验探究教学；《义务教育物理课程标准（2011年版）》中指出，物理实验教学是物理教学的重要组成部分，是落实物理课程标准，全面提高学生科学素养的重要途径。在新一轮课程改革的推动下，全国初中物理实验教学已取得了喜人的成绩。然而，西藏地区由于地处高原，高寒缺氧，现代教育起步较晚，中学物理实验室建设相对滞后，专职实验人员缺乏，加之各地各学校间物理实验教学发展不平衡，使得西藏物理实验教学一直是西藏物理教育中的短板，尤其是让学生形成物理实验知识脉络的科学方法更是短板中的短板。

综上，科学方法是培养学生物理实验学习能力的桥梁，是初中物理实验教学不可或缺的一部分。本文在西藏基础教育课程改革的现实背景下，立足西藏教育情况，通过问卷调查和访谈等形式实地调研西藏初中物理实验教学中科学方法教育的现状。

一、研究方法

本研究主要采用分类抽样方法和单纯随机抽样的问卷调查的方法。在抽样区域方面，以西藏初中物理教师为总体研究样本。在具体研究对象的选择上，为了保证数据收集的有效性，本研究将随机在西藏7个地市各任选取两个学校进行问卷调查。本研究共发放调查问卷117份，回收问卷112份，回收率为95.7%；其中有效问卷109份，有效率为97.3%，所有问卷均由所调查教师独自作答，回收后认真审查数据质量，对多选、完全一致、漏选和矛盾选择的问卷均作废卷处理。对有效问卷进行编码，采用SPSS21.0统计软件对数据进行统计分析，并依据研究的问题将访谈资料进行归类、汇总、整理，使其成为能真实反映西藏初中物理实验教学中科学方法教育客观情况的材料。

二、研究结果

（一）西藏初中物理教师对实验中科学方法教育认识的现状

调查发现，超过70%的教师认为科学教育方法在初中物理实验教学中很重要，但值得思考的是在所调查的初中物理教师中有近5.6%的教师认为科学方法在实验教学中并不重要（见表1）。访谈中发现导致这一现象的重要原因是西藏部分初中物理教师在思想上没有深刻认识到科学方法在实验教学中的重要性。

表1　西藏初中物理教师对初中物理实验科学方法教育认识现状

调查内容	选项	频次	频率	累计频率
您认为科学方法在初中物理实验教学中重要吗？	非常重要	42	38.5%	38.5%
	很重要	36	33.0%	71.5%
	一般	25	22.9%	94.4%
	不重要	6	5.6%	100%

（二）教师对科学研究思想的认识现状

从表2可以看出，66.1%的教师认为很有必要给学生讲解物理学家做物理实验的方法；有超过50%的教师经常在实验课上给学生讲解物理学家研究科学的思想方法。同时，不可忽视的是有部分教师认为没必要给学生在实验课上讲解物理学家做物理实验的科学方法。

表2 西藏初中物理教师对科学研究思想方面的认识现状

调查内容	选项	频次	频率	累计频率
您觉得有必要给学生讲解物理学家做物理实验的科学方法吗？	很有必要	72	66.1%	66.1%
	一般	26	23.9%	80%
	没必要	11	10.0%	100%
您在物理实验课上讲解物理学家研究科学的思想方法吗？	经常	56	53.2%	53.2%
	偶尔	41	37.8%	90.8%
	没有	10	9.0%	100%

（三）初中物理实验中常见科学方法教育的实施情况

理想实验法和理想模型是初中物理实验中最常见的科学方法。调查发现，目前西藏地区初中物理教师讲授一些物理定律时往往采用教师指导学生从日常生活经验归纳或通过实验总结等方法，理想实验法的应用并不是很多，但是调查发现理想模型法在西藏地区初中物理实验教学中应用较为常见（见表3）。

表3 西藏初中物理教学中理想实验法和理想模型应用现状

调查内容	选项	频次	频率	累计频率
您是如何指导学生学习牛顿第一定律的？	从学生的日常生活	46	42.2%	42.2%
	经验归纳	34	31.2%	73.4%
	通过实验总结	2	1.8%	75.2%
	公式推导计算	27	24.8	100%
您指导学生实施下列哪个实验时用到了物理模型？	光的直线传播	74	67.9%	67.9%
	速度	21	19.3%	87.2%
	振动	9	8.3%	95.5%
	物体质量	5	4.5%	100%

在物理教学中，使用类比法和转换法能够帮助学生理解复杂的实验和较难的物理知识。西藏地区初中物理实验教学中，超过80%的教师经常

会用类比法进行实验教学。访谈也显示，教师比较注重类比法的教学。另外，据调查显示，在实验教学中超过60%的教师注重转换法这一科学方法的教学（表4）。

表4　西藏初中物理实验中类比法和转换法应用现状

调查内容	选项	频次	频率	累计频率
在您的实验教学中，遇到像电源这样的概念，您是否会利用水压等概念对电压进行解释？	经常会	89	81.7%	81.7%
	偶尔会	20	18.3%	100%
	不会	0	0%	100%
当物体静止时，弹簧秤的拉力在数值上等于物体的重力。您会给学生介绍转换法这一科学方法吗？	经常会	71	65.1%	65.1%
	偶尔会	24	22.0%	88.1%
	不会	14	12.9%	100%

控制变量法是物理实验的最重要的科学方法。如表5所示，初中物理教学中超过80%的教师非常注重控制变量法这一科学方法的教学，但是仍有7.3%的教师还没意识到。比值法常用于密度、压力、速度等物理实验教学中，近80%的西藏初中物理教师会给学生介绍这一科学方法。

表5　西藏初中物理实验中控制变量法和比值法应用现状

调查内容	选项	频次	频率	累计频率
在电阻测定实验教学中，您会给学生介绍控制变量法这一科学方法吗？	经常会	91	83.5%	83.5%
	偶尔会	10	9.2%	92.7%
	不会	8	7.3%	100%
在密度测定实验、压力、速度教学中，您会给学生介绍比值法这一科学方法吗？	经常会	87	79.8%	79.8%
	偶尔会	12	11.0%	90.8%
	不会	10	9.2%	100%

三、讨论与建议

通过调查与实地访谈发现，部分西藏初中物理教师在实验教学中由于思想认识不够，甚至有少部分教师对物理实验科学方法有抵触情绪，导致在物理实验教学中不重视科学方法教育，具体表现为有相当比例的教师认为科学方法教育在物理实验教学方面不重要，没必要给学生在实验课上讲解物理学家做物理实验的科学方法。目前西藏地区初中物理教师讲授一些物理定律时往往采用教师指导学生从日常生活经验归纳或通过实验总结等方法，理想实验法的应用并不是很多，这可能与理想实验法对学生思维的严密性要求极高，而西藏地区由于教育资源严重短缺，加之高寒缺氧，学生普遍存在思维严密性不足的现象，因此教师在普通初中生中难以实施该科学方法。调研也发现，绝大部分的教师经常会用类比法、转换法、比值法等进行实验教学，虽然能帮助学生从熟悉的生活中找到熟悉的事例来理解新知识，但是经常使用这种单一的科学方法会阻碍学生的学科思维向更高阶层发展；在学科思维的发展方面，应提高控制变量法这一科学方法在西藏初中物理实验教学中的比率。

综上，笔者从课程和学科教师两个层面对西藏初中物理实验中实施科学方法教育提出以下建议。

（一）课程层面

第一，加强师资队伍建设，提高思想认识。通过调研发现西藏地区的初中物理教师大多数没有受到系统的科学方法教育培训，对科学方法教育的认识还不到位。因而培训或进修势在必行。只有在思想意识上，深刻认识科学方法教育的作用和意义，教师才能在教学实践中积极探索并总结科学方法教育经验。建议在物理师范专业，以及相关教师培训、进修中要开设物理科学方法教育课程。

第二，推广符合西藏教育情况的初中物理实验科学方法。由于西藏地处高海拔地区，高寒缺氧，学生遗忘快、理性思维缺乏，理想实验法较难实施，因此可以进一步推广利用日常生活经验、进行实验总结利用理想模型等方法。

（二）学科教师层面

第一，提高认识、明确初中物理常用的科学方法。通过调研发现西藏地区部分初中物理教师对科学方法的教育认识还不够，在科学方法教育的实施过程中，教师的主观性和随意性较大，不能准确把握需要讲授的科学方法，造成学生对不同科学方法的掌握程度差别很大。因此，必须通过各种培训和教师的自学提高认识，明确初中物理实验教学的理想实验法、理想模型法、类比法、转换法、控制变量法、比值法等常用方法。同一方法可能对应多个物理知识点，同一知识点也可能对应多种方法，但知识点各有侧重，应突出特有的科学方法。

第二，充分发挥教师的主导作用和学生的主体作用。在调研中发现西藏地区初中物理教师对学生进行科学方法教育时，仅仅将科学方法知识灌输给学生。因此，建议创设科学方法实施情景，在教师的指导下学生主动学习物理学史、习题以及实验探究，发生深层次的思维活动，促使学生寻求解决问题的最佳途径，从而促进学生思维的飞跃。这样学生不但解决了问题，而且在问题解决过程中潜移默化地总结并理解了科学的方法。同时教师要不失时机地进行点拨，给出科学方法概念、使用条件，对科学方法进行抽象分析，从而上升到理论的高度。

第三，坚持发展学生的学科思维。初中物理教师应该克服西藏客观自然环境带来的对学生学科思维发展的不利影响，坚持以发展学生学科思维的科学方法进行教育。根据西藏自治区教育情况，在实际初中物理实验教学中，可稍微降低类比法、转换法和比值法在物理实验教学中的比例，注重更有利于学生学科思维发展的控制变量法。

第四，多角度渗透科学方法教育。学生的科学方法教育不是一朝一夕就可以完成的，是一项长期而艰巨的任务。因此，西藏初中物理实验中科学方法的教育，不仅应从物理实验的基本程序入手进行物理科学方法教育，而且要通过物理概念教学、物理规律教学等多角度渗透。

参考文献：

[1]罗崇财.论中学物理教学中的科学方法教育[J].高中数理化，2016（24）：31.

[2]中华人民共和国教育部.义务教育物理课程标准（2011年版）[M].北京：北京师范大学出版社，2011.

[3]陈丽.天津市初中物理科学方法教育现状调查[D].天津：天津师范大学，2015.

[4]张宪魁.物理科学方法教育[M].大连：中国海洋大学出版社，2000.

[5]刘永明.物理实验教学法在初中物理教学中的应用价值研究[J].中国校外教育，2019（36）：150.

[6]周水平.初中物理实验教学与学生创新能力的培养策略[J].课程

教育研究，2019（43）：195．

[7]赵仿学．再谈初中物理教学中探究性实验教学的应用[J]．中国校外教育，2019（32）：65-67．

[8]杨崴崴．基于核心素养培养的初中物理实验教学创新探讨[J]．创新创业理论研究与实践，2019（15）：35-36．

试论西藏中小学生对本地传统文化的研究

日喀则市桑珠孜区教育教学研究室　次旺

摘　要：随着现代化建设事业的深入发展，社会主义精神文明建设呈现出积极、健康、向上的良好态势，中华民族的传统美德与体现时代精神的道德观念相融合，成为我国公民道德建设发展的主流，但由于商品经济和外来文化的冲击，在一定范围和一定程度上存在社会道德滑坡的现象。对此，本文进行了调查研究，并作出了分析。

关键词：西藏传统文化；中小学生；培养

一、当代中学生思想道德水平堪忧

现在的中学生多数是独生子女，生活在较为优越的家庭环境中，缺乏艰苦生活的磨炼，他们享受到了改革开放带来的物质成果，却不懂得成果的来之不易。他们思想活跃、自我意识强，但相当一部分人的集体观念和社会公德意识淡薄，心理素质较差。他们注重自我，看重功利，道德取向多元化，有的学生把家长职位的高低、家庭经济条件的优劣、生活消费的层次作为个人价值的体现。笔者曾在中学生中做过调查，当问及他们的个人利益与集体利益发生冲突，是否愿意牺牲个人利益时，19.3%的中学生表示不愿意或基本不愿意；32.1%的学生认为，人应该及时行乐，不要顾及其他；45.4%的学生崇拜的是文体明星，而崇拜革命伟人的只有24.6%，个别人追星达到了痴迷的程度。在社会公德方面，有些学生存在着行为和认知上的脱节，认为社会公德可有可无，甚至还有人认为社会公德是一种没有必要的束缚，限制了人身自由；有的学生对帮助他人和参加社会公益劳动态度冷漠。针对种种现状，窃以为加强青少年优秀传统文化道德教育刻不容缓。

二、西藏传统文化与人才培养

处于社会生活中的人们，总是从既定的历史传统、民族心理、文化氛围和生活环境出发，并在这些因素的交互影响下成长和发展。尽管人们总是想摆脱旧的传统，抹去旧的烙印，创造新的生活和新的品德，但又总是无法克服传统的影响。因此，怎样消除传统中消极的东西，弘扬和发挥其积极的方面，就应当成为我们特别研究的课题。

文化传统是对人类在今天以前所创造的精神现象的一个总称，它的内容就其主要方面来说，包括从一定价值导向出发的哲学、政治、经济、法律、伦理、文学、艺术、宗教的各种思想观念的综合。文化传统虽然有着多方面的内容，但它又有着自己的核心。文化传统的核心，从一定意义上讲，可以说是人们对真、善、美的追求。这一追求，是贯穿于一切思想的一根主线，即向往美好贬斥丑恶，是对人类幸福的渴求和对高尚道德品质的向往。因此，我们在研究传统文化时，要着重研究它和人才培养的关系，因为在人类的传统文化中，包含着值得我们借鉴、吸收和弘扬的因素和内容，对人类社会继往开来，保持可持续性发展，具有重要意义。那么西藏传统文化又是什么呢？顾名思义，西藏传统文化就是藏民族几千年来创造的精神现象的总称，它包含着极其丰富的内容，有下面两个主要特点：

（一）崇尚伦理，自强不息

在整个西藏传统文化中，伦理思想贯穿始终。褒善贬恶、追求崇高的思想品德，向往理想的道德人格，涵养美好的情操，是西藏传统文化的一个主导思想。在人和人的相处中，一个人既要有自强不息、奋发有为的创造精神，又要有设身处地为他人着想、爱人如己的博大胸怀。只有"与天地合其德"，才算是一个道德高尚的人。

所谓自强不息，就是西藏传统文化中的奋发图强、孜孜不倦、坚韧不拔、百折不挠的一种锲而不舍的精神。格萨尔史诗和阿古顿巴故事就是这种精神的生动体现。自强不息的精神可以说是我们中华民族的脊梁，是中华民族几千年来之所以能够不断发展壮大的一个重要的精神支柱。无数仁人志士和英雄豪杰前仆后继，英勇不屈，以至于牺牲自己的生命来保卫国土，维护国家的尊严，是同这种自强不息的精神密不可分。

（二）有独特的审美意识和人文精神

西藏传统文化在文学、艺术等多方面都取得了辉煌成就，是人类文化的瑰宝之一。西藏人民历来喜欢以诗歌的形式表达思想感情，究其渊源，可追溯到吐蕃赞布以前。这一传统历久不衰，贯穿于历史长河之中：《西藏民间故事》以其鞭挞社会丑恶、向往美好生活的特有的睿智，审视着人与人之间不同情况下的思想感情；《楚辞》更是中华民族爱国主义的千古绝唱，表现了关心人民、热爱祖国、追求理想、改造现实的顽强斗争精神。这一传统也创造了绚丽多彩、辉煌灿烂、具有永久魅力的文学艺术，并以其独特的方式，熏陶和孕育着中华民族特有的人文素质和民族精神。

三、西藏传统文化道德教育与社会主义道德建设

市场经济解放了人的主动性和积极性，大大促进了财富的增加，但同时又使人的利己心和贪婪欲得到了充分的张扬，因而与对传统道德有了剧烈冲突，甚至出现了世界性的道德水准的下降。要建立和社会主义市场经济相适应的道德，是绝对不能脱离自己民族的文化传统的。任何文化都具有继承性，同时也有创新性。民族性和时代性相统一是一切民族文化发展的普遍规律，随着社会主义市场经济的发展，我们的民族道德建设必须要在继承的基础上创新和发展，从实际出发，解放思想，要用合乎实际并行之有效的优良道德规范来教育人，从娃娃开始，不断地进行人生观、道德观及价值观的教育，培养出适合21世纪需要的高素质人才。

参考文献：

[1]王春焕，丁玲辉．论当代藏族传统文化的教育传承[J]．民族教育研究，2013（01）．

[2]何勤勇，王春焕．论藏族传统文化在西藏学校中的传承与弘扬[J]．西藏研究，2013（04）．

[3]陈国华，张诗亚．论学校教育传承民族文化的有限性[J]．中国教育学刊，2014（05）．

小学数学纠错本有效使用的研究

林芝市第二小学 刘吉凤

摘 要：纠错本是有利于提高小学数学质量的重要措施，如何高效地使用纠错本很重要。本文阐述了如何高效利用纠错本提高小学数学的教学质量，旨在为小学数学教师教学提供参考。

关键词：纠错本；小学数学；提高；教学质量

　　面对新课标提出的高效教育，孩子们的学习时间相对缩短，若想要提高，这就要求作为教师的我们精心管理好每一分钟，其中，订正作业是教学环节中的一个重要组成部分，更是学生学习效果反馈的重要途径。法国著名数学家阿达马说过："即使优秀的数学家也会经常犯错误，不过他们可以很快地发现错误并改正错误。"因此，学生纠错的这一环节，对强化教学效果，进一步提高教学质量和促进教学改革具有重要意义。

　　心理学家盖耶曾经说过："谁不考虑尝试错误，不允许学生犯错，就将错过最富有成效的学习时刻。"在一切为了学生发展的新课标理念下，课堂生成的一个错误就是宝贵的教学资源。正所谓"小洞不补，大洞难补"，有错必改是学生学习过程中必须做到的。那么，应该如何正确应对学生学习中出现的错误，并使之成为促进师生共同发展的有效工具，大家不约而同地想到了"纠错本"。

　　所谓"纠错本"，就是要求学生准备一本较厚的笔记本，把平时作业及考试中出现典型性错误抄下来或剪切下来贴在笔记本上。这样一来，纠错本就像一份额外的"作业"，错的多就要多写，学生为了尽量减少纠错本的使用频率，就会想方设法提高作业的正确率。而且每个小学生在学习数学的过程中都会犯错，如果我们能在错误中总结经验，很好地把错误转化成教学的有利资源，这既是学生积累学习经验和学习资料的宝库，又是教师改进教学、探索规律、研究学生的重要依据，更是提高考试成绩的有效措施。因此，建立并应用好纠错本是提高小学数学质量的重要手段和途径。

一、用心整理，方便查找

首先，在记录前要在老师的指导下对错题进行分类，不同类别的题目记录到不同的位置，并用不同颜色的笔进行标注、改正，然后分析并写出错误原因，如概念模糊类、粗心大意类、技巧未掌握等，并将各题注明属于哪册哪一单元。接着，把正确的解法规范地写下来。最后，写出错题的易错点、解题技巧、规律等，避免再犯同样的错误。这就要求我们，在分析时一定要搞清楚哪些是粗心的，哪些是误打误撞、侥幸答对的。

二、错题记录，步骤清晰

在这一步中，我们需要分三步走：

第一步，抄好做错的题目。把做错的原题原原本本地在纠错本上抄一遍，并把原来错误的解法清晰地誊抄在纠错本上。

第二步，在旁边写出正确的解题思路。当老师讲解出正确答案时，同学们的思路要紧跟老师的讲解，手也不能闲着，应勤快地把老师讲的正确思路，一步一步规范地把原题再做一遍，以便加深印象，逐步形成解题能力。

第三步，分析出错原因。接下来把题目和正确的答案仔细看两遍，明确自己到底错在哪里，看看自己和老师的解题思路有哪些不同，自己是在哪里没有弄懂而导致错误。没有错题反思，就不利于总结，达不到使用纠错本的目的。

三、督促利用，持之以恒

纠错本的建立，贵在坚持。要想使纠错本发挥应有的作用，学生必须掌握纠错本的使用技巧。为此，作为教师的我们需要监督学生利用好纠错本，督促学生经常翻阅，必要的时候再做一遍，这样一来，学生就会加深对错题的理解，进而牢固掌握知识点。

四、常阅常思，温故知新

"书读百遍，其义自现。"在学习的过程中往往容易忘记错误，这就需要不断回顾自己的纠错本，有效规避错误，从中领悟到新的道理。学习数学中如果积累的方法多了，对于哪一种类型的题目需要用哪一种方法就能心中有数。除了多看多做之外，当学生有不同见解时，还可以在旁边批注上自己的见解，体会与领悟，这些都是灵感的火花、智慧的结晶，是独有的经验，是真正的无价之宝。由此可见，在数学学习中，积累也是很重要的。

五、正视错误，勇于改进

很多学生对于自己学习或者作业中存在的错误往往持不正确的态度，所以也就不敢正视错误，最后极力掩饰出错这一"丑事"，认为出错是"见不得人的事情"。教师要正确引导学生认识到，在学习的过程中犯错在所难免，如果犯错了，就承认和改正，千万不要因为掩盖一个错误而错上加错。要想让学生避免再犯同样的错误，利用好纠错本不失为一种行之有效的学习方法。

六、归类整理，总结方法

这是纠错的最后一环，也是拔高解题能力的重要环节。通过对所犯错误的分析，归类整理，学生就能找出解决的思路与方法。面对一个问题时，要学会揣摩命题人的意图，找到它的突破口在哪里，难点、重点又在哪里，是否通法通解，是否有简便的方法，等等，通过多问几个为什么，把一道错题弄明白，从而达到举一反三、错过一次绝不再错的境界。

新课程标准的基本理念要求数学教学要遵循学生学习数学的认知规律，强调从学生已有的生活经验出发，让学生亲身经历将实际问题转化成数学模型，并进行解释与应用的过程；让学生学会反思，及时纠正学习过程中的错误；培养学生的创新精神和实践能力，形成求真、求实，认真严谨，勇于探索等良好个性品质，为终身发展奠定良好基础。

纠错本在小学数学学习中有着不可忽视的作用，小学阶段的学生处于建立利用纠错本的开始阶段，这就要求教师重视对学生纠错本使用的合理引导，课堂上来不及记录的课后一定要及时记录，在校来不及记录的回家要及时补记。在课题的研究过程中，针对学生特点，以专题课的形式指导学生利用纠错本整理记录有方法、规律的题型。教师在教学过程中要发挥好监督、鼓励的作用，指导学生在相应规范的基础上不断进行总结、反思，进而构建出适合自身特点的纠错策略，促使纠错本发挥出最大的功效。

参考文献：

[1]彭逸飞.发挥错题本功效提高学习效率.科学咨询[J].（教育科研），2014（10）：28-29.

[2]张武.浅谈小学数学教学教学中错题本的建立与应用[J].学周刊，2016（36）：170-171.

第三篇

教育信息化与学科融合

高中信息技术与课堂教学整合探索的研究

林芝市第一中学　郭军舰

摘　要：随着信息技术的不断革新和运用，课堂教学的管理力度和融合度不断提升，有力推动了学科教学的整合性发展。高中作为学生学习阶段十分重要的"黄金期"，对学生的素质成长和教育发展起到了关键作用。本文结合笔者多年教学经验，对高中信息技术与课堂教学整合展开了研究。

关键词：信息技术；课堂教学整合；高中教育

高中时期是学生理解知识、提升能力的关键阶段，但复杂、繁多的课程内容，常常让学生产生"望而却步"的心理，或多或少地对学科教学出现畏难情绪，这也导致学生在学习活动中产生对课堂知识的掌握存在不足、对课堂活动的环节参与不到位等现象，不利于学生的发展和积累。信息技术与学科教学融合发展，将有利于提升学生对课堂教学的直接感观，激发学生对课堂活动的参与兴趣，从而达到有效教学的目的。本文将从当前高中教学存在的问题、信息技术与课堂教学整合的意义两个方面，对高中学科与信息技术的融合发展进行探究。

一、当前高中课堂教学存在的问题

（一）课堂手法单一

传统意义上的课堂教学，教师往往采用单一、枯燥的讲授方式，学生只能被动接受文化知识，从而出现费时低效的"教学"现象。此外，有时教师为了完成相应的课堂教学任务，对课程的安排和教学的节奏把握过于紧凑，忽视对学生学习主体的把握，导致学生对课堂知识的掌握存在"囫囵吞枣"的现象，对学科知识未能起到有效的思考和理解，不利于学生下一步学习任务的展开。同时，信息化设备使用率不高等现象也是问题之一，教师自身素质不足，信息设备使用方面缺乏足够的操作经验，从而造成信息技术教学缺乏信息设备支持的尴尬情况。

（二）教学内容枯燥

从当前的教学内容上看，大多数教师普遍以教材、教参讲解为主，以文字语言的形式传授课堂知识，这种枯燥乏味的知识讲授，在一定程度上使学生的学习兴趣得不到有效提升，还容易出现厌学、抵触等心理情绪，使课堂活动的有序开展受到阻碍。同时，教学内容的单一性，也使学生的思维意识和探究心理受到制约，学生在思想上或多或少地出现"就这点知识""学完就没了"等现象，不利于学生知识的积累、发展和提升。

（三）学习资源匮乏

学生的知识提升和学习能力的培养，不仅在于对教材知识的学习，还要注重对学科文化的广度和深度的探究，从而使学生的学习成长得到全面、综合的提升。然而，在当前的课堂教学中，教师长期受应试教育的影响，过多注重学生对课本知识的掌握和习题练习的情况，忽视对学生广度的拓展和深度的挖掘，导致学生的知识储量存在单一、片面的现象，究其原因，主要是学生学习资源的匮乏导致的。

二、信息技术与课堂教学整合的意义

（一）改进传统的教学模式

首先，学生可以运用信息技术随时对课本内容进行学习和探究，提高学生学习的时间性；其次，将学科资料上传于信息化教育平台上，使学生可以对其进行观看和掌握，提升学生学习知识的效能，消除物理空间所带来的制约，让学生更加便捷地展开学习任务；最后，现代教育对学生的培养讲究的是全面性，传统的课堂教学无法使学生的知识随着兴趣的不断增长而进行选择，但信息技术的运用，可以使学生在学科学习中，对知识内容进行综合性的掌握，达到"随问随学、随学随教"的效果。由此可见，将信息技术与课堂教学整合发展，有利于改进传统的教学模式，提升学生学习效果和课堂教学质量。

（二）创新课堂的教学手法

高中阶段是学生学习发展的"艰难期"，学习课程多、学习任务重、学习压力大等方面对学生的课堂学习带来不小的影响。传统意义上的教学手法已不能满足或调动学生对课堂知识的学习兴趣，创新和改进教学手段迫在眉睫。将信息技术运用到课堂教学中，可以使教学方式和方法得到创新性突破。如生物学科对微观的讲述和理解时，学生缺乏对微观知识的认知和想象空间，在学习过程中难免出现学习不到位的情况，一定程度上影响授课质量。这时，教师可以利用多媒体资源或信息化课件向学生展示微观下的生物，从而有效提升学生对概念和知识的理解，促进学生学习能力的提升。

（三）丰富课堂的教学内容

教学内容始终是学生学习活动的重点之一，枯燥乏味的内容讲述对学生的课堂学习和知识积累会产生阻碍。将信息技术与课堂教学相结合，将信息技术的丰富性、多样化等特点渗透到课堂活动当中，有助于丰富学生的学习内容，对课堂教学情境的构建也能起到促进作用。如语文学科对语言文章的讲述中，教师可以运用信息化设备，将课文的作者背景、创作情态、社情环境等内容向学生进行展示，使学生在了解初级语言文字的基础上，更深一层次地感受中心情感和主旨大意，从而提升学生的理解能力。丰富多样的教学资料和素材展示，对学生的学习兴趣和参与热情起到引导作用。

（四）拓展学生的学习资源

传统的教材在一定程度上对学生的知识积累起到提升作用，但所包含的内容和知识点较单一，缺乏直观的知识体系。教材资源的知识终究是有限的，提升学生的知识积累量，要从学生的学习资源方面展开。将信息技术与课堂教学相结合，整合学生的学习资源，将其构建出完整的知识体系，将有助于学生学习能力和理解水平的发展。此外，学生在遇到相关问题时，可以利用教育平台、论坛、群聊等方式，及时搜索或反映问题，从而保证学习活动的连贯性。

综上所述，将信息技术与课堂教学进行有机整合，可使高中的学科教学更具有丰富性、趣味性和质量性，从而有效促进学生知识学习能力的提升和内在素养的良性发展。此外，信息技术与学科教学的融合发展，关键在于对学生主体的把握，始终保持良好健康的教学环境，将有力推进信息化教育事业的积极发展。因此，在今后的教学工作中，希望广大教师，从学生主体出发，不断丰富学生的教学内容，优化教学结构，使学生的学习活动更加多样，为学生美好的明天打下坚实基础。

参考文献：

[1]巫雪琴.高中生涯教育与信息技术学科教学深度融合的实践研究[J].中国信息技术教育，2018（24）.

[2]杨立军.关于加强信息技术与高中通用技术教学整合的思考[J].新课程，2019（09）.

本文为西藏自治区教育科学"十三五"规划2016年度一般课题"西藏中学教育信息化建设研究"的研究成果，项目编号为XZJKY31653。

中学信息化建设助力教育质量提升的思考

林芝市第一中学　郭军舰

摘　要：基于信息技术在教育教学中的应用越来越广泛，且实践效果越来越好，各级学校越来越重视信息化建设，强化教育教学的信息化，这带给教师教学和学生学习方便的同时，显著提升教学质量，优化教育成果，为国家输送全能型人才。本文从笔者自身的工作角度出发，总结加强中学信息化建设助力教育质量提升可采取的措施。

关键词：中学信息化建设；教育质量提升

一、加强学校信息化建设重视度

　　中学信息化建设想要发挥提升教育质量的作用，需要提高学校的重视度，从各个方面为信息化建设提供便利条件。首先，学校以校长为组长，成立信息化建设工作小组，制定长远的规划，指导信息化建设工作的顺利开展，并且负责建设过程中的监督等工作。小组中的成员需要做到明确分工，做好各自本职工作。领导小组在成立之后，需要针对信息化建设情况召开会议，分析、总结建设过程中遇到的问题，研究解决方法，确保顺利完成信息化建设，确保顺利实施信息化教育。其次，深化教师对信息化教育的认识，积极组织教师之间的主题会议，动员教师亲身参与信息化建设工作，积极学习信息化教育的相关知识；介绍信息化教育的优点，鼓励教师利用信息技术和网络资源设计教学互动，体会新型教育方式和资源的好处。最后，加强制度建设，为信息化建设提供制度保障，确保能够顺利开展工作。这主要包括教师、学生使用计算机教室的相关制度，网络管理制度等，要多项制度共同执行，保证制度的执行力度，强化信息技术在教育教学活动中的作用，并且督促教师和学生严格按照制度操作，规范信息化教育。在中学信息化建设中，只有从不同角度加强建设工作的监督与管理，才能够保证发挥出信息技术的作用，实现提升教育质量的目的。

二、保证信息化建设的经费投入

信息化建设中一项关键的前提条件就是经费，因此需要在经费上提供保障。在信息化建设中，需要采购软件和硬件设备，并且根据电脑等相关设备的使用情况定期养护、维修和更换，对经费的需求较高；同时，信息化设备需要满足教师教学需要，即需要在设备的数量和性能等方面满足实际需要。经费的来源主要是国家财政和教育机构专项经费，中学根据自身的信息化建设需要，做好经费预算，提前提出申请，以便能够及时批复和拨款，避免影响建设进度和质量。但国家拨付的经费有限，如果中学信息化建设对经费的需求较高，这就需要学校从其他途径获取经费，拓展经费获取渠道，从而保证经费充足。从外界获取经费，主要是以学校建设投资等形式出现，用来满足学校的建设需要，保证信息化建设质量，为提升教育质量创造良好的条件。

三、加强信息化建设的管理工作

随着信息技术的发展，学校已经开始积极使用计算机等相关的设备和技术创新教学，并且在教学中凸显较强的优势。在信息化建设中，不能仅重视硬件建设，还要重视软件建设，确保能够发挥出信息化在中学教育中的优势。此时，学校可以选择校内与校外资源整合、网络与网络外资源整合等方式，创新、丰富信息化教学资源，满足中学使用信息技术进行教学的需要。首先，完善资源库，实现资源共享。学校需要在信息化建设中加强校园网建设，利用多媒体技术建立本校的教育资源中心，成立资源库。教师收集、整理可以利用的教育资源，建立统一的数据库，学校的教师都可以利用数据库中的内容。其次，利用远程教育资源进行教学。信息技术的发展使得网络上有很多资源都适合应用在中学各学科的教学中，并且各学科教师也会上传教学视频或是课件等资源，丰富网络教学资源，有利于教师从中寻找适合自己的资源进行教学；同时，多数的网络资源都可以共享，这样就实现教学资源的共享。此外，教师可以利用信息技术对学生进行远程教育，减少时间和空间对教育的限制，有利于提升教育质量。再次，规范信息化教育设备和资源的使用，完善档案管理。为强化信息化教育效果，教师需要详细记录使用的课件、视频等资源，记录教学时学生的反馈信息和教学效果等，并且及时保留相关的资源。鼓励教师积极设计和制作教学资源，根据教学内容和学生学习需要等因素，对教学资源进行合理整合，将所有的信息整理好。同时，针对信息化教育设备的使用、养护、维修等情况进行记录，安排专人负责设备的养护、维修等相关工作，保证设备管理的有效性。最后，制定科学的激励制度，提高教师参与信息化建设、运用信息技术进行教学的积极性。学校应将信息化建设与课堂教学进行充分融合，针对教师的工作效率和信息技术使用情况制定激励措施，评选出优秀教师，从薪资、职称等方面给予鼓励，提高教师的积极性；同时，还可以邀请专业人士到学校听教师使用信息技术授课的情况，指出实际教学中存在的不足，提升教师信息技术教学能力，进而提高中学教育质量。

四、统一教师信息化建设的思想

想要发挥出信息化建设在中学教育中的优势，提升教育质量，需要统一教师的思想，使其重视信息化建设，参与建设工作中，不断完善信息化建设。在中学教育的建设和发展中，将信息化建设放在首要的位置，有校长、副校长以及主任等相关领导负责组织领导工作，定期召开工作会议，分析并总结信息化建设情况。在统一教师信息化建设思想的过程中，可以从以下三个方面在全校范围内达成共识：第一，做好信息化教育工作，以科学技术推动学校发展，这是学校在现代化环境下发展的重要条件；第二，全面落实素质教育，提高学生信息技术能力和素质；第三，正确认识信息化建设，认识到这是进行创新教育、推动教育发展到一个新的台阶的保证。通过以上三点，强化全校教职人员信息化建设的紧迫感和责任感。在中学教育中加强信息化建设工作，需要统一教师的思想，使其能够全面且正确的认识信息化建设，进而参与到实际工作中，保证信息化建设工作质量。

五、加强教师信息技术使用能力

通过信息化建设提升教育质量，需要强化教师使用信息技术的能力，才能够发挥信息技术在教育中的作用，突出其价值。首先，将信息化建设纳入学校发展的整体规划中，制定教师信息技术培训计划，完善培训的相关组织结构，保证计划的可行性，提高其有效性。其次，对教师的培训可以采取集中培训和自主学习两种形式相结合。具体为：（1）学校根据信息化建设进度和对教师信息技术能力的需求，在寒暑假期间组织教师参加国家组织的统一培训，强化其信息技术能力，主要学习投影设备的使用、课件的设计和制作、网络资源的剪辑等；（2）教师根据自己的教学计划安排，选择合适的时间通过网络学习或购买相关的书籍等资料，自主学习信息技术在教育教学中运用的相关知识与技能；（3）学校通过课题研究的方式将教师组织在一起，共同研究信息技术教学方法等内容，争取在最大限度上发挥信息技术在中学教育中的作用。在集中培训和自主学习中，应增加教师对信息技术的了解程度，使其看到信息技术在教学中的作用，改变其对信息化建设的看法。全面提升教师的信息技术教学能力，为提升教育质量奠定了良好的基础。

六、加强信息化教学平台的建设

在信息化建设工作中，应积极响应和贯彻国家的号召，建设信息化教育平台，实现教育资源共享。首先，加强信息技术与学科的整合，开发并使用新的教学资源。目前，课堂教学使用比较多的信息技术是多媒体技术，该技术有利于教师创设教学情境，强化学生对教学内容的感受，且多媒体技术能够将色彩和影像等内容融合起来，有利于对学生实施素质教育。其次，利用信息技术加强校园网建设，实现"班班通"。在班级中配备电脑或是电视等信息化设备，以校园网站为中心，在每一个班级中实现网络覆盖，加强对信息化建设和教学的指导，全面提升学校信息化建设和对信息技术的应用水平，实现信息化教育快速、稳定的发展。各班级中的电脑等信息化设备由专人负责保养、维修，而"班班通"则由班主任负责，一旦出现无法解决的故障，需要及时上报信息，及时进行处理，并且做好记录，保证设备能够正常使用，避免影响教学活动。最后，学校还应利用信息化教学平台将教学资源应用在各个学科中，丰富各学科的教学资源和形式，创新教学模式和方法。此外，还可以将艺术类资源应用在各学科的教学中，与不同学科知识融合，激发学生对教学内容的兴趣，促使学生主动参与教学活动，配合教师提高教学成果，实现利用信息化建设提升教育质量的目标。

总而言之，在中学教育阶段加强信息化建设以提升教育质量，可以采取的途径主要有加强学校信息化建设重视度、保证信息化建设的经费投入、加强信息化建设的管理工作、统一教师信息化建设的思想、加强教师信息技术使用能力、加强信息化教学平台的建设等。

参考文献：

[1]建设信息化应用典范学校培养创新型人才[J]．教育信息技术，2019（06）：2.

[2]马战宝，虎秀云，吕庆汉．中学教育信息化存在的问题与对策研究[J]．文科爱好者（教育教学），2018（12）：142-144.

[3]刘思鸿．中学信息化管理问题探究[J]．中国管理信息化，2017．（22）：224-225.

本文为西藏自治区教育科学"十三五"规划2016年度一般课题"西藏中学教育信息化建设研究"的成果，编号为XZJKY31653。

希沃白板在小学数学教学中应用的意义

日喀则市小学　拉巴索朗

摘　要：数学是不少学生学习的弱势科目，对于他们而言学起来较为困难，所以这也令教师头疼。随着信息技术手段逐渐强大，并慢慢融入教学之中，希沃白板已然成为教师的重要教学工具和教学手段。本文就希沃白板在小学数学教学中应用的意义进行分析和探索。

关键词：希沃白板；小学数学；应用的意义

随着科技的进步，教育事业也逐渐在进步，希沃白板因此进入我们的视野之中，并且受到了"重用"。希沃白板具有一定的互动性，并且可以将学生学习的知识转化为动态的视频、图片等，形成趣味性，更容易受到学生的喜爱和欢迎。当前，希沃白板已然成为教师重要的教学工具、教学手段。基于此，教师要努力提升自我教学能力和教学素养，灵活运用希沃白板开展小学数学知识教学，循序渐进地丰富学生的知识，提升学生的学习成绩。然而，由于西藏较为偏远，条件受到限制，信息技术应用不算很广泛，同时教师对于信息技术与课堂整合的理解较浅，对于课件的理解多停留在PPT课件的展示和讲解上，其交互功能基本为零，学生在课堂之中走神、昏睡等情况司空见惯，导致一些学生学习成绩停滞不前。然而，学生面临着十分激烈的竞争，对于数学成绩的要求较高，所以更应该学好数学，努力提升和完善自身以迎接挑战和考验。

一、优化教学情境，激发学习兴趣

数学知识较为烦琐、复杂，成绩相对较差的学生很难掌握，久而久之，就会对于数学学习感到枯燥、乏味。教师可以灵活采取希沃白板进行教学，通过设立生动、鲜活的情景，将学生引入虚拟的教学情境之中，拉进学生与知识的距离，这对于激发学生的学习兴趣、提升课堂教学质量具有重要的帮助作用。

如以教学"认识时间"为例，教师采取视频给学生展示钟表的走动，展示新年倒计时的情境，等等，将所应学习的知识在具体的情境之中展示出来，更容易激发学生的学习欲望。教师还可针对具体的情境对学生提出相应的问题，比如："大家通过观察这些图片发现了哪些信息呢？"有的学生说："看到了钟表，和我家的钟表一样。"有的学生说："看到了三根不同的指针。"可以就学生的回答插入知识点教学，通过情景的创设，学生对于时间的认识的兴趣会被点燃，教学效果便能得到显著的提升。

二、促进互动交流，培养思维能力

教师在数学教学期间，往往会针对重点、难点设置问题，具有一定的计划性和轨迹，所以学生的学习一直是处于一个框架之中的，学生在学习期间也只能被动学习。而希沃白板的使用正好可以解决这一问题，教师可以引导学生通过绘画功能教学，应用绘画功能和学生互动、交流，以此实现预期的教学目标。

如以教学"认识人民币"为例，为了能和学生产生互动，教师可以采取希沃白板的绘画加以教学。教师打开希沃白板的绘画功能，在学生面前展示绘画的神奇之处，比如绘画出一张完整的人民币，放大看人民币细节等。学生看到后，容易生发兴趣。此时，教师引导学生互动。"你最喜欢绘画功能的哪一个环节？""在绘画期间，你有哪些收获？"通过相互沟通和交流，可以发现诸多问题，让学生之间相互分析、合作，在提升学生思维能力的同时提升学习效率。

三、丰富教学资源，拓展学生眼界

希沃白板的使用有很大的优势，教师可以采取希沃白板，从中调取丰富的教学资源，包括视频的讲解、图片的展示等，来充分拓展知识。

如以教学"位置"为例，教师可采取希沃白板引入丰富的教学资源来拓展学生的眼界。视频如：小动物们在开心地玩着游戏，小兔子躲在大树的后面，小鸭子躲在写字台的后面，小猪躲在写字台的左边……虚拟情景如：妈妈让小华拿出抽屉里的手套，明确告诉小华手套的位置在水杯的左侧、电脑的右侧……通过多种、丰富的教学资源展示，学生对于知识的了解会更为深入，更有兴趣，从而有效提升了学生的学习成绩和学习效率。

四、巧用希沃白板，突破教学难点

数学科目是不少学生学习的弱势科目，教师要清晰地认识到教学情况，灵活采取希沃白板教学，将学习难点加以总结和归纳，通过视频的精彩讲解、图片的趣味导入等，使得数学的学习变得趣味、鲜活，以此提高学生的学习效率，进而突破教学难点。

如以教学"面积"为例，起初大部分学生是无法理解面积的概念的，它具有一定的抽象性。教师可以采取希沃白板直观、系统地展示面积，以降低学生的学习难度，突破教学难点。比如展示图片并提问："两个同学分别以同样的速度擦黑板和擦桌子，哪位同学先完成呢？"由此，学生就可以正确感知面积的概念，进而形成自己的认知。这样一来，教学难点得以突破，教学效果得到强化，同时还激发了学生的学习欲望。

总而言之，希沃白板在小学数学教学优势巨大，作用显著。希沃白板可以在激发学生学习兴趣的同时，满足教师的教学需求，甚至可以为学生定制和实施个性化教育，以此助力学生的成长。身为教师，应该与时俱进，努力采取丰富、多样的教学手段授课，赢得学生的关注和喜爱，为学生数学成绩的提高打好基础。

参考文献：

[1] 许敏. 希沃白板在小学数学教学中的应用[J]. 数学大世界（小学五六年级版），2019（003）：36-37.

[2] 卢祥荣. 论希沃白板在小学数学教学中的有效应用[J]. 数学学习与研究：教研版，2019（023）：23-23.

[3] 李娜. 希沃白板在小学数学课堂教学中的有效应用[J]. 文渊（中学版），2019（008）：172.

智能录播系统在中小学教育教学中的应用研究

山南市东辉中学 卓玛

摘 要：智能录播系统是一种功能丰富的课堂录制和直播设备，将其应用于中小学教育教学中，不但可以丰富教学内容，激发学生的学习兴趣，也能使教育教学工作变得更加高效便捷，进而推动教育改革事业稳步发展。本文主要研究了智能录播系统在中小学教育教学中的应用策略，彰显智能录播系统的应用价值，希望可以为教育者提供参考，为学生构建智慧型教学体系。

关键词：智能录播系统；中小学；教育教学；应用

随着我国科技的飞速发展，各种先进的信息设备被引入教育领域，智能录播系统就是其中之一。将智能录播系统应用于中小学教育教学中，无论是对教学质量的提高、教师专业素养的完善还是教育改革工作的推进，都具有非凡的现实意义。基于此，相关教育者有必要明确智能录播系统在中小学教育教学中的应用路径，发挥智能录播系统卓越的教学价值。下面，笔者就针对这一目标展开简单策略研究。

一、应用智能录播系统，推进精品课程建设

智能录播系统是一款功能齐全、操作简单的课堂教学录制直播系统，具有同步录制、实时点播等特点，既能满足西藏地区教育的个性化需求，又能转变教学方式促进教师教学反思，汲取教学反馈提高教育教学质量，丰富教学资源建设优质教学课堂，实现教学远程化以促进教育公平，具有较高的应用价值。教师要对智能录播系统加以重视，在中小学教育教学中落实应用智能录播系统。

在以往的中小学教育教学工作中，由于各学校教学体系信息化程度不足，对信息技术工具运用不到位等问题，不但导致很多优质的信息化教

育资源被浪费，也严重降低了中小学精品教学课程的建设效率。智能录播系统最大的优势就是功能齐全、简单易用，不仅可以实现对多样化教学资源的整合管理，还能实时录制课堂授课内容，在线点播名校名师的经典教学案例，从而构建更加完善的精品课程体系，这些对于促进西藏地区中小学教育教学改革具有非凡的现实意义。基于此，在新时期的中小学教育教学工作中，教育者应该明确智能录播系统的应用优势和价值，积极将其应用于教学课程开发中，一方面可以落实对教学资源的利用、整合和管理工作，另一方面也能有效推进中小学精品课程以及信息化教学体系建设，从而改进学校的资源建设模式，实现优质教学资源数字化整合目标，达成智能录播系统在中小学教育教学中的有效应用。比如，教师可以利用智能录播系统的在线点播功能，根据具体的课程内容为学生引入拓展性学习资源，同时利用实时录播功能，完整记录课堂上的每一个思维火花与亮点，这样不但可以生成本校的精品课程，也能为教学课堂注入更多智慧元素。

二、应用智能录播系统，发展学生综合素质

智能录播系统的日渐完善，可以有效地实现西藏地区教师独立拍摄教学视频并完成上传的整个过程。并且智能录播系统还提供了统一的教育视频资源平台，具有非常丰富的教学资源，可以根据评价的优劣自主选择资源展开中小学教学，有效提高教学质量，受到广大教育工作者的喜爱，并加以推广使用。这对于西藏地区来说有着极其重要的作用，可以拓展多样化的教学维度，提高中小学教育的师资力量。

在传统的中小学教育教学工作中，由于教师的教学观念以及采用的教学方式存在一定的滞后性，导致学生综合素质发展情况并不是非常理想，不但会影响学生个人潜能的开发，也拖慢了我区教育改革事业的前行步伐。新课标倡导教师着力培养学生的综合素质，而综合素质不仅仅是简单的学科知识基础，还覆盖学生学习能力、思维品质等多个维度，想要全方位发展中小学生的综合素质，教师必须持续加强教学模式的科学性与创新性。智能录播系统依托于强大的教学功能和资源优势，是优化传统教学模式、强化学生综合素质的有力工具。首先，智能录播系统可以实现教育活动网络化，带给学生更加新颖的学习体验，不但可以提高学生的学习效

率，还能培养学生的创新意识和信息素养。其次，智能录播系统还能为学生提供更多个性化学习机会，进而发展学生的个性品质，锻炼学生的自主学习能力。基于此，当下中小学教育教学工作中，相关教师应该树立培育学生综合素质的导向，积极应用智能录播系统为学生设计多样化的学习活动，从而增强学生的学习兴趣和信心，强化学生的思维品质和学习能力，培养学生乐观积极的情感态度，实现学生综合素质全面发展的教学理想。

三、应用智能录播系统，促进教师专业进步

智能录播系统在中小学教育教学中的应用价值，不仅体现在学生方面，也体现在教师方面。在过往的中小学教育教学工作中，教学效率提升迟缓，但是教师却无法察觉问题的症结所在，导致教学缺陷难以得到有效的弥补。智能录播系统最优越的功能，就是可以完整记录课堂教学情况，包括教师的教学行为以及学生的学习行为，这些都是教师进行教学反思的有力依据。基于此，当下中小学教育教学中，教师应该积极应用智能录播系统，实现教学反思常态化，结合课堂教学视频记录分析学生的生成状态以及教学方法的不足之处，进行有针对性的改进和优化，从而促进教师专业进步，不断强化学校的师资力量和教学质量。

四、利用智能录播系统转变教学方式促进教师教学反思

在西藏地区中小学教育教学中应用智能录播系统可以有效地转变教学方式，促进教师进行教学反思，从而有效提高教师的专业素质。智能录播系统是一款集录制、直播、回放等功能于一体的智能化教学系统，教师通过对自己的录播课进行观摩可以清晰地发现教学中的不足，做到及时改正和优化：一方面可以对以往的教学方式进行调整，优化教学内容，促进学生进行学习；另一方面可以利用智能录播系统促进教师反思，弥补自身的不足，提升教学水平，促进个人发展。

五、利用智能录播系统汲取教学反馈提高教育教学质量

智能录播系统具有完善的教育视频资源平台，而且面向社会开放，人们可以利用网络点播教师的教学视频，针对视频内容进行评价并与教师进

行互动，向教师提出建议，帮助教师发现不足，从而有效地帮助教师进行改正。例如教师的口头禅，教师自己很难发现，中小学生年龄较小，很容易模仿教师的说话方式，从而养成不好的学习习惯。在观看者的帮助下可以让教师意识到口头禅的问题并进行改正，提高中小学教育教学质量。

六、利用智能录播系统丰富教学资源建设优质教学课堂

在中小学教育教学中应用智能录播系统，可以丰富教学资源，建设优质教学课堂，尤其是对我国部分偏远地区来说有着至关重要的作用。就以西藏地区教学情况来说，师资力量较为薄弱，缺乏良好的教学资源，通过智能录播系统可以有效地改善这一现状，利用平台内丰富的教学资源促进学生和教师进行学习，从而有效地提升西藏地区的教学水平。

七、利用智能录播系统实现教学远程化以促进教育公平

当前，各个地区的师资力量与教学资源之间的差异是导致教育不均衡的主要原因，尤其是城乡的教学差异较大，不利于整体教育的发展。在中小学教育教学中应用智能录播系统，推进优质教学资源共享，可以有效促进城乡之间的教育均衡化发展，更新部分偏远乡镇的教学理念，优化教学内容，落实远程化教学，从而有效地实现教育公平。

智能录播系统是新时期下社会发展的产物，对中小学教育教学有着极其重要的意义，可以有效地打破城乡之间的教育障碍，对教学资源进行整合，实现西藏地区教育的统一化、公平化，从而提高西藏地区整体的教育力量，推动西藏教育事业的快速、长久发展。

总而言之，智能录播系统是一种新型信息化教育教学工具，将其应用于中小学教育教学中，对于促进教育改革创新具有非常积极的影响。基于此，学校和教师应该加大智能录播系统的应用力度，借助其强大的功能和资源优势，推进精品课程建设，发展学生综合素质，促进教师专业进步，从而收获丰硕的应用成果。

参考文献：

[1]毛靖添.浅谈智能录播系统对教学发展的作用[J].课程教育研究，2017（38）：235.

[2]林厚从.智能录播系统在中小学教育教学中的应用研究[J].中国教育信息化，2011（02）：59-62.

[3]AVA智能录播系统成功应用于"第八届全国中学物理青年教师教学大赛"[J].中国电化教育，2009（01）：116.

[4]陈宏才.远程教育中智能录播系统的应用分析[J].教育现代化，2018（51）：362-363.

[5]黄桂明.智能录播系统在远程教育中的应用探究[J].教育现代化，2018（05）：301-302.

多媒体技术在地理课堂教学中的应用

日喀则市第二高级中学　普布扎西

摘　要：多媒体技术因其不可替代的现代技术优势，广泛应用于教学，且已经成为教师较为信赖的主要教学手段。高中地理作为高中时期的基础学科，知识空间跨度较大，综合性比较强，此时，多媒体技术的应用的重要性越来越明显，不仅降低了教师的教学难度，也提高了课堂效率，有助于实现地理课堂的有效教学。

关键词：多媒体技术；地理课堂；高效应用

以往的教学注重对基础知识和技能的掌握，而当下的地理教学更倾向于对地理知识的系统性掌握和对地理环境的认知，尤其是高中地理，不仅涉及世界各地的地理环境，更包括人文状况的时间、空间跨度也较大，因此，高中地理教学对广大地理教师的要求更高。有的教师认为，只要教学方式改进了，教学思想就会更先进，课堂效果会更好，从而过度依赖多媒体。殊不知，合理应用教学工具才能达到效果。

一、多媒体技术在高中地理课堂的应用

（一）创新教学模式的工具——多媒体技术

传统中，地理教师通用的教学模式是结合教材内容，一边讲解一边板书，山川河流、人文景观等环境无法直观地呈现在学生眼前，只能凭空想象，这就使教学变得枯燥无味，学生无法提起精神，学习兴趣大打折扣。教师运用多媒体技术对地理知识进行讲解，注意知识性与趣味性相结合，创新教学模式，能在很大程度上吸引学生的注意力。比如，在讲行星时，太阳系八大行星由里向外的顺序是水、金、地、火、木、土、天王、海王，而小行星带位于火星和木星之间。利用多媒体，可以下载相关图片、视频，让学生通过观看影像了解各大行星的位置、周边环境等，包括行星

的运转方向，加深学生的印象。

（二）多媒体技术让教学变抽象为形象

地理是一门综合性很强的学科，在教学中，除了一些环境状况、地理现象成因需要死记硬背外，还有一些比较抽象的知识需要理解。比如在讲地形对气候的影响时，需要结合山脉、风向、气候、地理位置等综合因素进行理解，这些内容单纯凭借教师的讲解和学生自行想象会变得复杂抽象，学生记不住相关知识，更无法理解，在平时做题时肯定会错漏百出。利用多媒体讲解，将各种因素直观呈现，对学生能起到醍醐灌顶的作用，可以直观理解难以想象的问题。抽象的地理知识形象化，不仅提高了课堂效率，还有利于学生对相关的知识点掌握更加深刻。

（三）多媒体技术让学生爱上地理课堂

兴趣是最好的老师，充分利用多媒体技术，让教学画面更加生动，课堂色彩更加鲜艳，知识内容更加丰富，更容易抓住学生眼球。生动的多媒体课堂打破了以往的沉闷，充分调动了学生的学习兴趣及学习积极性。笔者的班级里，学生性格内向的人数较多，在平时讲解中，如果利用传统模式教学，课堂气氛特别沉闷，师生之间缺少互动，地理成绩不理想。多媒体技术运用到课堂上后，学生的学习氛围空前高涨，学习积极性被调动起来，互动越来越多。曾经有学生说："老师，你这样教学比以前生动了好多。"笔者认为，多媒体技术可以为课堂增加色彩，让学生爱上地理课。

二、多媒体技术在地理课堂应用过程中需要注意的问题

在教学过程中，学生占据主体地位，教师是教学的组织者、引领者、指导者。多媒体是为学生创设主动学习情境的辅助工具，教师在教学中不能过分依赖多媒体技术，要时刻记住，无论何时，都不要失去教师的主导地位和学生的主体地位。以下两个原则可作为参考：

（一）辅助原则

教师进行多媒体技术教学时一定要明确多媒体技术是辅助而不是替代，要坚持不可替代原则，避免只追求教学模式而不注重学生的学习效果。在地理课堂上，要明白什么内容适合使用多媒体教学，什么内容要用传统模式教学，使用多媒体教学时需要突出哪些重点内容，怎么突出。教

师一定要把握多媒体利用的程度，不能单纯为了使用而使用，更不能为了省事而使用。

（二）有效原则

多媒体所呈现的信息量远远大于传统课堂所能呈现的内容，这并不意味可以让学生在课堂上尽可能多地接受大量信息，如果信息量太过庞大，所有的信息在学生眼前一晃而过，学生分不清重点，找不到难点，看到的信息难以在脑海中形成深刻的印象，就容易忘记。如果学生没有充裕的时间对接收到的信息进行消化吸收，多媒体教学的初衷就无法实现。

多媒体技术融入地理课堂教学中，其手段是不可替代的，教师课堂讲解上只有合理地利用多媒体，让现代化先进教学方式与传统教学方式相互融合、相互碰撞、相互吸收，才能不断完善教学手段，找到理想的教学方式。

参考文献：

[1]张博.多媒体在高中地理教学中的应用研究[J].中国教育技术装备，2017（15）：86-87.

[2]魏振凤，李静.多媒体技术在高中地理教学中的应用[J].中国校外教育，2015（32）：147.

第四篇

学科考试研究

浅谈物理中考高效复习的几点做法

拉萨市教育研究所　次旦卓玛

摘　要： 初中物理在初中课程中占着非常重要的地位，面临中考的时候，物理的复习因此占着举足轻重的地位，需在一定的时间内让学生把所学的知识串联起来，组成一张知识网，做到真正的了解、掌握知识。如何才能在有效的时间内让学生做到高效的复习，提高学生复习的效率和老师教学的质量呢？本文将着重探讨提高中考物理高效复习的几点方法。

关键词： 中考物理；高效复习

如何才能在有限的时间内做好物理的高效复习，是大家比较关注的一个问题。初中物理知识的复习是让学生对初中所学的物理知识进行串联的一个过程，是学生进行系统性全面提高认识的过程，只有很好地完成了这个重要环节，学生才能把教师所教授的知识变成自己的知识。有效的物理复习，对学生的中考非常重要。

一、明确的目的性

最后阶段的复习非常重要，如果抓得住这个机会，学生的成绩还可以得到一个大的提升。这就需要教师做好对课标的深入研究，了解每一个考点、每一个知识点及每一个重点，要牢记课标的要求，将考纲内容熟记在心。教师只有明确掌握了考纲，才能给学生一个正确的引导，让学生在有效的时间内进行复习。西藏物理试卷中大部分都是简单题，只有小部分的比例是难题和较难题。学生需要做到的就是对基础知识的牢固掌握，把握好基础知识才会让物理成绩有一个大的提升。教师要着重对学生进行抓住基本技能和基本知识的训练，不出现钻牛角尖的现象，不把大量精力放在难题上，否则不但会浪费很多的学习精力，而且会造成学生学习效率低下的情况。在进行复习的时候，教师先要完全熟悉考纲，之后制定一个完善的计划，再和学生详细介绍自己的计划，让学生有一定的目的性。学生有明确的目的性，思路才会清晰，即使离开了教师的指导，自己在课堂下也会给自己找事干，知道怎么复习，从而跟上教师的脚步，提高物理中考复习的效率。

二、让学生把"要我学"变成"我要学"

（一）让学生处于主体地位

在中考前进行物理复习的时候，学生普遍的学习兴趣不是很大，因为所复习的课程都是之前学过的，且已经做过很多遍的习题。要想办法提高学生的学习兴趣，可以多鼓励学生去思考、讨论、交流和总结。这样一来，能够避免学生上课打瞌睡，让学生处于主体地位，成为课堂中的主角。也可以鼓励学生到讲台上进行讲解或做一些实验的演示，让学生真正地参与到学习过程中来，真正地用心去记这些知识。教师应充分地去引导学生，让学生自己去思考，从而提高中考物理复习的效率。

（二）在复习中找不足

在以往所学的旧的知识中得到新的知识，这才是真正的复习，为此应该探索一下新的方法和形式。例如，可以将课本中的基础实验融入新的内容中，去重新做一遍；也可以让多个实验结合在一起去做。这些，需要教师花费更多的时间和精力去准备，从而提高学生听课的效率，提高课堂的趣味性。

（三）将知识结合实际

教师在讲课的时候可以适当穿插一些社会热点，结合生活中的应用，让书本知识运用到实际中，从而有利于学生掌握知识，激发学生学习物理的兴趣，并且这也和中考命题的思路不谋而合。比如挂在墙上的石英钟，因电池没电了而停止走动时，秒针往往都是停在9的位置上，这是因为9的位置上所处的重力矩的阻碍作用最大。

三、时刻注意学生的心理状态

初中物理旨在培养学生的理科思维，让学生对身边存在的物理现象有一个形象的认识，这需要抽象性思维，因此有些学生学习起来较为困难，进入复习阶段时，学生自身的压力比较大，班级内的两极分化也比较严重。成绩好的上进心和自信心更强，成绩差的同学有的会怀疑自己，缺乏自信心。这个时候，教师的态度对学生来说非常重要。教师应当注意学生的心理状态，对成绩好的学生加以勉励，对成绩差的学生要适当鼓励，不放弃任何一个学生。教师要及时关注学生的心理状态，帮学生减轻焦虑，增强他们的自信心，减轻他们学习物理的倦怠心理，从而顺利地进行最后一个阶段的复习。

四、对同一类型的题目进行分类

在学习物理的过程中，会碰到许多类似的习题，它们都是以基础知识为中心，然后被改编成各式各样的，但它们最本质的内容是相同的。相同的探究类题目在许多试卷中反复出现，会导致机械重复，使学生的学习效率降低，浪费学生大量的精力和时间。教师可以对同一类型的实验探究类的题型，进行一个整合，帮助学生进行系统性的复习和整理，达到事半功倍的效果，提高复习的效率。

如在进行"测定小灯泡功率"的实验探究这一题型进行复习时，教师可以把多种类似的实验进行一个整合，让学生进行一个系统性的复习，并从中发现相同点和相似点，找到其中的规律，从而真正地掌握这一知识点。在进行复习的过程中，可以让学生参与进来，自己动手去做，加深对这一知识的印象。这样做，不仅增强了学生对这个实验的印象，而且避免了多次重复做同一类型题的问题。

五、完全掌握复习环节

学生只有完全掌握所需要复习的知识，才能进行有效的复习。如此繁多的知识点怎么去系统性地复习呢？教师应当引导学生化繁为简，将复习分为几个环节。复习环节一般分为三个部分：单元复习、专题复习、综合复习。应先让学生进行系统的单元复习，之后进行专题训练，有选择地去做题，最后进行综合训练，从而提高学生的复习效率。

总而言之，最后这一阶段的时间对学生复习来说非常重要，如果学生抓住了这个机会，就能让自己的成绩得到一个较大的提升。在最后的紧要关头，教师更应该帮助学生进行有效的复习，避免学生出现手忙脚乱、无头苍蝇到处飞的情况。教师要引导学生进行一个全面的、系统性的复习，让学生对已经掌握的知识进行加深理解，对未掌握的知识进行查漏补缺。教师还要发挥自己的引导作用，帮助学生消除倦怠心理，进行高效的中考物理的复习。

参考文献：

[1]皮连生.学与教的心理学[M].上海：华东师范大学出版社，2011.

[2]阎金铎，田世昆．中学物理教材教法[M]．北京：高等教育出版社，2013.

[3]冯玉荣．如何使初三物理复习变得高效［J］．中学物理，2015（7）．

2018年西藏自治区高考汉语学科评卷分析报告

拉萨市北京中学　谭瀛

阿里地区高级中学　兰碧云

拉萨市第三高级中学　王喜平

2018年普通高等学校招生全国统一考试汉语试卷命题依照《全日制民族中小学汉语课程标准（试行）》《普通高等学校招生全国统一考试大纲》和西藏教学实际，表现出"联系生活、注重积累、落实基础、提升能力"的特点，主要体现为七个"不变"：试卷结构、基本题型、题量和分值、核心考点、选文体裁、作文类型及命题特色保持不变。结合制卷、阅卷的具体情况，特对试卷作如下分析。

一、制卷设想

2018年高考是西藏地区实施高中新课程改革后的第六次高考，命题立意建立在新课程理念上，力求考查学生的知识积累和能力养成，力求检测学生的学习过程和学习效果，力求表现学生的生活经历和情感体验，在三个维度上考察学生的学习成果。

在试卷的内容和结构方面，以《普通高中语文课程标准》为纲，以学生学习和发展为核心，重视考试所必然具备的评价功能，规避了以往把考试作为单一的检测手段的做法。内容上由字词句段、阅读、写作组成，将口语交际和综合性学习融入其中。这符合考查要求，也能较全面地反映学生学习效果和教学质量。从形式上看，它符合学生的学习实际。试卷从结构上看，主要分为"知识与运用""文本阅读""写作"三大块；从考查内容上看，所学课文应掌握的重要知识点在试卷中都有体现，且体现得较为灵活，以检测学生的阅读理解能力和语言知识运用能力为主。重点关注了语文教学改革的潮流和新课改对语文教学的基本要求，注重了语文学科的思想性、生活性、艺术性，让课本与生活以及学生的人文教育紧密结合在一起。

二、试卷命题

2018年五省区高考汉语卷共150分，分三部分，第一部分考察知识与运用，15道客观题，分值45分；第二部分为阅读题，其中13道客观题，两道主观问答题，分值45分；第三部分为写作，材料作文，分值60分。试卷中主客观题分布为，客观题84分，主观题66分。

整体来看，题型设置与2017年高考汉语试卷一致，符合藏区学生学情。在知识点的分布上，全面覆盖了高中汉语的基本知识点及考试大纲的主要内容，侧重于汉语核心素养的考察，侧重于语文本质的回归，即考查学生语言文字的运用、听说读写能力的提升，总体难度偏易，区分度明显，题型多样，考试结果能较客观地反映考生的学习情况。

具体而言，试题按高考题命制，全卷共三大题，31小题，分"知识与运用""文本阅读""写作"三个部分，涉及字音、字形、词语搭配、同（近）义词或反义词、成语、病句辨析、关联词、近义实词辨析、主干提取、句式变换、标点、修辞、口语交际、语句衔接、古诗背诵、筛选信息、概括（提炼、理解）主题（主旨词、文意）、材料作文等语文知识点。题型规范，题量和难易适当。

在基础知识方面重视生活与语文教学的内在联系。在阅读考查方面，安排一篇文言文阅读、两篇现代文阅读作为考查内容。一方面符合教学规律的考查，另一方面也是推进新课程改革的必然。这是以后的书面终端考查的必然，符合国家考试中心所提出的不再以某一教材内容来考查学生的考试方向。三篇文章切合学生实际，也具有一定的文学性、人文性，是拓展汉语学习，实现汉语素养提高的有效尝试。同时，真正把命题从知识立意转向汉语素养立意，减少纯粹知识积累的考查内容，而把更多的分值赋予能够体现学生生活经历、学习积累和情感体验的试题。重视汉语素养的提高，重视汉语在生活中的应用。

正如《普通高中语文课程标准》所要求的那样：认识自然、认识社会、认识自我、规划人生。今年的汉语高考作文以"青春和奋斗"为主题，取材范围广，蕴含了较丰富的逻辑关系与层次，思辨性强，开放性强，启发考生围绕主题展开联想和思考，写作路径多样，可记叙、议论、抒情，引导考生紧贴时代主题，在宏观视野中找到个人意义，思考未来人生。因为这样的作文贴近考生生活，更能引导考生反思自我，抒发成长中的梦想、烦恼、追求、叛逆、亲情、友情等，考生有话可说，考生可用化大为小的方法，抒写内心真实感受。

三、学生答题情况分析

（一）知识与运用板块

第一大题共15小题，其中失分率较高的是1、2、3、6、15小题。

第1题语音题。要求学生有扎实的语文基本功，要求学生养成良好的语文学习习惯。很多学生误读"憎恶""提防""恰当"，忽略常见多音字"调""提"等读音，对一些跟日常生活关系密切或文学作品中常出现的字词读音也把握不准，如"当天""当年"的两个读音，两种含义，可见学生阅读和积累不足，没有养成规范的语文习惯，误入出卷老师挖设的陷阱却浑然不知。

第2题辨析错别字。学生主要错误在于记忆模糊，不会将词语放在具体的语境中辨析。如"甘拜下风"的"拜"与"败"，"道貌岸然"的"岸"与"暗"，"不耻下问"的"耻"与"齿"。

第3题属于近义词与反义词的结合，要求选出意思不完全相反的词语，大多学生完全不懂得"激进"的含义，又错把"鼓动"当"鼓励"。且审题不仔细，就如习惯性地把"偶然"的反义词写作"经常"一样，判断反义词只能靠感觉。

第6题考察词性、词义的区分，要求选出画线词使用不恰当的一项。多数学生不理解"本分"的含义，或误把"本分"当作"本来"，结果导致错误。

第15题考查学生诗文背诵，要求找出诗句与作者对应一致的一项。四个选项中，出卷者使用了障眼法，迷惑了不少学生。如考查"生当作人杰，死亦为鬼雄"的作者，选用了与李清照同时代的陆游来混淆视听。其实这些诗句均来源于课本，大多数诗句小学、初中就接触过。这反映出学生在平时的学习中，忽略基础知识的积累或记忆不清，再次掉入命题者挖掘的陷阱，失分实属可惜。

（二）阅读板块

本版块共15小题，由文言文阅读、现代文阅读组成。阅读量和分值与2017年保持一致，均为15小题，45分。

文言文阅读，是2017年新设立题型。2018年文言文阅读基本延续2017年浅易的特点，这与现阶段大多数学生的实际是相符合的。西藏的学生相当一部分来自农牧区，读书的习惯缺乏，所以很多本应掌握的词、句在学生那里却成了困难，现代汉语尚且如此，文言文更不用说。很多来自农牧区的学生古文基础基本为零，大多是到高三搞突击，掌握的文言知识是有限的，另因文言文在2017年才入选高考，所以很多相关教学和学习材料尚不完备，对学生进一步的学习提高也造成了障碍。所以，目前文言文考查的形式和内容较为符合学生实际。具备阅读文言文能力，对于政治、历史学科的学习，有很好的促进作用；对于学生在大学的进一步深造，也是必备的，所以，设立文言文学习影响又是长远的。文言文的考查既需立足实际，又必须循序渐进地提高。

至于文言文中实词的解释，很多时候，因为文言基础的缺乏，学生常会用现代汉语的思维去理解古诗词的意思，失分率高。

现代文阅读Ⅰ，将优秀传统文化在高考试题中渗透，既体现了高考汉语向高考语文靠拢的趋势，又没有生搬硬套，而是根据现阶段学生实际进行了改造。四个选择题，既保证了分值不会过大，又降低了学生做题的难度。体裁由2017年的说明文变为议论文，体现了考查的多角度。

现代文阅读Ⅱ，共9小题。仅有两道共6分的主观题。答题情况不容乐观，平均得分仅为3.49分。大多数学生答题不规范，甚至乱答一气。有的学生字迹潦草，答非所问；有的三言两语，答题不完整；有的语句不通，逻辑性差；有的不着边际，重复混乱；有的审题不认真，不按题型要求作答；有的考生抄原文且大段抄写，有的错别字连篇……其余7道小题全为单选题，引起了一些教师的担忧：选择题多且简单，难易度不明显，区分度不够，易挫伤学生学习汉语的积极性。但这样设置题目，也是汉语减负的一个大胆尝试。从实际来看，还是应该设计一些学生领会和把握话语或文本的情感、态度、语气和倾向等的题目，侧重考查学生的核心素养，让真正学好汉语的学生脱颖而出，让学生真正具备必备素养。

（三）写作板块

2018年高考汉语作文总体情况良好，考生写作的综合素养有所提升，平均39.8分，比2017年高出2分。主要基于以下三方面的原因。首先，审题立意障碍不大。给定的材料结尾有具体的提示——"谈谈你对青春与奋斗的理解"，写作的中心话题很明确，因此80%的同学都能围绕"青春、奋斗、梦想、责任、使命、奉献、追求、家国情怀"等话题构思行文，叙事说理，表达自己对个人、社会、人生的理解与认识。其次，考生确定的核心立意高远，有话可说，有素材可依，写作起来得心应手。行文中，名人名言比比皆是，典型人物事例信手拈来，文章流畅洒脱，思路清晰，内容充实具体，思想深刻，中心鲜明，汉语的核心素养得以体现。再次，写作态度端正，少有草率应付的现象。考生书写规范整洁，说真话，抒真情，做真人，无病呻吟、不知所云、残篇甚至导向错误、思想不积极的作文很少。

较之去年的作文，2018年的作文更好把握，其中41—49分的作文占考卷总数的51%，50分以上的作文占考卷总数的1.05%。这些优秀习作如《逆境奋争，无悔青春》《奋斗·沉潜》《奋斗书写青春》《缘梦圆》《少年奋斗说》《以梦为马，不负韶华》《为青春插上奋斗的翅膀》等，文质兼美，立意高远，其中三篇还以文言文写就，让阅卷老师欣喜不已，作为民族地区的语文教师成就感油然而生。总之，今年的考场作文整体水平呈上升趋势，行文大气，思想性强，社会主义核心价值观贯穿其中，考生表现出了乐观向上、积极进取、追求卓越的良好品质。

当然，作文评阅中学生常见的错误、常犯的毛病仍频繁出现：有的文章内容空洞，素材缺乏或堆砌，泛泛而谈；有的层次不清晰，段落不均匀，文体特征不明显；有的格式错误、标点符号错误、语法错误，错别字连篇；有的读不懂材料，偏题、跑题（这类作文占总数2.3%）；有的抄袭阅读或试卷上的任意文字，胡乱拼凑字数；有的无病呻吟，不知所云……当然，还有表述不清的题目，写还不如不写的题记，雷打不动的排比段，贴标签式的排比段，内容素材上幼稚、无材可用、胡用或你用我用大家用。比如把往年高考的文艺名人司马迁、鲁迅、史铁生、贝多芬，体育名人孙杨、李宗伟、刘翔、姚明，商界名人马云、乔布斯、比尔·盖茨，俞敏洪、董明珠等搬过来。有的材料过于牵强，有的材料则没有新意，罗列事例多，论证方法少。这说明在作文教学方面，任务仍然艰巨！

四、建议与策略

（一）要重视基础知识的积累

部分学生基础知识失分较多，说明学生未认真、系统地去掌握基础知识。对此我们不能掉以轻心，必须继续重视积累，在平时的教学中，要有计划地采用分散与集中的办法，采取有效的措施让学生牢固掌握基础知识，并要让学生养成良好的学习习惯。要鼓励学生多读、多背、多记、多积累，在藏文班默写部分要多进行纸笔训练。

（二）要加强阅读能力的培养

学生在紧跟时代步伐及思辨方面欠缺，要注意汉语学习与生活的接轨，让学生参与时代的发展，争做社会的主人。学生阅读量相对较少，以致一些基本常识都需要教师传授，甚至死记硬背。教师要在阅读方面予以指导，给学生留相对充裕的阅读时间，从高一开发学习资源，如浅易文言文校本读本或教材、微信专题公众号等，为文言文教学创设条件。语文学习的主体与载体皆以社会生活为背景，主体的学习兴趣、方法乃至现有知识结构，无不源于生活。载体也不是单纯的语法知识堆叠，更多的是社会资源的承载，所以教师提高学生阅读能力的重要途径，应是引导学生感悟生活、热爱生活，才能培养他们的汉语素养。

（三）要高度重视作文教学

1.加强审题立意训练

教师在平时训练中，首先让学生明白材料作文不及话题作文和命题作文的写作中心明确，这就要求在审题时应全面阅读材料，准确把握材料的关键所在。告知学生，材料传递的思想一般都是积极向上、教人向善的为人处事的道理。其次，教给学生具体的审题方法，如抓关键句法、由果溯因法、明确褒贬法、分析关系法等。只有掌握了这些简单易行、操作性强的方法，材料作文的审题立意才会落到实处。

2.强化议论文写作

考场作文，议论文最容易写，也最容易得分，且80%的同学在写。平时训练应把议论文写作，尤其规范议论文写作抓紧、抓好。议论文写作模式相对固定，易操作，提升快，学生也容易掌握。让学生懂得议论文的特点及三要素，掌握提出问题、分析问题、解决问题的结构技巧，同时明确如何入题、如何叙例、如何议例、如何结题等方法。在此基础上，再训练并列式、对照式、递进式等稍有难度、深度的写法，如此循环反复强化，议论文一定会写得充实深刻，个人的思辨能力、逻辑推理能力也会得到提升。

3.注重课内外的素材积累

素材的积累源于两个途径，一是课内积累。汉语文教材本身就是一座取之不尽、用之不竭的宝库，这座宝库可以为学生提供丰富的写作素材，学生完全可以就地取材、活学活用，如鲁迅先生弃医从文的爱国情怀，汉家寨人的坚守品质等。二是课外积累。要求学生多阅读课外经典著作，积累各方面的素材，并加以归类整理，在写作需要时可以从大脑储备中取出。这方面的素材可以是名人名言，可以是典型的人和事，可以是各地的风土人情，可以是国家的方针政策，等等。这就需要学生养成良好的阅读习惯，扎实做好笔记，多读多背，了然于胸。如果没有素材积累，作文便枯燥无味，空洞无物，缺少思想性和感染力。

4.亮化美化作文形式

新颖独特的作文形式会让文章收到锦上添花的效果。如：在记叙文前加上很有韵味的题记，在文末添加画龙点睛的后记；整篇文章写成日记体、书信体或小标题式，亦可创新为寓言体、剧本体等形式。这样，文质兼美，让人眼前一亮。

5.布局要科学合理

开头讲究"凤头"，结尾做到"豹尾"，中间注意过渡衔接。记叙文注意情节的跌宕起伏，尺水兴波，可以采用悬念法、误会法、倒叙法、片段法等技巧，让事件过程曲折，意义深远；议论文可以综合运用多种论证方法，说理更为精辟透彻；散文要用线索串起跨越时空、穿越古今的素材，让文字灵动起来，思想飞跃起来。

（四）答题模式与技巧应常抓不懈

1.培养学生严谨的作答态度

答题中，创新思维、开放性思维并非不着边际，却不可随意。作答要求运用科学、准确、凝练的语言。

2. 培养学生的审题能力

审题能力主要是让学生知道拿到一道题目需要"答什么"和"怎样答"。还有题目中要求"联系文章""联系生活""分条表述"等都是"怎样答"的问题，而有的同学往往容易忽视这些，在平时的训练中要注意培养。

3. 加强答题技巧的指导

拓展课堂、拓宽眼界、拓深思维很重要，应培养学生紧扣文本、筛选信息、理解内容的能力。

综上所述，汉语在学生学习生涯中所占的比例将越来越大，得汉语者得高考。这也告诉我们在今后的工作中，要因人而异、因材施教、因情施助，积极探索民族地区汉语教学的新方法、新模式，重视学生在审题、语言表达方面的规范训练，训练答题技巧，努力提高汉语教学水平及学生的汉语素养，促进西藏地区汉语教学水平又好又快地发展。

2018年西藏自治区高考历史学科评卷分析报告

拉萨中学　王征军

西藏民族大学附属中学　李秋红

一、评卷分析

（一）评卷概况

评卷组长、副组长先报到，划分模块制定评分参数，全组评卷人员参加西藏自治区考试院举办的2018年高考网上评卷动员大会和网上评卷培训；然后全组评卷人员进行网上评卷工作，评卷结束后全体评卷人员对评卷情况进行100%抽查，重点抽查和自查三评卷、低分卷、高分卷，并对抽查有误的卷子按规定进行修正。

（二）评分细则

1.宏观把握

评卷组长与副组长根据历史学科的特点，把历史主观题分割为6个模块。前3个模块为必做模块，即41题2个模块（25分）和42题1个模块（12分）；后3个模块为选做模块，即44、45、46题，每题都是15分，考生三选一。根据文综历史试题答案及评分参考，逐题进行评分细化，结合西藏学生实际情况，给出类似的分析思路和操作性强的评分要点。

2.集体智慧

全组评卷人员经过对试题和答案的熟悉，全面掌握试题的模块划分和知识点构成，然后在组长与副组长制定的评分细则上进行讨论，充分听取评卷人员意见，集思广益，少数服从多数，最后形成全组统一的评分细则。

3.结合实际

每个模块经过学习卷评分、试评后再进入正评。学习卷评分、试评过程中，结合考生答题情况，整合考生答题特点，汇总各种答题方法，统一得分要点，再一次对评分细则进行细化，经过集体讨论、组长决定后，形成最终的评分细则。

（三）考生情况

文综历史卷主观题主观性强，文字表达方式多种多样，只要符合答案意思均可按程度给分。从整体上看，除极少数考生外，大多数考生作答的规范性和逻辑性比较差，审题不准，答非所问，文字基础和表达能力差，含糊不清，张冠李戴，甚至空白卷很普遍。有的考生字迹潦草，笔画不规范，导致答题内容很难辨认，从而影响评卷速度和考生得分。

二、试题分析

（一）试题难度——围绕考纲，避免"偏、难、怪、深"

高考历史试题围绕考试大纲，对考试内容和要求进行了优化与整合，避免"偏、难、怪、深"，加强考生对基本概念、基本知识、基本思想和基本能力的考查，注重考查学生灵活运用所学知识发现问题、分析问题和解决问题的能力。同时，高考历史试题从"五大核心素养"进行比较全面的考查，实现了通过高考选拔德才兼备人才、促进学生全面发展的素质教育要求。试题总体难度较2017年略为简单一点，选择题难度大致相当，主观题难度下降一点点。2017年主观题学生平均得分在13分左右，2018年主观题学生平均得分在18分左右。

（二）考查重点——立德树人、家国情怀

高考历史试题通过精心选取素材，构建真实的问题情境，引导考生增强国家认同感和民族自信心、自豪感，考查学生的时空观念、历史阐释能力和唯物史观。如文科综合全国三卷第26题叙述了我国古代药学的发展脉络，考查了考生对传统文化的认识能力。还有文科综合全国三卷第41题，以中国上海和英国曼彻斯特这两个城市的发展为例，考查学生获取和解读历史信息、调动和运用历史知识、描述和阐释历史事物以及论证和探究历史问题的能力，即涵盖了历史学科"五大核心素养"，分别从时空观念、历史解释、史料实证、唯物主义等学科素养，对现代化进程中的城市发展问题进行比较，同时注意树立学生"四个自信"，坚定中国特色社会主义道路。考查范围除了历史知识还涉及地理和政治学科相关知识，对学生的知识面和综合素养提出了较高要求。

历史第42题，从东汉史学家班固对古今人物及相应等级划分考查学生史料解读和历史分析能力，注重从社会主义核心价值观、立德树人和中国优秀传统文化的角度考查学生发现问题、分析问题、解决问题的能力。最终考查适应社会发展需要人才的必备品格。

综合而言，历史学科注重考查学生对知识的整合和迁移能力，在题目设计中做到古今贯通、中外结合，并以问题为导向，对知识与能力、过程与方法、情感态度价值观进行分层、综合、有效的考查。

三、学生作答情况和备考建议

（一）学生作答情况简单归类

首先，存在空白试卷、作答没有得分和字迹潦草、错别字较多的情况。

其次，存在没有审清题目，没有按照题目要求进行作答、张冠李戴、逻辑混乱的情况。

再次，选做题未涂写和涂写有误现象比较严重。

最后，没有将材料和所学知识进行优化组合，历史思维能力比较弱。

（二）备考建议

1.加强历史思维能力的培养

历史基础知识相当重要，在备考中，切忌"死记硬背和超纲学习"，应创设不同情景，建构历史思维能力。尤其是培养学生发现问题、分析问题、解决问题的能力。

2.围绕考试大纲，紧抓历史学科知识主干

在备考过程中，吃透教材，将零散的知识进行优化整合，加强学生对历史基本概念的理解。

3.激发学生学习兴趣

备考中，培养学生学习历史的兴趣，鼓励学生，增强学生对历史学科的学习自信。

4.加强对学生书写能力的训练

安排专门的时间训练学生的写字能力，提倡学生在写规范字、写工整字的基础上写好字。

5.加强学生答题规范性和答题技巧性训练

大多数考生作答的规范性和逻辑性比较差，审题不准，答非所问，文字基础和表达能力差，含糊不清，张冠李戴，甚至空白卷的情况很普遍。这些情况要求我们在平时教学中加强学生答题规范性和答题技巧的训练力度。比如，答题技巧的训练，解答42题开放性试题的三部曲——论题、论点（论据）、结论；规范性答题的训练，答题做到"五化"——要点化、序号化、段落化、准确化、主干化。只要长期训练，学生的答卷就一定会越来越好。

2019年西藏自治区高考理科数学学科评卷分析

林芝市第一中学 郭军舰

2019年西藏高考理科数学试题遵循立德树人的鲜明导向，注重对基础知识、基本技能和基本素养的考查，将缜密思维、严格推理作为考查重点，对考生逻辑思维能力的考查深入、具体，彰显高考命题的育人功能和素质教育导向作用。

一、试题情况

（一）试题特点

本次试题题型、架构整体与往年相同，与2019考纲解读相匹配，考查内容与往年基本相同，没有大变化，但灵活性与创新性进一步增强，对必备知识、关键能力、核心素养的考查进一步加深。题型仍由选择题、填空题、解答题构成，分值分布与每题分值保持往年特点，选择题分值占40%，填空题分值占13.3%，解答题分值占46.7%。

（二）知识点构成

本次理科数学试题由八个模块构成，分别是选择题模块、填空题模块、概率统计模块、解三角形模块、立体几何模块、函数及其导数模块、解析几何模块、极坐标系与不等式选讲模块。

（三）分值构成

卷面总分150分，教师网上评卷分值共90分，占卷面分60%，分别是第二模块20分、4小题，第三至第七模块各12分、2小题，第八模块10分、2小题（本模块是选做题，考生在两道题中任选一道题作答）。

（四）难度构成

填空题共4小题，总分20分。分别由向量数量积公式、等差数列、椭圆方程及几何性质、立体几何构成，难度相比往年基本题型考查有所提升。解答题整体考查知识体系与往年一样，但模块前后顺序、考查方式与往年相比有所调整，间接提升了做题难度。如：概率统计的考查往年在第四模块，今年调整到了第三模块，表面看降低了难度，实则由于考生对信息中数据的提取能力有限，这个模块一直是考生的弱项，今年虽然降低了难度，但考生答题情况仍不理想，因一开始就卡壳，导致做其他解答题压力很大；解三角形的考查往年在第三模块，考查化简求角、计算三角形面积或某一边长等定值，今年调整到了第四模块，第二小问调整为计算三角形面积的取值范围，难度比往年有所提升，考生答题情况很不乐观；第五模块考查立体几何，题型与往年没变化，但增加了4点共面的证明，题量比往年有所增加；第六模块考查函数及其导数的应用，模块考查没有变化，但考查方式有所变化，往年第一小问考查单调性是没有变量的，今年通过对变量的分类来讨论单调性，增加了难度；第七模块解析几何曲线与方程的考查，往年第一小问都是对基本知识点的考查，今年在考查方式与计算量上都比往年增加了难度；第八模块往年是对面的考查，属于基本题型，考生都容易得分，今年变成了对点的考查，难度提升了一个层次；第三至第七模块的第二小问难度及计算量都比往年有所提升。

（五）模块切割

本次评卷模块切割比往年更精细，给分更准确。第三至第八模块由往年按整题给分误差值为2分改为按小题给分，误差值为1分，使给分误差更小，得分更精更细。

二、答题及得分情况

（一）答题情况

理科数学填空题答案唯一，解答题题型相对稳定，从考生答题情况来看：一是答题规范性进一步提高，绝大多数考生能够在规定范围内答题，书写规范，所答题目条理清晰、逻辑严密、结构完整，能够反映学生备考认真，学习刻苦；二是答题有效性进一步提高，打破以往填空题、解答题很难得分的局面，虽然得分主要集中在1到6分之间，但与往年相比得分有所提高；三是答题全面性进一步提高，由原来个别题得分发展到每一道题都能够得分。

但仍有部分考生字迹潦草，数字、数学符号难以辨认，最终结果不化简，不在规定位置答题，导致产生"三评卷""问题卷"；许多考生仍存在知识识记上的一知半解，所用公式粗略一看是对的，仔细一查是错误的，导致结果错误得不到分，非常可惜。

（二）得分情况

1.整体分析

在校考生平均分42.94分，选择题平均分29.28分，占68.2%，填空题平均分2.66分，占6.2%，解答题平均分11分，占25.6%。与题型在试题中的比重（选择题分值占40%，填空题分值占13.3%，解答题分值占46.7%）相比，填空题与解答题失分现象十分严重。选择题得分率80%以上的只有1和2小题，考查知识点为集合与复数；50%至79%有3至5小题，考查知识点为统计、二项式定理、等比数列；40%至49%有7和9两个小题，考查知识点为函数图象、程序框图；30%至39%有6、8和11共3个小题，考查知识点为曲线切线方程、立体几何中多面体线与线关系、函数奇偶性与单调性中函数值大小比较；20%至29%有10和12两个小题，考查知识点为双曲线中三角形面积、三角函数的性质。

填空题得分最高的为14题，得分率为42.35%，考查知识点为等差数列；13题得分率仅6.35%，题型考查向量的夹角，应该比较容易得分，但由于没有用课本中向量夹角的符号这种表示形式，致使大部分考生看不明白；15题得分率为3.12%，考查椭圆上一点的坐标，技巧性比较强；16题得分率为1.21%，考查多面体模型，大部分考生空间想象能力不强，对立体图形的构成理解不了。

解答题得分最高的为17题，平均分4.61，得分率38.39%，考查概率统计内容；18题平均分2.11，得分率17.61%，考查解三角形知识；19题平均分0.84，得分率6.97%，考查立体几何证明与计算；20题平均分1.86，得分率15.46%，考查通过分类讨论求函数的单调性及最值；21题平均分0.14，得分率1.17%，考查直线与圆锥曲线中抛物线、圆的相关知识；22、23题为选做题，选题1平均分0.97，得分率9.7%，考查极坐标系知识，选题2平均分0.47，得分率4.7%，考查基本不等式的应用。

2.得分段分析

17题两小题得分比较均匀，第一小题得分率达57.47%；其他解答题得分都集中在每题的第一小题，得分率达95%以上。详细如下表：

题号 分数段	17题 比例%	18题 比例%	19题 比例%	20题 比例%	21题 比例%	22题 比例%	23题 比例%
0—1	27.13	20.63	79.37	34.56	94.46	37.46	68.52
1—2	1.11	31.5	7.38	1.71	4.56	54.18	30.51
2—3	12.41	15.79	3.08	43.51	0.49	2.22	0.18
3—4	9.35	16.21	3.75	5.31	0.16	1.75	0.05
4—5	2.45	8.05	1.06	9.01	0.1	1.94	0
5—6	5.02	2.73	0.77	2.8	0.07	0.38	0.26
6—7	17.84	1.64	1.35	1.58	0.04	0.18	0.08
7—8	2.74	1.52	0.46	0.55	0.05	0.21	0.05
8—9	2.79	0.94	0.53	0.36	0.01	0.4	0
9—10	2.64	0.36	0.78	0.18	0.02	1.28	0.36
10—11	2	0.23	0.24	0.16	0.04	—	—
11—12	14.53	0.41	1.23	0.29	0	—	—
合计	100	100	100	100	100	100	100

（三）失分情况及原因分析

解答题不得分情况十分严重，大部分考生能读懂题目的每一个字，但对题目所要表达的含义理解不透，每一个层次所要阐述的数学思想、逻辑关系理不顺，破不了题，在课本上所学的知识应用不到题目中去。

其一，考生文字理解能力有限，对试题含义理解不透，对试题中的关键信息提取不出来，不能够与所学数学知识联系起来，破不了题，导致做题无从落笔。

其二，考生对试题所考查知识点熟悉程度不够，导致在答题时对所用公式、定理不能够完全准确应用，产生一知半解、答题似对非对情况，同时也给评卷造成了很大困难，粗一看是正确的，仔细一审又是错误的，导致不能够得分。

其三，运算能力不够，对题中的信息能够用数学符号来表示，开始运算时能够正确列式子，但由于运算基础不牢，在运算过程中，容易丢数字、改符号，导致运算结果错误。

其四，书写不规范，在答题时为求速度，阿拉伯数字、运算符号、数学专用字母、表示形式等不能按规范书写，字迹潦草，不仅考生自己在答题过程中容易看错，评卷时有些字母、数字等极难辨认，导致失分。

其五，数学逻辑思维欠缺，推理能力有待提升，答题时前后表达比较混乱，衔接不自然，推理不连贯，该简化的没有简化，该详细的过程没有详细书写，评卷时找不到关键得分点，特别是出错后过程分难以得到，导致得分较低。

四、备考建议

虽然近几年高考试题在题型构成、知识点分布、整体难度等方面一直保持相对稳定，但从2019年高考试题中已经反映出高考对直观想象、数学运算、数学建模、逻辑推理等数学核心素养的考查正在逐步加深，备考中应特别关注核心素养的培养。

（一）加强阅读能力培养

阅读能力表面看似考语文等其他语言类科目需要培养的能力，其实不然，阅读能力对于提升考生文字理解能力、审题能力、破题能力、解题表述等有着很重要的作用，能够使考生准确地理解题意，提取试题中的关键信息，因此，加强学生阅读能力至关重要。

（二）加强理解能力培养

在教学时注重文字描述与数学语言的转化，让学生在答题时能够准确地运用所学公式、定理，在考试时能够正确运用所学知识。

（三）加强运算能力培养

教学中加大数学运算能力规范训练，对所学知识进行强化训练，提升考生做题速度、做题效果，高中数学不仅需要理解，更需要运算，没有扎实的运算能力，再好的理解能力也不能够得出正确的结果。

（四）加强书写规范训练

在平时教学时就进行书写规范、答题规范训练，让考生能够把所学到的知识条理清晰、过程规范地表达出来，降低因字迹不清，字母、数字难辨认造成的失分。

（五）加强逻辑推理训练

在教学中对考生的学习过程进行跟踪记录，对作业书写的条理、繁简、详略进行指导，分析考生薄弱环节，进行有针对性的辅导、强化，促使考生在高考时能够把自己所学知识尽可能多地体现出来，提高高考得分。

（六）加强重点知识训练

从历年的考查中能够发现，有一些知识点是必考知识点和常考知识点，而且考查难度不高，容易得分，如集合、复数、向量、数列等，在备考时要反复训练，确保这部分得分率；从学生基础和实际做题能力出发，把考纲要求与之相融合，把握备考难度和进度，敢于放弃考生花大量的时间都很难掌握的偏、难知识点，做到容易得分的不失分、可以得分的争取得分、难得分的得最低分，提高备考的针对性和实效性。

（七）保证课堂训练时间

在备考过程中，由于教师担心学生没理解、没掌握，而导致课堂绝大多数时间都是教师在讲、学生在听，课后消化、融会贯通的时间少之又少，学生多了理论、方法，而少了实操，久而久之出现眼高手低的现象。教师要敢于放权、学会放权，增加学生课堂上训练的时间，加强训练效果的检查和纠正力度，避免看起来简单、做起来就错的现象。

高考考查的不仅是考生对知识的识记、理解和应用能力，也能考查出考生的综合实力，教师在教学时不仅要注重必备知识的传授，还要培养考生的关键能力，进一步塑造考生的核心素养，才能在高考中体现出考生的综合实力。

2020年西藏自治区高考生物学科分析报告

拉萨中学　陈敬

拉萨市第四高级中学　严洁

林芝市第一高级中学　王丙全

2020年高考全国Ⅲ卷理科综合生物试题的结构和总体风格保持稳定，体现"价值引领、素养导向、能力为重、知识为基"的命题理念，紧紧围绕核心主干知识，夯实基础，加大回归教材、回归课堂的力度，引导考生注重知识融合，强化学以致用，突出科学探究，树立创新意识，更加全面地培养学生的生物学科核心素养，促进学生健康发展。现结合我区高考生物学科试题信息情况，对2020年高考生物学科作以下分析。

一、生物学科试题特点分析

（一）坚持"立德树人"，凸显价值引领

结合学科特点，高考生物试题有机融入新冠疫情素材，体现时代主题，增强学生的社会责任感和使命担当意识，引导学生建立积极正确的价值观，鼓励学生理论联系实际，关心日常生活、生产活动中蕴含的实际问题，发挥高考育人的功能。如第5题选取"每天适量饮酒可以预防新冠肺炎"的不当措施，要求学生能审慎看待问题，引导学生形成帮助他人科学解读问题的意识，激发乐于助人和不信谣、不传谣的社会责任担当意识。在2020年新冠疫情的影响下，第4、5题都考免疫学知识，体现了对预防医学基础生物学的重视。

（二）考查必备知识，突出基础性

试题严格遵循高考评价体系，以核心主干知识、课堂实验为蓝本，注重对知识的准确记忆和综合运用的能力，包含了一定比例的基础性试题，注重考查学科核心主干知识和学科核心素养，引导中学教学遵循教学规律，夯实学生学习发展的基础知识。如：第1题，考查中心法则、RNA的分类、功能，DNA与基因的关系、基因选择性表达；第4题，主要考查免疫调节；第29题，考查呼吸作用和光合作用的场所、反应物、能量来源、反应产物等内容；第30题，考查神经调节中，学生对突触、神经调节和体液调节关系的理解，同时考查乳糖的构成与必需氨基酸的定义。试题素材来源于教材，涉及主干知识的考查，与中学教学实际紧密联系，提醒学生在学习过程中要注重对课本知识的理解和掌握。

（三）重视关键能力考查，突出"科学思维"核心素养的考查

关键能力是高水平人才的必备素质，试题结合学科特点，测评学科关键能力，加强对理解、批判性思维、信息获取与加工、学术语的规范表达和综合运用等方面能力的考查，突出有利于学生终身发展的关键能力的培养，着力提升学生学科素养，为高校选拔人才。如：第30题，要求描述神经调节和体液调节二者之间的关系，需要对核心概念的深入理解进行比较和概括，体现综合性；第32题，要求考生写出小麦品种杂交选育的实验思路，需要考生梳理思维逻辑和科学表述，在考查考生思维能力的同时还考查考生的语言表达能力。

（四）重视"科学探究"核心素养的考查

试题让考生在实验情境和实验过程中应用学科知识和实验方法，体验实验探究过程，并通过增强试题的开放性和探究性，引导考生创新意识的培养。如：第2题，以燕麦胚芽鞘在不同条件下的生长情况为素材，结合坐标图，考查考生获取信息能力及实验与探究能力；第32题第（3）小题，要求考生写出实验思路，既是考查考生对遗传规律相关知识的掌握程度，也是对考生实验探究能力的直接考查。

（五）加强素养导向，引导全面发展

试题通过精心提取素材，兼顾素养考查，引导考生全面发展。如：第3题，通过示意图展示试题信息，呈现了微观世界的生命之美，考查tRNA的结构和功能，深化结构与功能相适应的生命观念；第31题要求画出湖泊生态系统能量流动示意图，相比于文字描述，更能显著减少作答时间，提高作答效率，展示学习成果。

二、生物试题结构及学生答题情况分析

2020年高考全国Ⅲ卷理科综合生物试题一共考查了4个知识模块，分别是遗传与进化、稳态与环境、分子与细胞和选做题。有6道题涉及必修3知识点，共计39分，考查的知识点主要是植物的激素调节与无机盐作用的探究实验、动物和人体生命活动的调节（免疫调节、神经调节与体液调节）、生态系统及其稳定性（物质循环、能量流动）、种群和群落（种群密度与种间关系）。3道题涉及必修2知识点，共计22分，考查知识点主要是基因的表达、从杂交育种到基因工程、基因突变及其变异。有2道题涉及必修1知识点，共计14分，考查知识点主要是二糖的组成、必需氨基酸的定义、光合作用与呼吸作用的过程。

《分子与细胞》一共考查2道题，均为主观题，即第29题、第30题（3）小题，共14分，考察光合作用与呼吸作用过程中ATP的形成、组成细胞的分子等内容。以29题为例，用表格的方式呈现真核细胞中ATP合成的反应部位、反应物、反应名称、合成ATP的能量来源、终产物（除ATP外）比较项目，考查有关光合作用和细胞呼吸的场所、物质变化和能量转换及呼吸作用的类型相关知识点，是2020年才出现的一种新题型。本题考查考生对表格的理解能力、从表格中获取信息的能力及高度的语言表达和概括能力。本题的失分原因主要有三个方面：一是考生过于紧张，不能认真分析题目，不能理解命题人的命题意图；二是对光合作用、有氧呼吸、无氧呼吸过程中ATP的合成过程掌握不牢；三是对表格中的信息分析不全面，没有分析出反应物、反应名称、终产物之间的关系，没有分析物质与能量的关系。

《遗传与进化》一共考查3道题，有2道客观题（即第1、3题），有1道主观题（第32题），共计22分，重点考察中心法则、基因的表达、从杂交育种到基因工程等知识点。本模块包括遗传的细胞基础、遗传的分子基础、遗传的基本规律、生物的变异和进化等内容。生物通过生殖、发育和遗传实现生命的延续和种族的繁衍，通过进化形成物种多样性和适应性，进化的本质是遗传物质的改变。本模块选取减数分裂和受精作用、DNA分子的结构和功能、遗传与变异的基本原理及应用等知识，

主要从分子水平阐述了生命的延续性；选取的现代生物进化理论，主要是为阐明生物进化的过程和原因。题目考查考生对于基础知识的记忆能力、基础知识的综合分析及应用能力、实验设计思路的整体把握。大部分考生能够掌握多倍体的优点及人工诱导多倍体的方法等基础概念及知识点，但是对于翻译过程的理解、杂种高度不育的原因、通过染色体组判断染色体数目及实验设计等需要理解和综合应用知识点解决问题的题目，考生的答题情况不够理想。

《稳态与环境》一共考查6道题，有4道客观题（第2、4、5、6题），有2道主观题［第30题（1）（2）和第31题］，共计39分，重点考察探究植物激素和无机盐的作用、免疫调节、新冠肺炎防控知识、物质循环、神经调节、神经调节与体液调节的关系、种群密度、能量流动、种间关系等知识点。本模块包括人体的内环境与稳态、动物和人体生命活动的调节、植物的激素调节、种群和群落、生态系统及其稳定性、生态环境的保护等内容。本模块有助于学生认识发生在生物体内和生物环境之间的相互作用，理解生命系统的稳态，认识生命系统结构和功能的整体性；领悟系统分析、建立数学模型等科学方法及它们在科学研究中的应用；形成生态观点和可持续发展的观念。学生在本模块失分的主要原因表现在四个方面：一是缺乏实验探究能力，不能将实验题的情景描述与坐标图中的信息结合起来综合分析；二是对课本中的基本概念、基本生理过程，以及不同概念和知识之间的关系理解不透；三是不能规范书写生物学专有名词和术语，错别字较多；四是不能正确分析生物学知识和社会实践的联系。

选做题选自《生物技术实践》和《现代生物科技专题》两册，各考查1道主观题，共15分。"生物技术实践"模块以水果为材料加工制作果汁、果酒、果醋为背景材料，考查果胶酶的组成、作用，温度对酶活性的影响，酶活性的表示方法，果酒制作的条件以及醋酸菌的代谢类型等知识点，考生在答题过程中存在着专有名词或术语书写不规范、错别字多、不能严格按照题干要求作答、知识点混淆、读题析题不仔细等问题。"现代生物科技专题"模块主要考查基因工程和胚胎工程的基本步骤及技术，注重对考生学科语言的表述能力的考查。考生答题的问题集中表现在专业名词或术语书写错误、基本步骤及技术描述不规范、不能与必修知识相联系等方面。此模块内容较多，重点内容较多，部分内容难度较大，技术细节较多，不好把握考点的深浅。

三、生物学科教学及备考建议

（一）回归教材，落实基础

2020年高考全国理科综合Ⅲ卷的生物试题的部分答案，来源于教材中的原文，体现了"题在书外，理在书中""源于教材而又适当高于教材"等高考命题特点。从试卷的命制情况来看，要求我们在复习时一定要回归教材，以课本为复习蓝本，不能出现用复习资料取代课本的本末倒置现象。在平时教学中，应注重"双基"教学，以课程标准和教材为依据。

（二）加强实验，重视探究

生物学是一门实验性学科，实验是生物学的一个重要组成部分，因此，生物高考试题中，实验与探究类试题自然占有较大的篇幅，分值也占有较大的比例。这一结果启示我们，在中学生物教学中，实验教学举足轻重。生物实验题一直是高考命题的热点。教学当中，老师除了重视教材所列的生物学探究史上的经典实验之外，更要善于挖掘隐藏于课文中的实验原型，运用原型中的科学探究原理和实验方法，有意识地编写一定量的实验设计题，培养学生的科学探究能力。

实验设计和实验操作是教师的必备能力，高中生物教师除掌握教材基本演示实验、探究实验的原理、操作步骤外，还应具备改进实验、创新实验的能力，能够引导学生应用所学知识，依据实验设计中的单一变量原则，对照设计探究实验解决生产、生活中的实际问题。

（三）加强应用，提高能力

2020年高考全国Ⅲ卷理科综合生物试题考查的内容较简单，一些题目看似不难，但认真分析发现考生想获得理想成绩，仅靠死记硬背和题海战术是不行的，而是需要考生对所学知识能融会贯通，需要考生有较好的分析问题和解决问题的能力，需要考生仔细审题、深刻领会，需要考生有较强的分析推理和灵活应变能力。

因此，教师在平时教学中，应重视学生理解、获取信息、综合运用等能力的培养。在课堂教学中，教导学生理解重点，突破难点。对于课堂教学中学生不能及时理解和掌握的重、难点知识，教师应编写具有代表性的练习题集，并归纳解题和答题技巧帮助学生进行针对性训练。

四、对全区生物教学管理的建议

建议增加藏文班高一生物课时或开放实验室，让师生可以利用课余时间完成基本实验或创新实验。推行新高考后，在高二下学期要完成生物必修部分的教学工作，现行的课程方案中生物课时高一每周只有2节课。由于课时严重不足，生物教师在没有增加课时的情况下，不断赶进度，对于难度大的教学内容，不敢深入细致地讲解，只好采取满堂灌式的教学方法，强行把相关知识灌输给学生，很多时候教材内容都是在学期结束时基本讲完，很少有时间开展实验教学。学生也只好囫囵吞枣式地接受，并没有真正消化吸收，再加上学生对生物学理解能力比较弱，有的甚至欠缺，以致部分学生看书看不进，听课听不懂，做题做不出，从而对生物学一点都不感兴趣。

加强实验教学管理。首先，学校要配备一定数量的生物实验老师，由实验老师根据教学进度，适时督促生物学科教师开展生物实验；其次，在给每所学校配备足够数量的生物实验室的基础上，及时配齐实验仪器、材料，让生物实验能够足额开展；第三，定时开展对实验教学情况的监管，检查教师实验备课情况、学生实验报告情况、实验室仪器设备使用情况、实验材料和药品购入管理情况等，督促中学生物实验教学有序开展。

第五篇

精品课例

示范课《蒹葭》吟诵教学实录

拉萨市北京中学　谭瀛

渲染诗境，吟诵导入

师：这是一个关于追寻的故事。你听："蒹葭苍苍，白露为霜。所谓伊人，在水一方。溯洄从之，道阻且长。溯游从之，宛在水中央。"（唐调吟诵）今天，我们就一起走进那深秋的清晨，走近那长满芦苇的河畔，去品味那一丛醉人的"蒹葭"。

品读诗语，吟诵映像

问题：以"我依稀看见了_____"这个句式说说你的发现。

师：《蒹葭》是一首诗，也是一幅画。俗话说："诗中有画，画中有诗。"走进这首诗歌，走进这幅画面，你依稀看见了什么？

生：我依稀看到了在芦苇荡的尽头，伫立着一位美丽的女子。

师：这是一片怎样的芦苇？

生：这是一片浩浩荡荡的芦苇，风柔柔地吹，芦花轻轻地动，这是一种清远飘忽的意境。

师：文中哪个词传递给你们这么多信息？

生：苍苍！

师：请一位同学试着读这句，把芦苇的浩荡读出来。苍——苍。两个字之间声音拖长一点但不能断。

生读：蒹葭苍苍。

师范读。

生再读：蒹葭苍——苍——

师：同桌之间说说两句读法有什么不同。

生：第二句更有感情。

师：我们全班同学读第二句，感受和第一句的不同。

全班齐读。

师：将"苍"字拉长读，有一种惆怅苍茫的感觉，脑海中马上形成了一幅画。苍苍，拉长音调，仿佛看到风吹过来芦花飘荡的感觉。苍苍，形容很大一片。白露为霜，在芦秆上结成了霜花，白茫茫的一片，很美！

师：想想看，我们还在哪首诗歌里学过"苍苍"二字？

生：《敕勒歌》。

部分学生读出："天苍苍，野茫茫，风吹草低见牛羊。"

师：（动情吟诵）"天苍——苍——，野茫——茫——，风吹草低见牛羊"。

师：什么感觉？

生：我们仿佛来到了高天底下、辽远苍茫的草原。

师：同学们，再回到《蒹葭》，第一句读得很急促，就没有那种繁茂的感觉，缓慢、延长、低沉，才能将芦苇的苍茫、惆怅、凄美传达出来，这也是古代诗文常用的诵读法：依字行腔，拉长音调来读，"苍"押ang韵，这个韵部的特点是或高亢壮阔或缓慢低沉。（PPT出示）我们再一次齐读第二句，一起感受双声叠字的韵味，一起感受芦苇的苍茫与浩荡。（师示范，生读）

鉴赏诗美，吟诵传情

问题：以"我依稀听见了_____"句式，说说你都听见了什么。

师：同桌之间交流两分钟，再来回答。

生1：我听见了水流缓缓的声音。水流的声音还夹杂着主人公的心情。

师：此时，主人公的心情怎么样？

生2：应该很悲伤。

师：虽然在河的对岸，但伊人在不在？主人公坚信自己心中的伊人就在河对岸，尽管她离自己有一定的距离，在水一方，但他非常坚信自己追寻的伊人就在河对岸。他的心情是悲伤的吗？

生3：激动兴奋。

师：主人公内心是激动的、兴奋的、满怀憧憬的。

师：这种憧憬，体现在哪一个字上。（PPT放大"在"字）

（师提示关注"在"字，并以上扬的语调和手势引导学生）

师示范，学生齐读。

师：同学们，假如我要在这个句子中加一个感叹词，加什么？（PPT出示）

生1：啊。

师：怎么读？

师：这个字不能发得太响亮，因为是发自内心的默默地追寻，暗暗地惊喜与憧憬。（师示范）

生1读。

师：你会读心，你最懂主人公的内心世界。

师：请全班同学读第二句。原诗没有"啊"字，请男同学再读原句，读出这种默默的幸福、憧憬，全班齐和。（PPT出示）

师：是啊，自己心中的伊人就在河的对岸，心中无限的憧憬，这样的心情下听到的水声是欢快的。

师：看第二句，（PPT出示）主人公还是那样幸福吗？

生4：自己喜欢的人刚要靠近时又离得很远，始终无法靠近，这是一种焦急的心情。

师：哪一个字体现了焦急、无奈？

生4：宛。仿佛，好像的意思，想追寻的伊人无法得到，此时，他的内心是淡淡的惆怅和失落。

师：同学们，根据自己的体验读一读。

生读。

师：大家将这个"宛"字读轻一点，再来一次。

生再读。

师：淡淡的惆怅就出来了。

师：下面请大家一边想象诗中的场面，体会主人公的心情，一边听老师吟诵。

师吟诵，带领学生入情入境。

师：这里介绍一些吟诵的知识。在一首诗里，韵决定了它的风格和意境。换韵意味着诗人的情绪在发生改变。这首诗第一章押的是"阳"

韵，"苍、霜、方、长、央"，是一个开口度很大的韵，表达的是开阔辽远的意境；第二章押的是"支微"合韵，"凄、晞、湄、跻、坻"，开口度是扁的、小的，表达的是凄婉忧伤的情绪；第三章押的是"之"韵，"采（古音念ci）、已、涘、右（古音念yi）、沚"，开口度也是小的，写出了诗人内心的愁思。韵是诗歌的灵魂，从韵的变化上，我们可以感受到诗人这份思念逐步加深，情感却是逐渐低落的。正是因为这种可见而不可求，可望却不可及，加深了渴慕的程度。我们将这三句连在一起，再读一次，读出追寻的艰辛。

生齐读。

探幽诗心，吟诵相和

问题：同学们，这幅画有声有色，更有温度。请以"我真切感受到了_____"句式，说说你的感受。

生1：我感受到了追寻的热情。

生2：我感受到了主人公的坚持。

师：你们从哪里读出的？

众生：溯洄，溯游，那种奋力向前。

师：同学们，奋力向前，不停地追寻的样子，纵有千难万险，也不放弃。追寻了几次？

众生：三次、六次、两次、无数次……

师：我们相信主人公追寻了无数次，生命不息，追求不止。这是一种什么样的精神？

众生：坚持、执着……

师：追寻的结果已不再重要，重要的是追寻的过程和过程中执着的精神。这首诗历经两千多年，读来依然满口芬芳，打动了无数人，或许正是因为这份执着无悔，它触碰到了我们每个人的内心。请同学们轻声地诵读，老师以吟诵来和诗，都读得轻灵一些，不要破坏了这份朦胧、清远的美好。（PPT出示吟诵基本法则"依字行腔，入短韵长"，标注入声字"白""一"）

寻踪诗道，吟诵探旨

问题：主人公执着追寻的伊人是美丽的，也是朦胧的，但伊人仅仅是主人公炽热追求的爱人吗？

众生：可望而不可即的美好、心灵的寄托、曾经的梦想、心里最美好的东西，最初的美好模样……

师：同学们的感悟也打动了老师。我们都在追求美好，从过去到现在，就像这一把芦苇（板书：简笔画芦苇）从远古美到了现在。人生最难坚守的就是最初那些美好的梦想。北岛在《波兰来客》这首诗里写道，"那时我们有梦，关于文学，关于爱情，关于穿越世界的旅行。如今我们深夜饮酒，杯子碰到一起，都是梦破碎的声音"，道尽了多少人的无奈与失落。追梦是"余心之所善兮，虽九死其犹未悔"的坚定，是"路漫漫其修远兮，吾将上下而求索"的执着，是"昨夜西风凋碧树，独上高楼，望尽天涯路"的孤独；追梦路上有"衣带渐宽终不悔，为伊消得人憔悴"的艰辛，更有那"蓦然回首，那人却在灯火阑珊处"的欣喜。我希望同学们可以永远心怀梦想、心怀美好，永远听从内心的召唤，永远做那个追梦的人，以梦为马，逐梦天涯！最后，让我们一起深情吟诵："溯洄从之，道阻且长。溯游从之，宛在水中央。宛在水——中——央……"

师生共读。

教学感悟：

近几年来，吟诵教学在内地学校课堂方兴未艾，实践结果丰硕，但对西藏仍是未开垦的处女地。零基础、零起点，也正是填补空白的最佳契机。西藏地区的少数民族学生对声韵、音律、节奏等与生俱来的敏感度，正好契合了中华传统吟诵的"诗言志，歌永言，声依永，律和声"的特点，在西藏开展吟诵教学得天独厚。示范课《蒹葭》是我将吟诵运用于古诗文教学中的一次大胆尝试，也使我看到了吟诵在西藏高中汉语教学中的无限可能。

《散步》教学实录

拉萨市第七中学　李莉

情感导入

师：如果世上有一种水能让你喝了会醉，那这种水一定叫母爱，因为母爱如水；如果世上有一座山能让你学会坚韧，那这座山一定叫父爱，因为父爱如山。我们的父母祖辈，在艰辛和苦难里繁衍生息，没有畏惧，从不悲观，才有了我们今天的幸福和安适。等到他们老了，他们孱弱的双肩再也担不起重负，他们如同风中飘荡的落叶，预测不到明天的行程，这时，我们做儿女的应该怎样做呢？孟郊曾写过一首"结天下人之心愿"的《游子吟》："慈母手中线，游子身上衣。临行密密缝，意恐迟迟归。谁言寸草心，报得三春晖。"今天，我们就来看看莫怀戚笔下的一家人是怎样做的，以及他们能带给我们怎样的启示。

朗读课文，初步感知

播放名家朗读录音，体味文中蕴含的浓浓亲情，整体感知课文内容。

师：请同学们打开课本，一边听名家朗读录音，一边在课文中圈点勾画重要信息。

快速抢答。

师：接下来，老师考考大家有没有认真听读课文。请同学们抢答屏幕上出示的问题。（屏显）

师：散步的人有——

众生：母亲，"我"，妻子，儿子。

师：散步的地点是——

生：田野。

师：散步的季节是——

生：初春。

师：散步的过程中发生了——

生：分歧。

师：产生了怎样的分歧呢？

生："我的母亲要走大路，大路平顺；我的儿子要走小路，小路有意思……"

师：决定权在谁的手里？为什么？

生："不过，一切都取决于我。"

师："我"的决定是什么？

生："我决定委屈儿子了，因为我伴同他的时日还长，我伴同母亲的时日已短。我说：'走大路。'"

师：为什么母亲要改走小路？

生：因为母亲疼爱孙子。

师：同学们的回答完全正确，看来刚才大家的确是聚精会神地听读和勾画了。给自己一点掌声好吗？

（生鼓掌）

师：经过刚才这个环节的抢答，老师相信同学们对课文已经有了整体把握。接下来我们提高一点难度，看看大家的表现如何。请在这个家庭中的四个成员前分别加一个修饰语。

一个（　　）的"我"

一个（　　）的母亲

一个（　　）的儿子

一个（　　）的妻子（屏显）

众生：一个孝敬体贴（关心母亲、顾全大局）的"我"。

众生：一个爱护小辈（信任儿子、善良慈爱）的母亲。

众生：一个活泼聪明（非常懂事、乖巧听话）的儿子。

众生：一个温柔贤惠（爱护儿子、尊重丈夫）的妻子。

师：看来，这点难度对于聪明的同学们来说完全不是问题啊！刚才大家都是独立思考完成的，现在我们试试团队合作是不是能表现得更出色。老师拭目以待！给大家5分钟时间，4人一组，完成屏幕上的问题。

（屏显）

精读课文，合作探究

【赏析文章的语言美】

师：请找出你最喜欢的一个词、一句话或者一段文字，并以"我喜欢……因为它……"的结构组织语言作简要赏析。朗读时注意语气、语调、语速和感情。

生1：我喜欢"这南方的初春的田野！大块儿小块儿的新绿随意地铺着，有的浓，有的淡；树枝上的嫩芽儿也密了；田里的冬水也咕咕地起着水泡儿……这一切都使人想着一样东西——生命"，因为它采用了景物描写的方法，新绿、嫩芽以及冬水的水泡是春的气息，显示了春天的生机勃勃。

生2：我喜欢"今年的春天来得太迟，太迟了……但是春天总算来了。我的母亲又熬过了一个严冬"，因为"熬"字有"忍耐压力、折磨，承受艰苦"的意思，写出了母亲身体不好，艰难度过了冬天，还表现了"我"对此的欣喜。

生3：我喜欢第7段"她的眼睛顺小路望过去：那里有金色的菜花、两行整齐的桑树，尽头一口水波粼粼的鱼塘"，因为它描写了母亲所望到的小路远处的景物，流露的是一种对生命的珍爱。

……

师：同学们找到了不少喜欢的句子，分析得也比较准确，老师也找到一句，请大家帮我分析分析。"后来发生了分歧……霎时，我感到了责任的重大。""分歧""责任"用在这里有大词小用之嫌，同学们有什么看法？

生1：使句子更幽默了。

生2：说明这件事很重要。

生3：体现了"我"对这件事的重视。

……

师：大家的看法五花八门，其实，写小事用大词，作者显然是想借散步这件小事来谈一个大的道理，这是一种以小见大的写法。

（师提醒生做笔记）

【赏析文章的对称美】

师：老师还有一处困惑，"她现在很听我的话，就像我小时候很听她的话一样"。这句在句式上有何特点？

生1：很整齐，读起来很顺口。

生2：都是两句两句的。

师：你还能找出类似的句子吗？

生1："前面也是妈妈和儿子，后面也是妈妈和儿子！"

生2："我的母亲要走大路，大路平顺；我的儿子要走小路，小路有意思……"

生3："我的母亲老了，她早已习惯听从她强壮的儿子；我的儿子还小，他还习惯听从他高大的父亲；妻子呢，在外面，她总是听我的。"

生4："我蹲下来，背起了我的母亲，妻子也蹲下来，背起了我们的儿子。"

生5："我的母亲虽然高大，然而很瘦，自然不算重；儿子虽然很胖，毕竟幼小，自然也很轻。"

师：同学们找得非常好，一处都没落下。结合刚才大家总结出的句式特点我们明确一下：这些句子句式整齐对称，有一种独特的对称美，互相映衬，很有情趣，写出了慈母孝子之间爱的深沉，以及和睦家庭的宁静温馨。这是本文语言精美的主要表现。

（屏显）

师：通过品味语言，我们进一步了解了文章的美，那么，这么优美的散文究竟表达了作者怎样的感情呢？

【赏析文章的情感美】

师："我和妻子都是慢慢地，稳稳地，走得很仔细，好像我背上的同她背上的加起来，就是整个世界。"这句话有什么深刻含义？谈谈你的理解。

生：写出了母亲和儿子对于"我"和妻子的重要性，他们就是"我们"的整个世界。

师：这句话中的"我"和妻子在生活中担负着什么责任和使命呢？

生：赡养老人，照顾孩子。

师：没错，这句话写出了人到中年的责任感和使命感，同时也写出了中华民族的传统美德。那就是——

生：尊老爱幼。

师：从字面上看，这句是写"我们"走得很小心，走的是小路，唯恐哪一步有闪失，特别是母亲，是经不起摔跌的。母亲给"我"以生命，而儿子又是生命的延续。这血脉相连的三代人就这样紧紧联系在一起，构成了生命的整体，整个世界也由老年人、中年人和孩子组成。这个群象有象征意义，人到中年，肩上负着的是承前启后的责任，既要赡养老一代，又要抚养下一代，对生活对家庭都应当有一种使命感。一个家庭是这样，一个民族、一个国家又何尝不是这样？讲到这里，老师相信大家对本文的主旨已经有了初步的认识。哪位同学来试试？

【主题探究】

生1：本文通过叙述一家人散步时发生了分歧，后来解决了分歧的过程，表现了中华民族尊老爱幼的传统美德。

生2：本文通过叙述一家人在田野散步的全过程，表现了中华民族尊老爱幼的传统美德，同时也表达了中年人肩负着赡养老人和照顾孩子的责任和使命。

生3：本文通过叙述一家人在田野散步的全过程，表现了人到中年的责任感和使命感，同时也体现了中华民族尊老爱幼的传统美德。

师：大家都说到了要点，那就是中华民族尊老爱幼的传统美德和人到中年的责任感和使命感。请同学们结合屏幕上的内容做好笔记。

（屏显：感悟亲情，体会作者关于家庭伦理的理想。

千百年来中华民族始终传承着尊老爱幼的传统美德。当上有老下有小，两头都无法兼顾时，照顾老的一头，家庭就和美了，好的家风就会代代相传。）

【发散思维】

师：写文章标题最重要，俗话说"题好一半文"，大家认为本文的标题好吗？

生1：好，明确了主要事件。

生2：好，是文章的线索。

生3：好，简洁明了。

师：题目"散步"是从文章主要事件的角度确定的，请同学们换一个角度为本文拟一个标题，并说说理由。

（生各显神通，拟好后交流，相互评判，鼓励创意）

生1："三代人"，因为文章就是写了三代人的感情。

生2："母亲·我·儿子"，这样可以突出人物的身份。

生3："深沉的爱"，这样能够准确地揭示主旨。

生4："人到中年"，这样能体现"我"的年龄和责任。

师：同学们的标题很有创意，也很新颖，理由也很充分，以后大家可以用这些方法给自己的作文命合适的标题，达到"题好一半文"的效果。

拓展延伸

师：读课文我们体会到了莫怀戚在出现分歧时对老人的尊重和体谅。现在老师给大家读一篇文章，同学们看看作家毕淑敏是如何关爱父母的。

（师配乐朗读毕淑敏的《孝心无价》）

师：古语云："树欲静而风不止，子欲养而亲不待。"作为子女的我们，请抓住每一分每一秒与父母相处的时光，不要给父母只剩下背影，不要给自己只留下遗憾！相信大家此时此刻一定有许多感悟，那就让我们用笔记下这美好的情感吧！

延伸训练

师：请同学们以"亲情"为话题，品味仿写对称的句子。

（师示范）

亲情是一坛陈年老酒，甜美醇香；亲情是一首经典老歌，轻柔温婉。

亲情是冬日的阳光，给我们带来温暖；亲情是夏日的绿荫，给我们带来清凉。

生1：亲情是一杯清香热茶，馨香扑鼻；亲情是一轮冬日暖阳，温暖和煦。

生2：亲情是春日的细雨，给我们带来希望；亲情是秋日的果实，给我们带来满足。

……

师：没想到大家写的句子这么优美，读起来如此朗朗上口，可见只要有真情实感，定能文思泉涌。

课堂小结

师：亲情不单单是寒冷时父亲为你披上的一件外套，也不单单是深夜里母亲亲手为你冲的一杯牛奶；亲情应该是孩子柔嫩的小手为父亲擦去额上的汗珠，应该是母亲疲惫时孩子递上靠枕的体贴。亲情不单单是父母无条件的付出，也是妈妈的唠叨、爸爸的责备。亲情不单靠今天课堂上的片刻时间来领会，更需要我们用一生的光阴去感悟。家的温馨与和睦靠大家，家的亲情建设我们也应尽一份义务。愿我们所有的家庭都永远充满爱，永远洋溢着浓浓的亲情！

现在，让我们在优美的音乐声中，齐声朗读一遍《如果爱是左右手》。

（屏显《如果爱是左右手》，生读）

布置作业

（屏显：1.阅读课本第127页林文煌的《三代》，与课文比较，说说哪个故事更感动你。

2.回家以后请为自己的父母做一件事，如捶捶背、洗洗脚、揉揉肩、陪父母散散步……）

师：今天的课到此结束，下课！

附：板书设计

教学感悟：

德国教育家第斯多惠说过，教学艺术的本质不在于传授知识，而在于激励、唤醒和鼓舞。《散步》是一篇溢满浓浓亲情的文章，作者笔下一家四口的互敬互爱、其乐融融如春阳般暖透人心。准备这堂课前，我给自己确定的目标是通过这篇文章的学习触碰孩子们内心的柔软，让他们在品读课文中自然而然地感受到爱和亲情，从而发自内心地去爱自己的亲人。

从教学流程角度看，这堂课我按照感知、探究、拓展、训练的教学思路，循序渐进，由浅入深，从课内到课外，既扣住教材，又不限于教材，有效地提高了学生的语文素养。

从教学设计角度看，这堂课注重文道结合，符合语文学科特点，除了注意从三个维度（尤其是情感态度和价值观的维度）引导学生体味文章的独特内涵，把握作品的意义和价值外，还注意扣住学科特点——语文性，确定本课的教学重点：（1）引导学生在品读中整体感知文意，体味三代人互相体谅、互相关爱的朴实纯真的亲情；（2）培养学生对语言的品评鉴赏能力，研析文中具有对称美的句子，并学习仿写。由此，避免了只注重情感教育而削弱语文性的教学弊端。

导入时我用优美的语言营造了一种轻松愉悦的学习氛围，同时用《游子吟》唤起学生的生活体验，引发学生对亲情的审视，从而架起文本与学生生活有效沟通的桥梁，打通了学生语文学习同个性成长的内在联系。

播放名家朗读录音之后的抢答，主要是遵循由浅入深、由粗到细的认知规律，引导学生轻松走进文本，与文本进行浅层的直接情感交流，让每一位学生都能感受到成功的愉悦，真正体现新课标"以人为本，全面发展，大面积发展和自主发展"的教学理念。梳理课文内容则是引导学生明白初读文章应关注要点，同时为下一步的合作探究搭建学习平台。

设计合作探究是为了充分体现学生的主体地位，让学生感受到学习的愉悦，并在探究过程中尊重学生的个性，启迪学生的灵性，诱发学生的悟性，给学生充分的自主学习空间，让他们去勾画圈点，去品味语言的精妙，感悟人性的淳美，感受亲情的温馨，探究生命的真谛，从而全面提高学生的语文素养和人文素养。

　　语文学习的重点之一是学习语言，设计探究语言的环节，目的是引导学生在体会文章大意的基础上探寻语言美，学会判断对称句，提高语文素养。体会情感美环节的讨论，旨在引导学生自主探究，通过交流合作，最终挖掘出主旨，体会文章的人性美，理解尊老爱幼的中华传统美德，从而感悟文中揭示的家庭道德准则。

　　设计发散思维环节，意在让学生整体把握课文内容，同时教会学生文章内容与标题要紧密结合。语文的外延就是生活的外延。课内外结合，以外促内是学习语文的好方法。设计配乐朗诵是在激活学生生活体验，尽可能引导学生领会"树欲静而风不止，子欲养而亲不待"的含义，让学生珍惜亲情、关爱家庭，在对亲情的体验中加深对课文的解读，引领主流的价值观、家庭观，形成对社会、人生的双向理解，获得对生命意义和生命本质的认识，进而形成健康的个性。

　　"授之以鱼，不如授之以渔。"训练学生仿写句子，是为逐步提高他们的语言表达能力，为写作奠定基础，避免作文时语言空洞苍白，进而达到迁移知识、学以致用的目的。

　　课堂小结先以图片唤起学生对亲情的回忆，再在优美的音乐声中配乐朗读短诗《如果爱是左右手》，再次让学生感受自己在家中得到的温暖和爱，撞击他们的心灵，使学生对亲情的理解得到升华。

　　这节课的作业设计，既未增加学生的课业负担，又开阔了学生的视野，还培养了学生收集信息的自学能力，同时还让学生在实践中懂得了要用爱心营造家园，要用责任回报社会。

　　板书是借助视觉作用于学生大脑的重要教学手段，可使复杂的内容简单化、明确化。这节课的板书我力求重点突出、一目了然。

　　总之，这节课同学们的参与意识很强，发言踊跃，小组讨论热烈，仿写出的句子更是文采飞扬，能透过文字感受到爱的温度。

《纸船和风筝》教学设计

青海省海西州西格办小学　伏芳芸

教学目标

1. 认识8个生字。
2. 正确、流利、有感情地朗读课文，体会松鼠和小熊的友谊。
3. 使学生在诵读中悟情，对怎样交朋友和维护友谊有一定的感悟。

教学重点

1. 学会本课的生字、新词。
2. 理解课文内容，体会松鼠和小熊之间的友谊。

教学难点

在诵读中悟情，对怎样交朋友和维护友谊有一定的感悟。

教学方法

引导理解法、读书指导法、示范演示法。

教学资源准备

1. 课件。
2. 生字卡片。
3. 小熊、松鼠、风筝、纸船的贴图。

教学过程

（一）字词和分段

认读生字和词语。

指名分自然段朗读课文。

（二）学习第一自然段

看到小朋友们学得这么带劲，有两个小伙伴也要加入进来。瞧，快来和他们打个招呼吧。（出示小熊和松鼠的图片）

你们可真是热情、好客的小朋友。他们两个住在哪呢？同学们快点读读课文的第一自然段，帮他们找到自己的家吧。

学生读书，汇报，教师板画贴图。

（三）学习第二至六自然段

1.（师指贴图）你们瞧，小熊笑得眼睛都眯成了一条缝，还手舞足蹈的，它在做什么呢？

读读二、三自然段，体会小熊的心情吧。

2.学生读书、汇报，师板书。"乐坏了"。

师：你可真会读书呀。飘、飘到了好朋友那儿，多美呀！让我们也把这幸福和快乐送给你身边的小伙伴，把这一部分读一读吧。（滚动二至五段文字）同桌合作读。

大家读得多开心呀，谁愿意伴着优美的音乐读给大家听？ 男生读二、三段，女生读四、五段。

过渡：就这样，纸船和风筝让他们俩成了好朋友。你们听，他们还唱起了歌儿呢。真替他们高兴！

（四）学习七至十一自然段

1.师：正当他们沉浸在幸福和快乐中时，这快乐却不见了，究竟发生了什么事呢？让我们来看七至十一自然段。

教师有感情地朗读七至十一自然段。

2.多么动人的故事呀。请你也来读一读，看看哪些地方使你最受感动？等会儿，请同学来谈谈感受。 学生自读、体会。

3.老师从同学们的眼神中看出大家都被这个故事深深打动了，谁先来谈谈自己的感受？

学生谈感想。（板书：很难过）

4.重点讲解第七自然段。

刚才同学们都谈出了自己的感受。你读到第七自然段，觉得心里特别难受。（课件出示第七自然段）

（1）来看这一段，红色的部分谁来读一读？

生读：飘荡的风筝　漂流的纸船

（2）师：风筝在空中随风飘荡，纸船在水里顺水漂流，多美呀，谁能读得更美些？

（3）你读得可真美呀，可是，这么美的风筝，这么美的纸船却再也看不到了。（取下贴图）小熊和松鼠多么难过呀。我们读读吧。齐读。

5.第八至第十自然段，以读代讲。

刚才有的同学说，读了文章以后，心里很受感动，那能不能把使你受到感到的那一段读给大家听听？指名读。其他同学呢？和他一样喜欢哪段就读哪段吧。（课件八至十段文字字幕滚动）

6.重点讲第十一自然段。

此时的小熊很难过，松鼠也很难过，他们多么盼望着再重新拥有对方这个好朋友啊。傍晚，松鼠盼望已久的那只美丽的风筝终于朝他飞来。松鼠高兴地哭了，他连忙爬上屋顶，把一只只纸船放到了小溪里。

小朋友们，他每放一只小船呀，一定会在心里默默地为小熊说一句话，他会说些什么呢？

学生自由发言，想象着说。

7.小纸船又启航了，风筝也飞起来了，（贴图）这是多么感人的一幕啊，我们一起去看看吧。学生齐读第十一段。

（五）总结全文

纸船和风筝再次架起了松鼠和小熊之间友谊的桥梁，多么令人高兴。下面我们再来把这个故事完整地读一读，再次体会这深深的友谊吧。

（六）拓展实践

1.后来，松鼠和小熊又见面了，他俩会说些什么呢？

2.教师总结：友谊是宝贵的，敢于第一个向别人伸出友谊之手的人更令人敬佩。小朋友们，我们在一起共同学习、生活了一年多，每个人都拥有自己的好朋友，拥有许多美好的回忆。老师也有很多好朋友。你们看，这是他们送给我的小礼物，我愿意把他们的祝福与同学们一齐分享。

读：生活中，你帮帮我，我帮帮你，我们将是永远的好朋友。

读：友谊是世界上最美的花朵，她的花香遍及天涯海角。

3. 小朋友们是不是也想来做一做、写一写呢？（课件出示）

作业：请同学们亲手为你的好朋友制作一件小礼物，同时把你最想说的话写在上面，送给你的好朋友，好不好？

附：板书设计

纸船和风筝

《风娃娃》教学设计

青海省海西州西格办小学　伏芳芸

教学目标

1.认识12个生字，会写8个生字。

2.正确、流利、有感情地朗读课文，体会风娃娃的好心和傻气。

3.懂得"做事光有好的愿望不行，还要看是不是对别人有用"的道理。

教学重点

识字、写字，用普通话有感情地朗读课文。

教学难点

通过理解课文，懂得"做事光有好的愿望不行，还要看是不是对别人有用"的道理。

教学过程

（一）激趣导入

同学们，你们帮助过别人吗？在得到你的帮助后，别人会对你说些什么？对，当我们帮助了别人后，总会得到他们发自内心的感谢。今天，有一个小娃娃热心帮助人们做了许多事，得到了人们的感谢，同时也有一些责怪，让他感到很委屈。（课件：卡通风娃娃伤心地说："我一番好心帮人们做事，可他们为什么还责怪我呢？"）你们想帮他找到答案吗？那我们就得先走进他的故事。（板书课题，齐读课题）

（二）创设情境，游戏识字

1.自由轻声读课文，注意读准字音，读通句子，标出自然段。遇到不认识的字可以问老师和身边的同学，弄清读音后，要多读几遍。

2.风娃娃带着大家来到"字宝宝乐园",这里有着许多可爱的字宝宝,看看你最喜欢哪个字宝宝,就上来把它带回家。(出示"字宝宝乐园图")

3.学生上台摘字宝宝,摘下后带读字卡上的生字。

4.生字宝宝的拼音帽子取下后,你还认识他吗?(抢读课件上的生字)

5.顽皮的生字宝宝躲到了句子里,你还认识他吗?(课件出示带生字的重点语句,让学生多种形式读,把句子读通)

（三）再读课文,整体感知

1.同学们,我们要帮助风娃娃弄明白为什么帮助人们做了事,还被人们责怪,我们就要再读读课文,想想风娃娃分别做了哪几件事情?(学生汇报,老师板书:吹转了大风车,吹动了帆船,吹跑了风筝,吹跑了衣服、折断了小树)

再读课文,看看在这些事中,哪些事得到了被帮助者的感谢?哪些事却受到人们的责怪?

2.分块研读,合作探究。

探究一:风娃娃做了什么事情,得到被帮助者的感谢?

（1）小组讨论:风娃娃做了什么事情,得到被帮助者的感谢?它是怎样做这些事情的?

（2）小组汇报,(教师板书:吹转了风车 吹动了帆船)

（3）他是怎么做这些事情的?指导学生朗读。

（4）同学们,假如你就是得到了帮助的小秧苗和纤夫们,你们想对帮助了你的风娃娃说些什么?(课件出示说话1)

田野里,秧苗喝足了水,挺直了腰杆说:"＿＿＿＿＿＿＿＿＿＿＿＿

＿＿＿＿＿＿＿＿＿＿＿＿。"

河边,纤夫们收起了纤绳,看着鼓起风帆的帆船,笑着说:"＿＿＿＿＿＿＿＿＿＿＿＿＿＿。"

（5）当别人有困难时,风娃娃就急忙去帮助他们,风娃娃是多么热心和善良啊!让我们一起来夸夸风娃娃吧。齐读课文二、三自然段。

探究二:风娃娃热心帮助人们做事,为什么受到人们的责怪呢?

（1）自由读,从文中找找理由,划出重点词句。

学生汇报时,引导他们抓住"风娃娃看见……赶紧……摇摇摆摆、翻起了跟头、无影无踪、伤心极了。他仍然……吹跑了……折断了……"通过这些重点词体会风娃娃的好心和好心办坏事的结果，并在朗读中体会风娃娃的心情。

（2）通过赛读、齐读等多种形式，引导学生通过朗读再次体会风娃娃的好心以及好心办坏事的结果。

（3）风娃娃一片好心，却办了坏事。假如你就是那被吹走了风筝的孩子和责怪风娃娃东吹西吹的人们，你会说些什么呢？（课件出示说话练习2）

广场上，孩子们看着手中断了的风筝线，再抬起头看到天空中渐渐远去的风筝，伤心地说："＿＿＿＿＿＿＿＿＿＿＿＿＿＿＿＿＿＿。"

看着伤心哭泣的孩子，看着被吹跑了的衣服，看着被折断了腰的小树，人们纷纷皱起眉头，责怪地说："＿＿＿＿＿＿＿＿＿＿＿＿＿＿＿
＿＿＿＿＿＿＿＿＿＿。"

（4）现在你知道风娃娃为什么高兴又为什么伤心了吗？谁来说说。

（5）看到伤心难过的风娃娃，你想对他说些什么呢？（课件出示说话练习3）

我想对风娃娃说："风娃娃，＿＿＿＿＿＿＿＿＿＿＿＿＿＿＿＿＿
＿＿＿＿＿＿＿。"

（6）在你的生活中，有没有遇到像风娃娃一样出于好心却办了坏事的情况？谁来说一说？现在，你明白应该怎么做了吧？

（四）课外延伸

现在，风娃娃已经明白了"做事情光有好的愿望不行，还得看是不是真的对别人有用"的道理。同学们，你们想一想，热心的风娃娃还会去哪里？还会帮助人们做一些什么事？

（五）创设情境，快乐写字

瞧，快乐的风娃娃带着字宝宝来到了我们的课堂，如果你能有自己的好办法记住这些字宝宝的读音、字形，并且为他们找到好朋友，你就能把风娃娃和字宝宝都带回家。

1.出示字宝宝乐园挂图，鼓励学生上台摘字宝宝乐园中的活动字卡，摘后要读准卡片上的字音，并给生字组词。

2.你有什么好办法记住这些生字吗？赶快和同桌的小伙伴一块分享吧。

3.重点指导以下生字的书写。

表　　号　　伤　　吸　　极

4.学生练习书写生字，教师巡视指导。

5.教师讲评学生的书写，写得好的奖励风娃娃的卡通图片。

附：板书设计

风娃娃

做好事：吹风车吹帆船（可爱）

好心办坏事：吹风筝吹衣服、小树

《手术台就是阵地》教学设计

拉萨市实验小学 王慧娥

教学内容简析

课文主要讲的是国际主义战士、加拿大共产党员白求恩同志在中国抗日战争时期的一次战斗中，以手术台为阵地，在形势越来越危险的情况下，坚持为伤员做手术，连续工作了六十九个小时的感人故事，表现了白求恩同志对工作极端负责的品质和他把中国人民解放事业当成他自己的事业的共产国际主义精神。

教学目标

1.认识"斗、棒、恩"等13个生字，认识两个多音字"斗、大"，理解相关词语的意思。

2.正确、流利、有感情地朗读课文，继续培养带着问题默读课文的学习习惯。

3.理解课文主要内容，了解白求恩大夫把手术台当成阵地，冒着生命危险为伤员做手术的经过，感受白求恩大夫对工作极端负责，对同志极端热忱的国际主义精神。

教学重点

了解白求恩大夫把手术台当成阵地，冒着生命危险为伤员做手术的经过。

教学难点

感受白求恩大夫对工作极端负责，对同志极端热忱的国际主义精神。

教学过程

（一）悬念激趣，引入学习

1. 板书课题，引导学生读题并说说对"阵地"一词的理解（课件出示：战斗的地方），同时说说对"手术台"一词的理解（课件出示：医生做手术的地方）。

2. 质疑引入：这两个看似没有任何关联的词语怎么会联系在一起呢？孩子们，相信你们学过这篇课文后就会明白其中的奥秘。

（二）通读课文，理清思路

1. 请同学们默读课文，边读边画出自然段，边思考：这篇课文讲的是什么时间在什么情况下谁做了什么事情？（学生交流，老师课件补充课文内容）

2. 白求恩是谁呢？（课件出示：加拿大共产党员，著名的胸外科医师。抗日战争爆发后，他受加拿大共产党和美国共产党的派遣，率领由加拿大人和美国人组成的医疗队到中国解放区，为中国人民的解放事业做出了卓越的贡献）

3. 哪位同学愿意起来将屏幕上的词语给大家读一读，现在请大家再自由地快速读一读课文，同时思考：哪几个自然段是讲白求恩坚持在火线上抢救伤员的事？

4. 学生交流，教师归纳总结。引导学生明确课文第二至四自然段集中讲述了白求恩以手术台为阵地，坚持在前线抢救伤员的经过。指名朗读第二至四自然段，适时指导学生注意"斗、大"是多音字。

5. 再读课文第一、第五自然段，看看这两个自然段分别讲了什么内容？（男生读第一自然段，女生读第五自然段）教师简要概述。（第一自然段简单介绍故事背景，第五自然段总结白求恩连续工作的情况）教师简单补充关于齐会战斗的资料。（课件出示：1939年，八路军第120师主力在冀中军区部队的协同下，于河北省河间县齐会地区对进犯日军实施了一场歼灭战，这便是齐会歼灭战。这场战役对推动华北平原抗日游击战争的开展起到了重要作用）

6. 抓关键词"连续"。白求恩连续工作了六十九个小时，是因为什么？（伤员陆续从阵地上抬下来）所以白求恩在炮火硝烟的阵地上一直如何？（坚守在手术台上继续给伤病员做手术）课件出示与"续"相关的句式，试问学生这样可以调换吗？

（三）精读课文，感悟人物

1.课文每段的内容我们都了解了，故事中是谁说手术台就是阵地呢？教师根据学生的回答适时出示白求恩的话："谢谢师长的关心。可是，手术台是医生的阵地。战士们没有离开他们的阵地，我怎么能离开自己的阵地呢？部长同志，请您转告师长，我是一名八路军战士，不是你们的客人。"（课件出示）引导学生说说从白求恩的话中体会到了什么。

生：我从中体会到了白求恩为了战士们的生命不顾危险。这是一种忘我的奉献精神。（板书：忘我奉献）

生：从"战士们没有离开他们的阵地，我怎么能离开自己的阵地呢"（课件出示）这个反问句中我体会到了他作为一名医生对自己的工作认真负责的态度。

师：是啊，战士们坚守在自己的岗位上，白求恩更觉得自己的责任重大。（板书：认真负责）

生：白求恩把自己看成是一名八路军，说明他把自己当成了战争中的一名战士，是战士就不能离开自己的阵地。

师：一名外国的医生，能够给予我们中国人如此真诚的帮助，真令人佩服！孩子们，我们来读一读他的话，注意体会他内心的真挚情感。

学生有感情地朗读句子，注意读出白求恩感谢、坚持的语气。

2.孩子们，我们再来读读文章的第二至四自然段，看看当时的情况如何？画出相关句子。（板书：情况）

学生自主朗读圈画，然后与同桌、老师交流，课件适时出示句子。

（1）"突然，几发炮弹落在小庙前的空地上。硝烟滚滚，弹片纷飞，小庙被烟雾淹没了。"引导学生从中体会情况危急，（板书：危急）同时抓住"白求恩仍然镇定地站在手术台旁：他接过助手递过来的镊子，敏捷地从伤员的腹腔里取出一块弹片，丢在盘子里"中的"镇定、敏捷"等词语体会白求恩的临危不乱。（板书：镇定）指导学生有感情地朗读，注意读出情况的"危急"与白求恩的"镇定"。

（2）"敌机不断地在上空吼叫。炮弹不断地在周围爆炸。"引导学生抓住两个"不断"体会情况的越发危急。（板书：更危急）同时抓住师卫生部长与白求恩的表现进行对比，体会白求恩面对更危险的情况却依然能够"继续给伤员做手术"的忘我精神。（板书：坚守阵地）

（3）"一连几发炮弹落在小庙的周围。庙的一角落下了许多瓦片。挂在门口的布帘烧着了，火苗向手术台扑过来。"引导学生抓住"烧着、扑过来"等词语体会情况已危险到了极点。（板书：非常危险）抓住"白求恩仍争分夺秒地给伤员做手术，做了一个又一个"体会白求恩把个人的生死置之度外，全心扑在救助伤员这件事上。（板书：争分夺秒）同时随文理解"争分夺秒"。

3.再读第二至四自然段，想一想，如果你是旁边的助手，看到白求恩大夫如此认真负责、忘我奉献，你的心里会产生怎样的想法？如果你是白求恩，你的心里又会有怎样的想法？引导学生进行角色体验。

4.课件出示第三自然段白求恩说的那番话，指导学生再次有感情朗读。

5.出示课文最后一个自然段，引导学生边读边说说自己的感受。教师适时引导他们抓住"三天三夜，连续工作了六十九个小时"等体会白求恩崇高、忘我的精神品质，指导学生有感情朗读，注意强调两处数字。

（四）课堂小结，深化延伸

1.教师小结：白求恩虽然是加拿大共产党员，他不远万里来到中国，无私地帮助中国人民进行抗日战争，把中国人民的解放事业当成自己的事业，这真是一种崇高而伟大的精神！就是国际主义精神，后来，他在一次为伤员做手术时不幸被感染，于1939年11月12日以身殉职。毛主席写了一篇文章叫作《纪念白求恩》，号召全国人民向白求恩学习。

2.还原当时的场景，大家想看看吗？（课件播放）

附：**板书设计**

手术台就是阵地

情况：危急——更危急——非常危险（认真负责、忘我奉献）

白求恩：镇定——坚守阵地——争分夺秒

《小小的船》教学设计

山南市第三小学　卓玛

教学目标

1.借助拼音读准字音，认识"船、见、闪"3个生字，认识"门"1个偏旁；会写"月、儿"2个生字，认识"𠃌、乚"2种笔画，借助拼音读准字音。

2.借助拼音正确朗读课文。

3.结合插图感受晴天夜空美丽的景象，培养学生的想象力，激发学生热爱大自然的情感。

教学重点

会写"月、儿"2个生字。

教学难点

认识"𠃌、乚"2种笔画，借助拼音读准字音。从优美的语言文字中感受晴天夜空美丽的景色。

教学策略

1.对于本课生字，先让学生合作互读，在读中识字，再指导学生读好平舌音、翘舌音、轻声等。通过生字游戏，让学生认识本课的生字。引导学生认识门字框这个偏旁，再通过教师范写，引导学生写好横折钩和竖弯钩两种新笔画，会写本课2个生字。

2.在指导朗读时，先引导学生观察课件中美丽的插图，读好"的"字短语，如"弯弯的月儿""蓝蓝的天"，进而读好课文。通过图画、音乐和语言描述，再现教材的情境，把诗歌描写的意境先推到学生的眼前，使学生产生良好的审美期待，借以激发学生强烈的求知欲，从而转化为学生自主学习、自主思考。

教学准备

1.生字卡片、小船、多媒体课件、田字格。

2.熟读课文，预习生字。

教学过程

（一）谜语导入，揭示课题

1.导入：小朋友们，老师给大家出个谜语。"有时是弯弯，有时是圆圆，晚上能看见，白天看不到。"（猜一星名）你们知道谜底吗？（月亮）

2.你们喜欢月亮吗？你们看到的月亮是什么样的？（认识不同的月亮）多么神奇的月亮啊！

3.揭示课题，进行互动。

（1）师：在晴朗的夜空中，有一闪一闪的星星，有弯弯的月亮，你们看，这月儿弯弯的，两头尖尖的，像什么？（小船）这节课我们就一起来学习《小小的船》。（板书课题：小小的船）

（2）导学：在"船"的前面加个"小小的"，请你读一读，你感觉这艘船怎么样？（小小的、很轻、很可爱……）

（3）教师指导学生感受小船的可爱，带着感受读课题。

4.读课题。指导正确读课题："船"字谁会读？（点名个别学生读）你们见过哪些船？

（二）初读课文，认读生字

1.课件出示自学要求。

课件出示：

（1）自由读课文，遇到课件上的字圈出来，借助拼音多读几遍。

（2）把生词多读几遍，不会的向同学、教师请教，再多读几遍。

（3）强调后鼻音、前鼻音、卷舌音、整体认读音节、轻声。

2.同桌互相检查读，纠正读得不准确的字音。

（三）指导识记，书写生字

1.配乐范读全诗。

2.启发想象：你脑海里出现了一幅怎样的图画？

预设学生自由说想到的图画：晴朗的夜晚，蓝蓝的天空，弯弯的月亮，闪闪的星星，一个小朋友飞到太空中坐到月亮船里面。

你们的想象力可真丰富呀，所以老师给大家带来了一只漂亮的月亮船，你们想不想坐它到天上看闪闪的星星呢？不过呀，要先闯过两道关，有信心吗？老师要看看谁最爱动脑筋。这是有奖品的哦！

第一关：火眼金睛我最棒。

（1）教学"月、儿"认识"乛、乚"2种笔画。

（2）手机联网反馈学生的作业让学生去评哪些学生写得好。

第一关这么难闯都被你们成功拿下来了，小朋友们真能干。咱们马上进入第二关。

第二关：猜字高手比比看。

利用生字卡片以小组为单位找字（闪、两）。

（1）一扇门里站着一个人。（打一个字）

（2）一横一框两个人。（打一个字）

（四）巩固与练习

经过我们的努力，终于闯关成功了，现在我们可以坐它到天上看闪闪的星星了。

来听个音乐，闭上你们的小眼睛，看到星星后把自己今天会写的两个字悄悄地告诉它们好不好？

（五）板书总结（略）

《雨霖铃》教学设计

林芝市第一中学　尚玉岗

教学课题	《雨霖铃》
教材分析	《雨霖铃》是人教版普通高中课程标准实验教科书语文必修四第二单元《柳永词二首》中的一篇。此文是柳永的代表作，描写作者与情人难舍难分、缠绵悱恻的离别情绪及设想别后清冷孤寂的情景。他用白描、铺叙、渲染的手法，离别前写气氛，离别后写情态、心理，把依依不舍之情表现得淋漓尽致。并多用景物衬托，景中有情、情中见景、情景交融，产生了极佳的艺术效果。此文集中体现了婉约派词风格。
学情分析	对西藏地区的学生而言，诗词赏析是一大难点。学生虽然已学过了一定量的诗词，但无法灵活运用鉴赏方法；虽能体会本文的情感，却难把握作者的艺术手段。因此，我把应用恰当的方法品味本词的情感作为教学重点，把艺术手法的赏析作为教学难点。另外，学生对诗词朗读重视不够，所以，指导诗词朗诵的方法也是教学中不可缺少的部分。应让学生明确诵读是鉴赏诗词的基础，是鉴赏品味的升华；鉴赏的过程，既是品味的过程，又为理解背诵做准备。

教学目标	知识与能力	1.以读带析，在朗读中体味《雨霖铃》的思想感情和凄清意境。 2.深刻体会《雨霖铃》的融情入景、虚实相生的艺术特色。
	过程与方法	引导学生品味语言、鉴赏意境，使学生在读中学会领悟意境，加深对全诗的把握。
	情感态度与价值观	引导学生以真情品读作品，培养学习诗词的兴趣和文学素养。

教学重点	通过诵读体会词中所体现的离别情绪。
教学难点	鉴赏词融情入景、虚实相生的写作手法。
教学方法	1.诵读法。 2.问答、讨论与赏析法。

教学过程		
教师活动	学生活动	设计意图
一、导入 "相见时难别亦难"，别离之情是诗词中常写不衰的主题。"风萧萧兮易水寒，壮士一去兮不复还"，这是刺客荆轲与燕太子丹之间的"壮别"；"莫愁前路无知己，天下谁人不识君"，这是高适与董大之间的"慰别"；"孤帆远影碧空尽，唯见长江天际流"，这是李白与孟浩然之间的"景别"。 别有情，别有景，别有声，别有泪，不忍分别，又不得不别。"黯然销魂者，唯别而已矣"。真是"别"有一番滋味在心头。今天，让我们一起来学习另外一篇抒写离别之情的名作，来自北宋柳永的《雨霖铃》。	在听的过程中思考有关离别的诗句。	营造氛围，引入课题。
二、作者简介 柳永，原名三变，字耆卿，福建崇安人。他排行第七，所以人称"柳七"，又因他曾经做过屯田令，世称"柳屯田"。 他是北宋第一个专力作词的著名词人，婉约派的代表作家。《雨霖铃》《八声甘州》《望海潮》等都是他的代表作。他的词作流传很广，著名学者叶梦得在《避暑录话》中说："凡有井水饮处，皆能歌柳词。"	了解作者相关介绍。初步感知全词，把握感情基调。 通过听朗诵用心体会本首词的情感。	便于知人论世。 初步感知词的基调，能有感情地朗读。
三、整体感知 1.学生齐读。 2.设疑：《雨霖铃》这首词的感情基调是什么呢？ 明确《雨霖铃》的感情基调：悲切低沉。 3.播放视频诵读。		
四、品读赏析 1.教师介绍写作背景：柳永虽然才情卓著，但一生仕途坎坷。这首词写的就是他仕途失意，心情压抑，决定离开京城到外地去，但又不得不和心爱的人痛苦分离的思想感情。 2.引导学生品读赏析上阕。 （1）找出上阕中写景的句子，并说出作者选取了哪些意象，营造了怎样的意境，表达了怎样的情感。	了解背景，便于更深刻地体会。 找意象，分析意境，理解情感。 学生再品读。	学会从意象入手来鉴赏诗词的方法。 通过分析，更准确地把握诗句所表达的情感。

上阕中写景的句子有"寒蝉凄切，对长亭晚，骤雨初歇"和"念去去，千里烟波，暮霭沉沉楚天阔"。 意象：寒蝉、长亭、骤雨。 意境：凄切悲凉。 教师总结：这句话，表面上看是一句写景的文字。交代时间、地点、天气状况，明写景，暗含情，作者以凄凉的环境来暗喻他凄凉的离愁。所以，此句起调应起得低沉伤郁，句与句之间应做稍长的停顿，要读出"悲""凉"的味道来。 （2）解读"念去去，千里烟波，暮霭沉沉楚天阔"。 意象：烟波、暮霭、楚天。 意境：苍茫落寞。 发问：这里仅仅只有因与心爱的人分别而造成的离愁吗？还有没有可能由其他什么原因引起其他什么愁绪？（提示：结合前面的背景来解决这个问题） 得出结论：还有此去前途未卜、世事渺茫的身世之叹和失意之愁。 教师总结，并提示读这一句的时候在凄切的基调上应加上苍茫厚重之感。 3.合作探究 品读下阕，小组讨论： （1）最能表达作者情感和主旨的句子是哪一句？ （2）下阕有一句诗被人称为"古今俊句"，你认为是哪一句？并说出理由。 赏析名句：今宵酒醒何处？杨柳岸、晓风残月。 词人以杨柳、晓风、残月这三种最能触动离愁的典型意象构成凄凉的意境，将离人凄楚惆怅、孤独忧伤的感情，表现得十分充分、真切。 江上柳如烟，雁飞残月天。——温庭筠 人有悲欢离合，月有阴晴圆缺。——苏轼 愿为西南风，长逝入君怀。——曹植	找出并赏析。分析本句意象意境，思考讨论作答。 学生自由读并讨论。 学生发言，教师相机点拨。 跟老师一起总结，积累有关柳、风、月的诗句。 师生一起深情朗诵，深刻体会本首词的情感。 感受诗词的魅力。 体会豪放派与婉约派词的区别。	 培养学生鉴赏诗词的能力。 拓展知识面。 整体把握全词，理解虚实相生的手法，用心体会诗词的魅力。 更好地理解词的不同风格。

4.课堂小结 上阕：离别时难舍难分的心情（实）。 情景交融。 下阕：想象中的别后情景（虚）。 虚实相生。	

五、深情朗诵

在深入理解的基础上师生深情朗诵全词。

六、教师寄语

诗词是传诵古今的歌唱，是感动天地的情怀，是创造未来的力量，让我们继承和发扬中华优秀传统文化，学会声情并茂地品读诗词，学会声情并茂地品读生活，开创充满诗意的精彩人生。

七、课后作业

1.背诵这首词。

2.比较《念奴娇·赤壁怀古》与《雨霖铃》意境上的不同。

八、板书设计

雨霖铃（柳永）

景

寒蝉　长亭　骤雨

烟波　暮霭　楚天

杨柳　晓风　残月

借景抒情　　情景交融

情

凄切悲凉

苍茫落寞

凄清孤寂

虚实相生

《被遗忘的稻草》教学设计

阿里地区高级中学　普布央金

教学目标

1.分析文章的主体形象及其蕴含的丰富哲理。
2.运用批注方法进行有效阅读，理清作者的行文思路。
3.体会作者的感情。

教学重点

理清作者的行文思路。

教学难点

分析文章的主体形象及其蕴含的丰富哲理。

教学方法

批注式阅读法、自主合作探究法。

教学过程

（一）导入

生命有大小，生活有苦有甜。人生有完美的，也有残缺的。一堆稻草，长久地被人们遗忘在田埂上，风吹雨淋，几度春秋。今天，我们就走进那个关于被遗忘的稻草故事……

（二）学生齐读，整体感知

1.教师活动

（1）欣赏图片：印象派大师莫奈"干草堆"系列作品，在纽约苏富比拍卖市场以1.1亿美元成交折合人民币7.6亿元。

（2）教师检查学生课前学习情况，并展示本节课教学目标。

（3）标题是文章的"眼睛"，是作者思想的灵魂。好的标题，既可以高度概括文章内容，又凝聚着行文线索。请利用标题解读法对文章标题进行多角度批注。

2.学生活动

（1）标题批注

生1：中心词"稻草"，修饰语"被遗忘"。

生2：稻草，脱粒后的稻秆。

生3：质疑批注，为什么——怎样——遗忘后的表现。

活动一：小组展示（表达训练）

小组A：标题是一个偏正短语，交代了文章描写的对象及其对象的特征。（内容）

小组B：从标题中可以看出本文的行文线索。（结构）

师：刚才我们通过小组合作将前面对标题碎片化的理解整理成了一个比较完整的内容，下面我们研读本文的主体部分，进行第二次批注。

注意批注的角度——教师展示活动二内容，学生自主批注。

（2）主体批注

尼玛潘多（基础批注）：稻草，脱粒后的稻秆，普通得似乎没有存在感。

且增旺久（旁批）：从古至今，稻草并非不如谷物。在过去古人用稻草饲养牲口，还用来做雨具，今天用稻草做很多精美的工艺品，它的艺术价值不比谷物低，所以我认为稻草不普通。

生1（旁批）：自信而不盲目，执着却能变通，欣赏你，稻草！

生2（尾批）：文章运用托物言志的表现手法，表达了作者对稻草的赞美。

师：非常好，同学们都能从不同的角度去理解文本，下面就结合文本分析稻草的形象，请完成学案活动2。

活动二：个体展示（筛选整合）

生3：在文本三、四段中，我看到了一个渴望被认可的稻草。

生4：在第六段中，我看到了一个不屈服于命运的稻草。

生5：在第七段中，我看到了一个默默奉献的稻草。

237

（3）赏析批注

师：是呀，我们在文本中看到了有血有肉、不甘被遗忘的、敢于向命运挑战的稻草。本文作为一篇散文，其灵魂也就是作者所要传达的"情"。作者正是借助"稻草"的形象，传达出对那些具有稻草品格的普通人的礼赞。鲁迅先生说"文学即人学"，很多文学形象在生活中，我们都能找到其原型。这篇文章中的稻草形象也是如此，同学们想一想，稻草让你想到了那些人？

活动三：小组合作（联想迁移）

小组C：（加布）以另一种方式实现人生价值。

师：子曰"学而优则仕"，春秋时期孔子为宣扬德政周游列国却仕途不顺，夫子通权达变，最终通过培养学生、著书立说实现初心。

小组D：（米玛顿珠）敢于向命运挑战的人。

师：我校第一届毕业生西热卓玛（扎达县）也是一个敢于向命运挑战的人。

小组E：（益西桑布）默默奉献，无怨无悔的人。

师：前两天我在微信中看到这样一句话："我们每个人都渴望成功，渴望大富大贵功成名就，可是很遗憾，几乎98%的人，还是会落入平凡。"是呀，生活中大多数人如稻草如卓尕、央宗姐妹一样，但是正是他们的人生告诉我们：我们不应该鄙视平凡，因为普通的人也能成就伟大的人生。"家是玉麦，国是中国。"这正是一个普通的农民道出的家国情怀。

（三）拓展训练

苔

（清）袁枚

白日不到处，青春恰自来。苔花如米小，也学牡丹开。

思考：这首诗出了写出"苔"怎样的特点？诗中借"苔"表达了怎样的哲理？

苔生活在阳光不到的地方，又如此渺小，但它一样拥有绿色，拥有生命。花开微小，却一定像牡丹一样尽情绽开。这青春从何而来"恰自来"，并不是从何而来，而是自己创造出来的。它凭着坚强的活力，突破环境阻力，焕发出青春的色彩。

明确：处境艰难、渺小、坚强。

哲理：人处于逆境中要自信自强，才能实现自己人生的价值。

（四）课外写作训练

收完了谷，捆捆稻草就被人们拖回家，垫栏或者喂牛，或者引火，但是一垛码得整整齐齐的稻草被人遗忘在田埂上。她希望耕牛啃食她，想起她，但耕牛更喜欢堤旁比她有汁浆的黄草；她希望除草的人们抽一把垫在堤上休息，记起她，但人们散着一团稻草，不见踪影。她已被人遗忘。风吹，雨淋，由金黄变为灰白，又在霜突至时，一夜间白了须眉。稻草腐烂，草堆消减。

一场大雪，欲将大地履如平地。那一堆尚未被消磨尽的稻草，却将压了厚厚一层雪的田埂撑起一条曲线。春天到了，田野还是一片淡青色，但在那堆着稻草的地方，腐草中已伸出了一朵油菜花，像一只金色的喇叭，高高地昂向天空，报晓这春天的到来。

请根据以上材料，结合自己的体验和感悟，写一篇不少于600字的文章。要求：题目自拟，立意自定，文体自选。

（五）知识链接

苏轼《定风波·三月七日》。文章略。

（六）课堂小结

宋代周敦颐在《通书·文辞》里说"文以载道"，意思是关于文学的社会作用的观点。一篇好的文章往往凝聚了作者思想的光辉，今天我们学习的这篇散文，作者通过描绘"稻草"的形象，讴歌了普通人的家国情怀。正如前面同学们所言，稻草让我们联想到许多不同类型的人，而这些人有一种共同的情怀就是对国家和人民所表现出来的深情大爱。古往今来，这种高尚情怀极大地凝聚力量、振奋人心。古有范仲淹"先天下之忧而忧，后天下之乐而乐"，恪尽兴国之责；有孟子"富贵不能淫，贫贱不能移，威武不能屈"，坚守忠诚之心。如今有平凡如稻草般的卓尕、央宗"家是玉麦，国是中国"坚守精神。作者通过塑造稻草的形象表达的意思，也是如此。

《飞鸟》多文本阅读教学

拉萨阿里地区高级中学　普布央金

教学目标

引导学生尝试多文本阅读，提高学生的综合能力。

教学重点

理解飞鸟形象及产生的基础。

教学难点

知人论世走进作品灵魂。

教学方法

批注式阅读、小组讨论法。

教学过程

（一）导语

记得前一段"蚌病成珠"的寓言故事引发了我们许多思考，很多同学对那只饱经磨难的河蚌的经历有感而发，写出了不少富有个性的文章，那么今天我们就尝试运用批注式阅读方式学习系列作品。

（二）掌握方法，课前自学

1.批注阅读法：运用简洁的语言或符号在读物空白处做诠释、写评语、留标记，记录自己在阅读时所产生的联想、感悟，对文本内容、形式作评价和赏析，突出重点、启发思维，以帮助理解和评论读物的读书方法。批注最大的特点是意随文生。

2.标题解读法：标题是文章的"眼睛"，是作者思想的灵魂。好的标题，常用精辟的语句，对课文内容和主旨作富有特点的浓缩和概括，凝聚着文意，贯通了文脉。标题在内容上借物传情或反映人物的精神品质，在结构上往往起到贯穿全文的作用。

3.主体解析法：运用所学批注方式对文本进行多角度自主批注，对文本进行由表及里的理解。从内容、主旨、表现手法等各方面综合考虑。

（三）熟读下面三篇文章，结合所学知识，完成自主批注

东山魁夷《听泉》。文章略。

赵丽宏《致大雁》。文章略。

高尔基《海燕》。文章略。

活动一：自主感悟

这三篇作品文体各异，内容却又有许多相似之处，请用简短的语言将你捕捉到的信息以批注的形式呈现出来。

学生批注：略。

教师补充：飞鸟是中国古代重要的诗歌意象，文人常常借助飞鸟寄托情思，从最早的《诗经》"关关雎鸠，在河之洲"，到《庄子·逍遥游》"北冥有鱼，其名为鲲。鲲之大，不知其几千里也。化而为鸟，其名为鹏。鹏之背，不知其几千里也"到嵇康笔下的神鸟，到曹操以鸟喻贤人"月明星稀，鸟雀南飞。绕树三匝，何枝可依"，到后来归鸟思隐逸的陶渊明……飞鸟意象体现了中国人自古以来万物有灵、天人合一的哲学观念。

活动二：筛选整合

结合自主批注，分析飞鸟形象。以文本原句作支撑。

学生注：略。

教师补充：东山魁夷笔下群鸟忙碌奔波而陷入迷茫，肆意翱翔招来不幸，执着飞翔却丧失意义。在汉民族传统中，鸿雁传书传达离别、思乡之情，是孤雁南飞，是爱情的信使，所谓雁侣双飞，一生一世一双大雁，赵丽宏先生抓住候鸟迁徙的日常现象，赋予大雁新的象征意义，有飞翔的骄傲，有面对困境的坚韧，有对理想的执着。散文诗通过对海燕在暴风雨来临时勇敢、乐观、大声疾呼形象的描写，再现了一只勇猛坚强、乐观自信的海燕。

活动三：深层阅读

同是描写飞鸟形象，为什么东山魁夷先生笔下是哀鸟，赵丽宏却塑造

了喜鸟，高尔基则以赋予海燕战斗者的精气神？

小组代表：……

教师补充：从十岁开始，高尔基就得自己赚钱为生，一开始拾垃圾。他曾当过学徒、码头工、面包师傅等，流浪俄国各地，社会经历丰富。他是社会主义、现实主义文学奠基人，政治活动家，苏联文学的创始人。

海燕象征英勇善战、大智大勇的无产阶级革命的先驱者，表达了作者自信豪迈的战斗情怀和高昂的革命乐观主义精神。

（四）课内作业

1. 如果你是天空中一只飞翔的鸟儿，那么让你振翅翱翔的那双翅膀对你意味着什么？

2. 记忆搜索："鹰"是藏文学中一个常见的意象，结合你的知识储备写一篇短文。

《装在套子里的人》教学设计

日喀则市第一高级中学　司会平

教学目标

1. 了解契诃夫及其作品，学会分析人物形象和塑造人物方法。

2. 把握人物形象，注意人物性格的复杂性及其社会典型性。

3. 学习领会作品中幽默讽刺手法和细节描写的运用。

教学重难点

1. 了解别里科夫是怎样一个人及这个人物的典型意义。

2. 学习抓住肖像、语言、行动和心理活动的描写来刻画人物的方法。

3. 理解领悟以讽刺手法来刻画揭露丑恶事物的表现手法，品味语言的讽刺意味。

教学步骤

（一）导入新课

"老掌柜"难舍芭蕉扇

要我换电扇，且慢复且慢！

不怕花钱多，就怕担风险：

雨天怕打雷，晴天怕触电；

倘若螺丝松，飞来大刀片，

重者削脑袋，轻则上医院。

还是稳妥点，仍用芭蕉扇，

只要拼命摇，照旧能解汗！

难舍芭蕉扇、惧怕电风扇的"老掌柜"，是一位文化低、眼界窄、接受新事物迟钝的小市民。

（二）作者简介及写作背景

1. 契诃夫（1860—1904）

安东·巴甫洛维奇·契诃夫是19世纪末俄国杰出的批判现实主义作家，举世闻名的短篇小说巨匠和剧作家，是欧美三大短篇小说家之一（另两位是法国莫泊桑、美国欧·亨利）。

代表作品有中篇小说《第六病室》，短篇小说《小公务员之死》《变色龙》《凡卡》《带阁楼的房子》《装在套子里的人》，剧本《樱桃园》等。他的作品揭露了沙皇政府对人民的残酷压榨和剥削，讽刺庸俗腐朽的市侩习气，同情被侮辱与被损害的"小人物"，但局限于表达民主主义和人道主义思想，带着明显的抑郁哀伤的色彩。

2. 写作背景

19世纪末期的俄国正是农奴制度崩溃、资本主义迅速发展、沙皇专制极端反动和无产阶级革命逐渐兴起的时期。沙皇政府面临着日益高涨的革命形势，极力加强反动统治，沙皇政府的忠实卫道士也极力维护沙皇的反动统治，仇视和反对一切社会变革。

（三）检查预习情况（略）

（四）分析课文

1. 整体感知，理清文章思路

速读课文，自读思考，抓住"套子"理出情节结构。

第一部分（1—4）：介绍别里科夫的套子式的外表、套子式的生活习惯，套子式的思想性格。

第二部分（5—38）：别里科夫与华连卡套子式的恋爱。

开端：结识华连卡。

发展：漫画、骑车事件。

高潮：与柯瓦连科争吵。

结局：恋爱最后失败。

第三部分（39—40）：套己——别里科夫之死。

2. 分析第一部分

（1）作者从哪几个方面去表现别里科夫的"套子"特点？

作者主要从生活上和思想上描写别里科夫的套子。生活上又从穿着、用具、出行、住处等方面加以刻画。

穿着：晴朗日子，穿雨鞋、棉大衣，把脸蒙在竖起的衣领里，穿羊毛衫，戴黑眼镜，用棉花堵住耳朵眼——胆小孤僻。

用具：晴天带雨伞，把伞装在套子里，把表放在灰色鹿皮套子里，削铅笔的小刀也装在套子里——封闭保守。

出行：坐上马车，便叫支起车篷——与世隔绝。

住处——卧室挺小，活像一只箱子，床上挂着帐子。他一上床，就拉过被子来蒙上脑袋——狭隘惶恐。

总之，他尽量使自己与外界隔绝起来。

他思想上的套子则是憎恨现实，歌颂过去。

歌颂过去，歌颂从没存在过的东西——沙皇卫道士。

用所教的古代语言躲避生活——现实逃避者。

只信政府的告示和报纸文章——顽固保守。

对不合规矩的事闷闷不乐，只求不出乱子——害怕新事物。

禁闭开除学生——维护旧制度。

（2）为什么说别里科夫所教的古代希腊文也是"雨鞋""雨伞"呢？

说他所教的古代语言是"雨鞋""雨伞"，这是用了一个暗喻，"雨鞋""雨伞"对他来说是与现实隔开的一个"套子"，他教古代语言也是把它当作一个"套子"，借此躲避现实。

（3）别里科夫为什么把自己装在套子里呢？

别里科夫既震慑于专制极权政府的白色恐怖，又依附于沙皇专制统治，自觉维护反动统治，仇恨和反对一切新生事物和社会变革。而他所反对的新生事物和社会变革又触目皆是，呈现旺盛的生命力，让他心惊胆战。

他是专制制度的受害者，又加害周围的人，真是既"套己"又"套人"。

（4）别里科夫整天战战兢兢。他怕的是什么呢？全城的人为什么又都怕这个胆小如鼠弱不禁风的人呢？

别里科夫整天战战兢兢、六神无主是害怕生活中的新事物，害怕社会变革，害怕动摇了旧秩序。

全城的人怕他，向他妥协，（课文第4段的原句用了八个"不敢"，"全城人战战兢兢生活了10年到15年"，让学生咀嚼体味）他是沙皇专制制度的卫道士，他像鹰犬一样，到处嗅着不合当局要求的气味。

①社会因素：旧势力顽固，革命力量弱。

②个人因素：奴性、软弱、妥协。

怕的根源：沙皇专制制度。

> 旧思想、旧生活、旧制度——束缚、禁锢——套子。
> （本体）　　　　　　　　　（喻体）

3.分析第二部分

（1）第二部分有几个典型事件？

在别里科夫恋爱的过程中，有漫画事件、骑自行车事件、当面交锋及别里科夫之死这样几个相关情节。

（2）作者在小说中说别里科夫的"婚事"，而不是说"爱情"，我们能否用"爱情"两个字来替代"婚事"呢？试从恋爱动机来看，他与华连卡是否有"真爱"。

别里科夫与华连卡的婚事，不是两个人自由恋爱促成的，而是由校长太太撮合成的，别里科夫与华连卡并不存在真正的爱情。"在恋爱方面，特别是在婚姻方面，怂恿总是要起很大的作用的"，这句话明确地表示了两个人之间毫无爱情可言。看书中第六段的介绍："……他昏了头了……"这句话，别里科夫决定结婚是因为他认为人人都应当结婚，而且华连卡是一个适合他结婚的对象，待他诚恳而亲热。

（3）在这些事件（情节）中，别里科夫是怎样表现的？作者是怎样刻画的？

①形象刻画：神态、语言、心理、性格。

②漫画事件：脸色发青，比乌云阴沉，嘴唇发抖。

天下这么歹毒的坏人！

说明他胆小怕事。

③骑自行车事件：脸色由发青变成发白，还成体统吗？这怎么行？

第二天他老是心神不定地搓手，打哆嗦。

说明他保守落后，害怕新事物。

④当面交锋：脸上带着恐怖的神情，脸色苍白。

倒过来用脑袋走路，把谈话内容报告校长。

情愿摔断脖子和两条腿，也不愿成为别人取笑的对象……

说明他因循守旧，虚伪保守。

（4）小说通过"漫画事件"和"骑车事件"刻画了别里科夫怎样的性格特点？

漫画事件"弄得他难堪极了""脸色发青，比乌云还要阴沉"。骑车事件后，别里科夫"脸色从发青变成发白"，"老是心神不定地搓手，打哆嗦；从他的脸色分明看得出来他病了"。从中看出，别里科夫惧怕新事物，保守、落后、愚昧。

（5）"第二天他老是心神不定地搓手"至"从此再也没有起过床"部分，又表现了别里科夫性格中的哪些特点？

这部分文字集中叙述了别里科夫同柯瓦连科争吵的过程，进一步表现了别里科夫虚伪、诚惶诚恐，害怕新事物、保守的性格。如："我的举动素来在各方面都称得起是正人君子""你骑自行车，这种消遣，对青年的教育者来说，是绝对不合宜的！""说不定有人偷听了我们的谈话了，为了避免我们的谈话被人家误解以致闹出什么乱子起见，我得把我们的谈话内容报告校长——把大意说明一下。"

这几处描写的特点是：抓住人物的典型细节，用幽默讽刺的笔调刻画出别里科夫顽固保守，诚惶诚恐，害怕新事物，反对生活中哪怕是微小变革的思想和性格。

（6）如何看待华连卡姐弟这两个人物形象。（从这一部分中可以看出华连卡姐弟是怎样的人？从人物身上我们可以体会到什么？）

华连卡姐弟在小说中是具有新思想、充满生命力的人物，他们敢想、敢说、敢做，是新生活的主人，代表了一种新生的进步的力量。写华连卡姐弟，是为了反衬别里科夫，进一步揭露他套子式的思想和生活，"恋爱"的过程实际上也是新旧两种思想斗争的过程，他最终郁闷而死，被送进坟墓，预示着沙皇统治必将灭亡。

（7）小说的第一部分和第二部分是怎样有机联系的？对表达主题有

怎样的作用?

小说的第一部分着重从衣、食、住、行、待人接物、精神状态、语言习惯等方面对别里科夫做一般概括性描述。第二部分把别里科夫推到"爱情"的课题上,把笔触伸向人物内心深处,工笔细描般刻画人物性格,让读者从人物的具体言行中看出他的精神状态。本部分突出主人公不仅"套己"而且"套人"的腐朽灵魂,深化了小说的主题。

4.分析第三部分

(1)为什么说埋葬别里科夫那样的人,是一件大快人心的事?既然如此,为什么"我们从墓园回去的时候"却又"露出忧郁和谦虚的脸相,谁也不肯露出快活的感情"呢?

他反对一切新生事物,扼杀自由和进步,他的存在让许多人生活在压抑和窒息的环境中,他的死使大家有了一种解脱感。

还有许多别里科夫存在着,因为这是一个僵死、腐朽的社会,人们深感恐惧,因此,"谁也不肯露出快活的感情"。

(2)如何理解"可是一个礼拜还没有过完,生活又恢复旧样子"一句?

虽然别里科夫死了,但是禁锢社会、束缚人们思想的"套子"仍然存在。另外还有许多这类"套中人"活着,别里科夫现象不是个别现象,而是社会现实的普遍反映。阻碍社会进步变革的,是专制政府和僵化陈腐的思想。要让生活有新的气象,必须变革社会,革新思想。这表达了作者对消灭沙俄专制制度、创建新生活的强烈愿望。

(3)怎样理解"虽然我们埋葬了别里科夫,可是这种装在套子里的人,却还有很多,将来也不知道还有多少"?

只要沙皇专制没有推翻,就会在这块土壤上不断滋生出新的别里科夫。只有从根本上推翻沙皇的腐朽反动的统治,人们才能过上自由快活的生活。

(五)总结全文

1.主题思想

通过"套中人"别里科夫因循守旧、反对一切发展变化、最后恐惧而死的故事,深刻地揭露了俄国社会生活的黑暗、沙皇专制统治的凶残,形象地显示了腐朽制度注定灭亡的前途和命运，委婉地表达了对自由美好生活的热爱和渴望。

2.艺术特色

讨论课文中讽刺手法。

讽刺是用漫画或嘲讽的语言描绘刻画对象，以达到否定和贬斥的效果。课文中的讽刺有以下一些特色：

（1）夸张的语言和漫画式的勾勒。如大热天穿雨鞋带雨伞，穿暖和的棉大衣，从楼上摔下却安然无恙，反映人物的迂腐可笑。

（2）揭示人物荒谬的生活逻辑。如别里科夫将教师骑自行车与学生用脑袋走路联系起来，反映他腐朽落后、害怕变革的思想。

（3）含蓄的对比。如别里科夫辖制着全城，人们都战战兢兢，反过来他自己又是战战兢兢不能入睡，这些描绘和刻画真是入木三分，暴露和批判了别里科夫腐朽丑恶的灵魂。又如用柯瓦连科兄妹朝气蓬勃、敢于向旧秩序挑战的思想性格同别里科夫因循守旧、仇视一切新生事物的丑恶灵魂形成鲜明对照，尖锐地讽刺了别里科夫。

《华威先生》教学设计

日喀则市第一高级中学　司会平

教学目标

1.通过各种人物的描写手法来分析人物的形象，掌握分析人物形象的基本方法。

2.理解华威先生这个艺术形象特征及社会意义，增进对社会生活的理解。

教学重难点

1.掌握通过细节描写、语言描写、动作描写来表现人物性格和感情的鉴赏方法。

2.分析华威先生人物形象，学习小说刻画人物的手法。

教学方法

讲授法、多媒体演示法。

课时安排

1课时。

教学过程

（一）导入新课

提出问题：人物形象的分析方法有哪些？（复习相关知识）

1.根据人物的各种描写分析人物形象。

人物描写方法：肖像描写、动作描写、语言描写、心理描写。

2.根据人物所做的事分析人物形象。

（二）课文内容梳理

1.第一次出场

（1）华威先生的态度很庄严，用一种从容的步子走进去，他先前那副忙劲儿好像被他自己的庄严态度消解掉了。他在门口稍稍停了一会儿，让大家好把他看个清楚，仿佛要唤起同志们的一种信任心，仿佛要给同志们一种担保——什么困难的大事也都可以放下心来。他并且还点点头。他眼睛并不对着谁，只看着天花板。他是在对整个集体打招呼。

通过神态和动作描写，表现华威先生目中无人、傲慢无礼。

（2）"我不能当主席。"他拿着一支雪茄烟打手势。"工人抗战工作协会的指导部今天开常会。通俗文艺研究会的会议也是今天。伤兵工作团也要去的，等一下。你们知道我的时间不够支配：只容许我在这里讨论十分钟。我不能当主席，我想推举刘同志当主席。"说了就在嘴角上闪起一丝微笑，轻轻地拍几下手板。

通过语言和动作描写，表现华威先生虚伪、霸道。

（3）"我提议！"他大声说，"我们的时间是很宝贵的：我希望主席尽可能报告得简单一点。我希望主席能够在两分钟之内报告完。"

通过语言描写，表现华威先生居高临下、蛮横无理、嚣张跋扈。

（4）"这第二点呢就是：青年工作人员要认定一个领导中心。你们只有在这一个领导中心的领导之下，抗战工作才能够展开。青年是努力的，是热心的，但是因为理解不够，工作经验不够，常常容易犯错误。要是上面没有一个领导中心，往往要弄得不可收拾。"

通过语言描写，表现华威先生极强的权力欲望。

2.第二次出场

他交代过了这才真的走开。这就到了通俗文艺研究会的会场。他发现别人已经在那里开会，正有一个人在那里发表意见。他坐了下来，点着了雪茄，不高兴地拍了三下手板。

通过动作描写，表现华威先生霸道、小气。

3.第三次出场

（1）这回他脸上堆上了笑容，并且对每一个人点头。

（2）"对不住得很，对不住得很：迟到了三刻钟。"主席对他微笑一下，他还笑着伸了伸舌头，好像闯了祸怕挨骂似的。他四面瞧瞧形势，就拣在一个小胡子的旁边坐下来。

通过神态、语言描写，表现了华威先生谄媚、见风使舵的特点。

4.第四次出场

（1）他开始打听，调查。他设法把一个负责人找来。

通过动作描写，表现了华威先生投机钻营的特点。

（2）"我知道你们委员会已经选出来了。我想还可以多添加几个。由我们文化界抗敌总会派人来参加。"

通过语言描写，表现了华威先生极强的权力欲望。

（3）他看见对方在那里踌躇，他把下巴挂了下来："问题是在这一点：你们委员是不是能够真正领导这工作？你能不能够对我担保——你们会内没有汉奸，没有不良分子？你能不能担保——你们以后工作不至于错误，不至于怠工？你能不能担保，你能不能？你能够担保的话，那我要请你写个书面的东西，给我们文抗会常务理事会。以后万一——如果你们的工作出了毛病，那你就要负责。"

通过语言描写，表现了华威先生蛮横无理的特点。

5.第五次出场

（1）华威先生猛地跳起来了："什么！什么！日本问题座谈会？怎么我不知道，怎么不告诉我？"

通过动作和语言描写，表现华威先生虚伪、极强的权力欲望的特点。

（2）"混蛋！"他咬着牙，嘴唇在颤抖着。"你们小心！你们，哼，你们！你们！……"他倒到了沙发上，嘴巴痛苦地抽得歪着。"妈的！这个这个——你们青年！……"

通过动作和语言描写，表现了华威先生粗鲁、鄙俗的特点。

附：板书设计

人物描写的方法：

　　　　肖像描写　语言描写　动作描写　心理描写

华威先生人物形象：劳而无功，傲慢无礼　虚伪霸道，媚上欺下

　　蛮横无理，投机钻营　粗鲁庸俗，极强的权力欲望

《约客》教学设计

拉萨市第七中学　李莉

教材简析

全诗语言朴素，在自然亲切中给人以淡泊悠闲的感觉，特别是最后两句，尤其有余音绕梁之感。

教学目标

（一）知识与技能

1. 了解诗歌大意，能有感情地吟诵古诗，背诵古诗。

2. 精彩诗句的探究，诗人情绪及心情的领悟。

（二）过程与方法

1. 通过抓关键词的方法学会欣赏古诗。

2. 通过吟诵培养学生学习诗歌的兴趣。

（三）情感态度价值观

挖掘诗的内涵，感受诗人闲适恬淡的人生，培养学生感受生活的气息。

教学重难点

重点：能有感情地吟诵古诗，背诵古诗。

难点：精彩诗句的探究，诗人情绪及心情的领悟。

学情分析

学生古诗词基础不好，刚刚接触吟诵，积极性很高，感觉用吟诵的方式读古诗，古诗的韵味一下就能体现出来。所以，这节课将吟诵贯穿到教学过程之中。

教学过程

（一）导入（音频播放《登鹳雀楼》）

自古读书皆吟诵，吟诵在我国有悠久的历史，是传统的读诗读词读文的方法（板书）。百年以前，也就是辛亥革命之前，没有一个中国人会朗诵。所有的中国人都是吟诵的。朗诵是90年前从欧洲传进来的。由此上溯三千年，所有的中国人都是吟诵着读书的。吟诵不仅诵读方式，还是创作方式、教育方式，是汉文化的意义承载方式和传承方式，是中国式读书法，是一个博大精深的文化。只有用吟诵，才能更好地体现诗人的情感，更好地表达诗歌的含义。今天，我们就从吟诵入手来学习古诗《约客》。

（二）整体感知

1. 知诗人，解诗题

赵师秀（1170—1219）宋代诗人。字紫芝，号灵秀，天乐永嘉（今浙江温州人）。光宗绍熙元年进士，宁宗庆元元年任上元主簿，后为筠州推官。诗工五律，细微精炼，有《赵诗秀集》二卷。他同徐照、徐玑和翁卷并称"永嘉四灵"，人称"鬼才"。他常畅游山水之间，向往恬静淡泊的生活，甚至还想与陶渊明一样"归寻故园"。写了四十多首反映他闲适生活的诗歌。

2. 标平仄，吟诗歌

师：按照我们之前的学过的平仄标注法为本诗标出平仄、韵脚，之后尝试自由吟诵。

（1）示范读"黄梅时节家家雨"。

（2）请生试读剩下几句，师正音。

（3）全班按节奏吟诵诗歌。

（三）品读诗歌

学生自由吟诵，结合注释了解诗意。

1. 明诗意

提问：前两句交代什么信息，体现在哪些词语中？读完有什么感受？

答案：时间和地点，"黄梅""雨""池塘""蛙声"写出了江南梅雨季节的夏夜之美：雨声不断、蛙声一片，读来使人如身临其境，仿佛细雨就在身边飘，蛙声就在身边叫。这看似表现得很"热闹"的环境，实际

上诗人要反衬出它的"寂静"。（吟诵这两句）

提问：我们从后两句能读出什么？哪些词语能体现作者的心情？

回答：点出了人物和事情。主人耐心而又有几分焦急地等着，没事可干，"闲敲"棋子，静静地看着闪闪的灯花。

第三句"有约不来过夜半"，用"有约"点出了诗人曾"约客"来访，"过夜半"说明了等待时间之久，本来期待的是约客的叩门声，但听到的却只是一阵阵的雨声和蛙声，比照之下更显示出作者焦躁的心情。

第四句"闲敲棋子"是一个细节描写，诗人约客久候不到，灯芯很长，诗人百无聊赖之际，下意识地将黑白棋子在棋盘上轻轻敲打，而笃笃的敲棋声又将灯花都震落了。这种姿态貌似闲逸，其实反映出诗人内心的焦躁。后两句点题，形象地刻画了约客不至的那种失落、无奈、安闲的内心感受。（吟诵这两句）

2. 悟诗情

师：全诗语言朴素，意境清远，在自然亲切的描述中，给人一种淡泊悠闲的贴近感。特别是最后两句，尤觉有余音绕梁之感。那么，这首诗表达了作者怎样的思想感情呢？

"闲敲棋子"貌似闲逸，其实反映出诗人内心的焦躁。形象地刻画了约客不至的那种失落、无奈又孤寂的内心感受。

（四）主旨把握

这首诗写的是诗人在一个风雨交加的夏夜独自期客的情景，表达了诗人内心复杂的思想感情，含而不露地表现了诗人的无奈和寂寞心境。

（五）拓展延伸

歌诀体素读与吟诵的区别。教师素读《陋室铭》，学生吟诵《约客》。

课堂小结

同学们，吟诵能激发想象和情绪，让吟诵者随着声音的抑扬顿挫、语速的疾徐变化、腔调的婉转曲折走进作品的意境之中。希望通过今天的吟诵课，能使我们重拾吟诵，让我们在吟诵中感受古诗词的节奏美、韵律美、情感美，让我们的古诗词诵读回归本真，通过吟诵触摸诗词的温度，弘扬优秀传统文化。

《野草》教学设计

日喀则市康马县中学　卓嘎

教材分析

《野草》是七年级语文下册第五单元的一篇课文，通过描写植物的种子神奇的力量，表达了作者对野草顽强生命力的高度赞颂。

学情分析

我所带的班级是七年级，部分学生学习时精力不够集中，但仍对形象生动、形式多样的学习很有兴趣，引导学生很关键。

设计理念

学生是学习和发展的主体，教师是学习活动的组织者和引导者。在教学中，应在学生自读、自品、自悟的基础上，大力提高合作探究的学习方式，使师生双方在教学中共同获益。

教学目标

（一）知识与技能

1.注重语言积累。

2.了解作者及时代背景。

（二）过程与方法

1.流利、有感情地朗读课文，理解课的内容。

2.理解象征手法的运用。

3.自主、合作、探究的学习方式。

（三）情感态度与价值观

1.理解文章的主题、理解作品的深刻内涵。

2.培养学生主动探究知识的习惯和能力。

教学重点

体会作者所抒发的思想感情。

教学难点

理解小草的象征意义。

教学模式与手段

采用"读——品——悟——议"的教学模式，通过自主、合作、探究的学习模式激发学生的学习兴趣，使学生在轻松愉悦的氛围中学习知识，感受作品的深刻内涵。

教学过程

（一）情境导入（略）

（二）朗读课文，感知作品的内容

1.自由朗读、体会作品的内涵。

2.有感情地朗读课文，体会作品的象征意义。

3.品读课文，体会作品优美的语言。

（三）小组合作探究

1.体会"小草""种子""石块""瓦砾"的象征意义。

2.作者为什么赞颂小草？

（四）小结

让学生谈本节课的收获和启示。

（五）布置作业

1.假如你是悲观的种子，飘落在石缝里，此时，你遇到了野草，它跟你说什么？

2.假如你是小小的山花，花圃里的玫瑰嘲笑你不艳丽时，你会怎么说？

3.假如你是沃土中的一株矮松，你会羡慕石缝间的松柏吗？为什么？

《数学广角——排列组合（一）》教学设计

日喀则市小学　拉巴索朗

教学目标

1.通过观察、实验等活动，使学生找出最简单的事物的排列数和组合数，初步经历简单的排列和组合规律的探索过程。

2.使学生初步学会排列组合的简单方法，锻炼学生观察、分析和推理的能力。

3.培养学生有序、全面思考问题的意识，通过小组合作探究的学习形式，养成与人合作的良好习惯。

设计理念

根据学生认知特点和规律，在本节课的设计中，遵照新课标的要求和低年级学生学习数学的实际，着眼于学生的发展，注重发挥多媒体教学的作用，通过课件演示、动手操作、游戏活动等方式组织教学，做到：

1.创设情境，活用教材。我对教材进行了灵活的处理，创设了四（4）班举行"迎期末乒乓球比赛"这样一个情境，在一个又一个的活动情境中渗透排列和组合的思想方法，让学生亲身经历探索简单事物排列和组合规律的过程，在活动中主动参与，在活动中发现规律。

2.关注合作，促进交流。以小组合作的形式贯穿全课，充分应用分组合作、共同探究的学习模式，在教学中鼓励学生与同伴交流，引导学生展开讨论，使学生在合作中学会知识，体验学习乐趣，活跃思维。

教学流程

（一）创设情境，导入新课

师：为了缓解紧张的学习氛围，我们班委会决定搞一场"迎期末乒乓球比赛"。你们喜欢不喜欢乒乓球？

学生自由回答。

（课件出示班内讨论的场景，学生兴趣盎然）

[创设情境，激发学生的学习兴趣，符合低年级儿童的年龄特点，抓住了"童心"，为新课的顺利进行做好了铺垫]

（二）合作学习，构建模型

1.初步感知

师：瞧！在进行比赛之前我们要给每个运动员编一个号。

（课件显示）

学生同桌讨论，指名回答：12和21。

2.合作探究

师：（课件在原基础上加一个3）如果是1、2、3三个数字呢？能编出几个号？能组成几个两位数？请大家拿出数字卡片动手摆一摆，组长把大家的讨论结果记录在答题卡上。比比看，哪个组找的多。

（活动开始，教师巡视）

以组为单位派代表汇报。

师：有的组摆出了4个不同的两位数，有的组摆出了6个不同的两位数，你们是怎么摆的？有什么好办法？

（鼓励方法的多样化，对各组的不同方法进行肯定和表扬）

结合发言，引导学生进行评价，选出优胜组。

师生共同归纳：用数字排列组成数，要按照一定的顺序确定十位上的数，然后考虑个位上有哪些数可以与其搭配。

（板书：不重复、不遗漏、有顺序）

[在合作交流的过程中让小学生经历了简单的事物排列与组合规律的过程，由2个数过渡到3个数的排列，给学生留有较大的探索交流空间，这样做，既有利于学生的学习，又培养了学生乐于合作的习惯]

3.握一握

师：刚才各组同学都合作得非常好，大家真了不起！（走到优胜组旁边，伸手和优胜组的4名同学握手）向你们表示祝贺！

师：握手是我们见面时表示礼貌的一种方式。提到握手啊，老师要考考你们了，如果组内4名同学每两人握一次手，一共要握几次呢？猜猜看！

（指名回答，学生进行猜测）

师：究竟是几次呢？请大家互相握握看吧！

请一个组的同学上台演示，其他同学一起数数。

[用实践活动培养学生的实践和应用意识，感受到数学的乐趣，从根本上体现了课堂的发展按学生的思维发展进行]

（三）分层练习，巩固新知

1. 乒乓球赛

师：我们编完号码了，现在请出各组队员。

（课件播展示乒乓球比赛）

师：三个运动员每两位只打一场，他们决出冠军需要进行几场比赛？

学生各抒己见，自由发言。

2. 搭配服装

师：激烈的比赛结束，马上就要进行颁奖典礼了，这里有两件衣服和两条裤子，同学们，获奖选手可以怎样搭配衣服呢？

（课件出示图片）

学生独立解决问题。

汇报交流，说说自己为什么这样设计。

师：你想让他们穿哪套呢？你是怎么想的？

3. 付钱问题

师：为了奖励获奖运动员，组委会决定给他们买一份特别的奖品。

（课件出示奖品盒以及标价：5元）

现在有1张5元，2张2元、5张1元，可以有几种拿法？

学生摆学具，上台汇报，教师及时进行表扬。

[让学生在活动中运用新知识，三个层次的情境安排，给学生留有充足的空间，让他们利用学过的数学知识来解决生活中的问题，体现了数学的应用价值]

（四）畅谈收获，全课小结

师：今天大家玩得开心吗？你有什么感受和收获？

学生自由发言，畅谈学习收获。

教学感悟：

本节课的教学设计始终以小组合作为主，改变了重教师"讲"知识、轻学生"构"知识的教学模式，按照新的教学理念和儿童的认知特点，创造性地设计教学，将学生的学习活动置于参观体育比赛这样一个模拟情境中，体现了数学学习的生活化。

整个教学过程中教师给了学生很大的学习空间，创设了给运动员编号、搭配衣服、买奖品等活动情境，使得学生始终在玩中感受数学，在玩中体会排列的知识。通过师生的双边活动，学生之间的合作交流和探究，学生完全在平等、自由、和谐的氛围中学习。

总之，这节课教师注重把数学和生活相连通，让学生在知识的活动中得到发展，在发展过程中习得知识，整个课堂充满了生活气息和生命活力！

《组合图形的面积》教学设计

山南市隆子县隆子镇小学　罗布顿珠

教材分析

组合图形是由一些基本图形组合而成的图形。组合图形的面积计算在日常生活中有着广泛应用，是日常生活中经常需要解决的问题。本节课是在学生已经掌握了几个简单图形面积计算公式的基础上进行学习的。教材以生活素材为依托，可让学生从不同角度认识组合图形，说一说生活中哪些地方有组合图形。在新知探索活动中，教材例题取材于生活，有效的生活情境激发了学生学习兴趣和主动性。由于一个组合图形可以有不同的分解方法，所以教材呈现了两种基本的分解方法，对比不同的分解方法，明确怎样分解可以使计算变得简便。

学情分析

本节课的授课对象是五年级学生，大部分学生有较好的数学知识基础和学习数学经验，善于合作，有自主探究知识的激情。学生通过之前的学习，对于长方形、正方形、平行四边形、三角形和梯形这几个平面图形已有了直观感知和认识，也掌握一些解决简单图形问题的方法。因此，设计本节课主要是让学生在具体情境中领会转化的数学思想，在自主探索、合作交流中找到求组合图形的方法，通过比较算法选择最有效的方法解决实际问题。

教学目标

（一）知识与技能

1.理解组合图形的意义，掌握用"分割法"或"添补法"求组合图形的面积。

2.能根据各种组合图形的条件，有效地选择计算方法并进行正确的解答。

3.运用所学的知识解决生活中组合图形的实际问题。

（二）过程与方法

让学生在自主探索的基础上进行合作交流，从而归纳组合图形面积的计算方法。

（三）情感态度与价值观

渗透转化的数学思想和方法，在有效的情境中激发学生学习兴趣和主动性，提高学生运用新知识解决实际问题的能力。

教学重点

探索并掌握组合图形的面积计算方法。

教学难点

根据组合图形的条件，有效地选择计算方法。

教学准备

PPT课件、简单图形教具。

教学过程

（一）激趣回顾，引出新知

1.谈话：复习旧知。

2.引入：理解"组合图形"。

（1）你怎么理解"组合图形"这个词语？

（2）什么叫组合图形？

（3）你发现生活中哪些地方有组合图形？

（二）合作交流，探究新知

1.分解：自主体会组合图形的分法。

2.揭题：板书课题。

3.合作：探究求组合图形面积的方法。

4.展示：评价算法。

5.分类：明确分割法和添补法的目的。

（1）这些算法一样吗？哪些是相同的，哪些是不同的？

（2）你能把这些算法分类吗？（指名学生出来动手分）

（3）小结：分割法和添补法是我们计算组合图形面积常用的两种基本方法。其实不管是分割还是添补，我们都是为了一个共同的目的，那就是把组合图形转化成已学过的简单图形。

6.突破：选择简便方法。

（1）在分割法中，有些分出来的简单图形少，只有2个，有些分出来的简单图形多一点，有3个甚至更多。你会选择哪一种方法？为什么？

（2）小结：分成的图形越少，计算面积时就越简便。

（3）在这些算法中，你个人更喜欢哪些方法呢？说说你的理由。

（4）小结：分成的图形数据越直观，计算面积时就越简便。

7.小结：求组合图形面积的方法。

通过刚才的学习，现在你能把如何求组合图形面积的方法说给大家听吗？第一步先做什么？接着呢？然后呢？（师根据学生回答板书方法）

（三）学以致用，巩固新知

1.分割练习

新丰小学有一块菜地，形状如右图。这块菜地的面积是多少平方米？

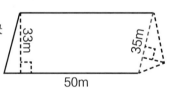

（1）学生独立计算。

（2）展示算法，让学生说完整过程。

2.灵活选择

少先队中队旗是一个组合图形。现在请同学们根据图中提供的数据，选择自己喜欢的方法计算出少先队中队旗用布的面积。

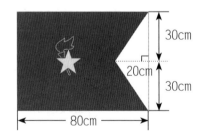

（1）学生独立计算。

（2）展示算法，让学生说完整过程。

（3）还有其他不同算法吗？

（四）小结质疑，梳理新知

1.这节课我们共同探究了什么？你印象最深刻的地方是哪里？

2.还有什么问题要问吗？

（五）激发思维，延伸新知

你能利用今天所学的知识求出下面各组合图形的面积吗？（单位：厘米）

演示方法。

（六）本课小结

这种求组合图形面积的方法，我们把它叫作"平移法"，这是我们以后会学到的方法。

附：板书设计

组合图形的面积

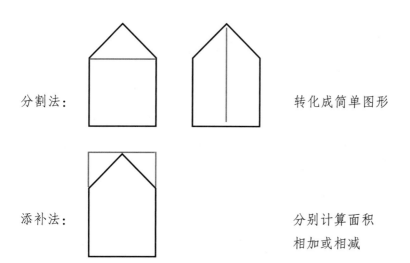

分割法：　　　　　　　　　　　　　　　　转化成简单图形

添补法：　　　　　　　　　　　　　　　　分别计算面积

　　　　　　　　　　　　　　　　　　　　相加或相减

《连加》教学设计

山南市隆子县隆子镇小学　罗布顿珠

教材分析

在新课程标准中，明确指出各个学段发展学生计算理解的具体目标。本单元是在联系学生生活实践的行动中，让学生体验连加的方法和步骤，从而初步培养学生的观察探索能力。连加属于培养学生学习10以内加法的重要基础，也是一年级上册六单元的难点之一。

教学目标

1.知识与技能：认识连加，理解连加的意义，初步渗透部分与整体的相对性。

2.过程与方法：通过教学活动，让学生掌握连加的计算方法，让学生初步理解一步计算和两步计算之间的联系，感受连加计算的形成过程。

3.情感态度与价值观：学习过程中感受数学与生活的联系，培养对数学的情感。

学情分析

学生已经初步掌握了10以内数的加减法计算方法，并能正确计算；初步学会解决图画信息和文章信息相结合的数学问题。

重点难点

教学重点：理解连加的意义，掌握连加的计算方法。

教学难点：让学生初步理解一步计算和两步计算之间的联系，感受连加计算的形成过程。

教学过程

（一）创设情境，复习旧知

1.星期六小明坐上口算号列车去乡下奶奶家，来算一算这些题目吧！

4＋2＝	3＋2＝	3＋4＝	2＋2＝
6＋3＝	5＋1＝	7＋3＝	4＋4＝

2.看图列式。（PPT出示喂鸡图）

同学们，你们看小明正帮奶奶干什么呢？地上有几只鸡？（出示动态小鸡），你们又看到了什么？

谁能试着把我们刚才看到的完整地说出来？你能提出一个问题吗？你会列式计算吗？

师板书：5＋2＝7

请你们再看黑板，说说又看到了什么？刚才我们已经算出有7只了，又来了1只小鸡，现在一共有几只小鸡呢？怎么列式计算？

师板书：7＋1＝8

（二）探究新知

1.小明又拿来一碗米，请同学们继续看。（PPT出示动态图）谁能用"原来……来了……又来了……"完整地把题目的意思说出来？（原来有5只小鸡，来了2只小鸡，又来了1只小鸡，现在一共有几只小鸡？）

（1）学生说出题意。

（2）你能像他这样说一遍吗？

（3）同学们齐读题意。

2.理解了题目的意思，你会列式吗？

板书：5＋2＋1

3.对比：刚才我们同样是求一共有几只小鸡？第一种方法是我们熟悉的，用了两次加法计算，第二种算式，与我们以前学过的加法哪儿不相同？

4.师小结：我们原来学的加法是把两部分合起来，现在要连着再加一部分，像这样把三个部分合起来的算式，我们可以叫它连加。

板书：连加

5.认识了连加，跟老师一起读算式：5加2再加1。

6.这个算式当中5表示什么？2表示什么？1表示什么？

7.5＋2＋1这里有3个数字，应该先算谁和谁？再算谁和谁呢？

8.计算时应该注意些什么？

（三）知识运用

1.出示题目看谁算得又对又快，分组比赛。

7＋2＋1＝　　　　3＋0＋5＝

2.生活当中有许多连加的例子，你能用我们今天学的"原来……来了……又来了……"说句话吗？

3.出示燕子图，看懂题意再列式计算。

4.编写连加算式。

（四）总结拓展

我们今天学到了什么？

1.多个数连加的算式：1＋2＋3＋4＋5＋6＋7＋8＋9

2.（　）＋（　）＋4＝9

（五）布置作业

课本66页第3题。

附：板书设计

5＋2＋1＝8　　原来……来了……又来了

7

5　＋　2　＝　7

7　＋　1　＝　8

《平行与垂直》教学设计

林芝市广东实验学校　宋永林

教学目标

教学目标	知识与技能	引导学生初步理解平行与垂直是同一平面内两条直线的两种特殊位置关系，初步认识平行线、垂线。
	过程与方法	培养学生亲自动手操作，合作探究新知的能力；培养空间观念和空间想象的能力。
	情感态度与价值观	使学生进一步认知和体会学习数学的乐趣和数学的重要作用，感受数学与生活的密切联系。
重点		正确理解"相交""互相平行""互相垂直"等概念。
难点		深入理解"同一平面"和"和延长后相交"的相关知识。

教学准备

多媒体课件、微课视频、记号笔、三角板、直尺、学习提纲。

教学流程

流程	师生行为	设计意图
情境导入	1.教师设计情境并提出问题：两支铅笔落地，会落在什么地方？ 2.教师根据学生的回答，初步引出"不同平面内"和"同一平面内"的概念。 3.引入新课。	通过学生身边熟悉的例子，让学生在情境中，初步感知同一平面和不同平面。

合作探究	**环节一：分类** 1.让学生发挥想象，把两支铅笔落在同一平面内的所有情况，通过直线画出来。 2.教师选取具有代表性的学生作品展示，要求学生对展示的作品进行第一次分类。 （学生先独立思考再小组内讨论交流） 3.通过教师提问引出"直线可无限延长"的特征，教师做示范，让学生动手操作把不相交的几组直线延长，然后再进行第二次分类。 **环节二：认识平行** 1.教师对学生的第二次分类情况进行点评，初步引出"平行"的概念。 2.学生带着问题，观看微课视频，进一步理解"平行"。 3.学生观看视频后回答问题，教师总结归纳，加深理解"平行"。 4.学生说一说生活中的平行现象。 5.做与"平行"相关的练习。	1.充分发展学生的想象力，培养学生动手操作、独立思考和合作交流的能力。 2.以学生自己的作品为教具，能更好地激发学生的学习积极性。 3.通过动手操作亲身经历：一些看似不相交的直线通过延长后就会相交，从而真正理解"永不相交"，突破本课的重点。 4.通过微课视频更形象直观地理解平行线的特征。 5.密切联系生活实际，让学生感受身边摸得着的数学。 6.及时反馈，巩固新知。
自主学习	**认识垂直** 1.学生根据教师提出的要求，在第二次分类的基础上进行第三次分类。 2.教师通过点评学生第三次的分类结果引出"垂直"的概念，并让学生根据相关问题进行自主学习： （1）相交成直角的两条直线叫作什么？ （2）垂足在哪里？ 3.学生展示自主学习成果，教师点评和补充，同时小结。 4.学生说一说生活中的垂直现象。 5.出示不同平面的垂直现象的图片，让学生进行判断，加深对"同一平面内"和"垂直"的理解。	1.通过三次分类渗透分类的数学思想。 2.让学生带着问题自主学习，初步培养学生自主学习、独立思考的能力。 3.密切联系生活实际，感受身边摸得着的数学。 4.通过图片进一步理解"不同平面"和"垂直"，巩固本课的难点。

学以致用	让学生完成PPT上出示的练习题。 1.让学生通过手势表示平行与垂直，为第2题做好铺垫。 2.用符号描述平行与垂直。 3.选水果，解秘密。 4.在几何图形中找平行线和垂线。	1.题目设计科学合理，具有层次性，从易到难。 2.让学生在玩中学，学中玩，既愉悦身心，又巩固了重难点知识。 3.将直线融入几何图形，进一步掌握本课的重难点。
总结作业	1.学生谈收获，教师总结新课。 2.布置作业。	1.学生说收获，检验教学成果的同时培养学生的语言表达能力。 2.练习更能激发学生的主观能动性，因材施教。
板书设计	**平行与垂直** 同一平面内 { 不相交 → { 平行线 互相平行 } 记作：a // b 相交 { 不成直角 成直角 → 互相垂直 → 记作：a ⊥ b	

271

《方程的意义》教学设计

林芝市广东实验学校　宋永林

教学目标

教学目标	知识与技能	初步理解方程的意义，会判断一个式子是否是方程。
	过程与方法	会按要求用方程表示数量关系。
	情感态度与价值观	培养学生观察、比较、分析概括的能力。
重点	理解和掌握方程的意义。	
难点	弄清方程和等式的异同。	

教学准备

多媒体课件。

教学流程

流程	师生行为	设计意图
情境导入	1. 创设情境：同学们，你们听过《曹冲称象》的故事吗？ 2. 谁能简单地说一下曹冲是利用什么原理称出大象重量的呢？ 3. 你们知道吗，在生活中有很多工具能帮我们测量出相同重量的物体。今天就先来认识其中的一种：天平。	1. 复习旧知，为新知学习做好知识储备。 2. 通过比较引发争论，从而形成对新知的渴望。 3. 通过教师的小结，明确本节课的学习目标和任务。

合作探究	**环节一：认识天平** 1.明确天平平衡的原理，教师示范看图写算式。 2.学生看图写算式。 **环节二：合作学习（分类，明确合作要求）** 1.两人合作将式子分成两类。 （1）独立思考如何分类。 （2）讨论分类标准。 （3）按讨论好的标准进行分类。 2.合作学习。 （1）将算式按是不是等式来分类。 （2）将算式按是否含有字母来分类。 3.汇报并揭示概念。 含有未知数的等式叫作方程。	1.经过引导观察让学生探寻发现天平保持平衡的规律。 2.通过演示，引导学生讨论得出：天平保持平衡时可以用一个等式来表示，当天平两边发生变化时，等式的两边也在发生变化，天平保持平衡，等式也保持不变，从而突破重点。 3.通过观察、比较，理解等式与方程的异同点，从而得出方程一定是等式，等式不一定全都是方程，从而突破本节课的难点。
学以致用	1.圈出方程。 2.判断并改错。	1.题目设计科学合理，具有层次性，从易到难。 2.让学生在练中提升，又再一次巩固了重难点知识。
总结作业	1.学生谈收获，教师总结新课。 2.布置作业。	学生说收获，检验教学成果的同时培养学生的语言表达能力。
板书设计	方程的意义 等式 方程 含有未知数的等式叫作方程	

《数学广角——植树问题》教学设计

林芝市第二小学　刘吉凤

教学目标

1. 在画一画、想一想、说一说等实践活动中发现间隔数与植树棵数之间的关系。

2. 在小组合作、交流中，进一步理解间隔数与棵数之间的规律，并解决简单的植树问题。

3. 在学习活动中，体会数学与生活的密切联系，锻炼数学思维能力，体验数学思想方法在解决问题上的应用，感受日常生活中处处有数学，进一步激发学生学习和探索的兴趣。

教学重点

理解"植树问题（两端要种）"的特征，应用规律解决问题。

教学难点

让学生发现植树的棵数和间隔数之间的关系，理解"间隔数＋1＝棵数，棵数－1＝间隔数"。

教学过程

（一）谜语引入，激发兴趣

两棵小树十个杈，不长叶子不开花，能写会算还会画，天天干活不说话。（猜一猜身体部位）

请同学猜一猜。（谜底：手）让学生伸出手思考，与学生交流互动，引出"间隔"。

师：今天我们就来学习与间隔有关的植树问题。（板书）

（二）设置冲突，激发思考

同学们在全长100米的小路一边植树，每隔5米栽一棵（两端都栽）。一共要栽多少棵树苗？

学生理解题意，独立思考。

在练习纸上列式计算。

预设答案：

$100÷5=20$（棵）　　　$100÷5+1=21$（棵）　　　$100÷5-1=22$（棵）

师：你们的做法到底对不对呢？我们通过验证看看哪种方法是对的。

（三）同类题思考

1.同学们在全长10米的小路一边植树，每隔5米栽一棵（两端都栽）。一共需要多少棵树苗？

（1）学生理解题意。

（2）学生讨论植树方案。

（3）教师简单画线段图。

2.**探究一**：同学们在全长15米的小路一边植树，每隔5米栽一棵（两端都栽）。一共需要多少棵树苗？20米？25米？30米呢？

探究步骤：

（1）根据条件画线段图，5厘米代表实际的5米。

（2）完成表格。

（3）同桌讨论，你发现了什么？

通过讨论，得出总长、间隔数与间距之间的关系：

总长÷间距＝间隔数（板书）

探究二：（题同"探究一"）

探究步骤：

（1）根据刚刚所画线段度，完成表格。

总长（米）	间距（米）	间隔（段）	棵数（棵）
10	5		
15	5		
20	5		
25	5		
……	……		

（2）同桌讨论间隔数与棵数的关系。

通过讨论，得出间隔数与棵树之间的关系：

间隔数+1＝棵树（板书）

（四）练一练

根据所学，让孩子完成表格，对总长、间距、间隔数、棵树之间的关系进行初步掌握。

回顾例题，确定方法。

（五）知识拓展

1.看见"假"的树

礼炮、排列整齐的凳子。

2.不容易看见却能想象的树

公共汽车站点。

3.看不见却能听得见的树

放礼炮。

……

（六）巩固练习

1.5路公共汽车行驶路线全长12千米，相邻两站之间的路程都是1千米。一共设有多少个车站？

2.在一条全长2千米的街道两旁安装路灯（两端也要安装），每隔50米安一盏。一共要安装多少盏路灯？

（七）课堂小结

同学们，本节课你收获了什么？

（八）课后思考

植树问题中，两端都栽时，间隔数+1＝棵树。如果不是两端种，情况又会是怎样呢？

《平行与垂直》教学设计

拉萨市城关区海萨小学　欧逸群

教学目标

1.知识与技能：理解平行与垂直是同一平面内两条直线的两种特殊位置关系，初步认识平行线与垂线。

2.过程与方法：在观察、操作、比较、概括中，经历探究平行线和垂线特征的过程，建立平行与垂直的概念。

3.情感态度与价值观：在活动中丰富学生活动经验，培养学生的空间观念和空间想象能力。

教学重点

正确理解"相交""互相平行""互相垂直"的概念。

教学难点

理解平行与垂直概念的本质特征。

教学准备

多媒体课件、直尺、三角板、量角器等。

教学过程

（一）情景导入

师：同学们，我们之前已经学过直线的相关知识，那谁能说一说直线都有哪些特征？

生：没有端点，可以向两端无限延长。

师：我们一起来学习有关直线的知识——平行与垂直。（板书课题）

1.让学生想象在无限大的平面上两条直线的位置关系。

师：摸一摸平放在桌面上的白纸，你有什么感觉？

（1）学生交流汇报。

（2）师：像这样很平的面，我们就称它为平面。（板书：平面）

我们可以把白纸的这个面作为平面的一部分，请大家在这个平面上任意画一条直线，说一说，你画的这条直线有什么特点？

（3）师：闭上眼睛想一想，白纸所在的平面慢慢变大，变得无限大，在这个无限大的平面上，直线也跟着不断延长。这时平面上又出现了另一条直线，这两条直线的位置关系是怎样的呢？会有哪几种不同的情况？

2.让学生尝试。

要求：把你想象到的情况画在白纸上，注意一张纸上只画一种情况，想到几种就画几种，相同类型的不画。

（二）探究新知

1.观察分类，感受特征

（1）展示作品

师：同学们的想象力真丰富！互相看一看，你们的想法一样吗？老师选择了几幅有代表性的作品，我们一起来欣赏一下。

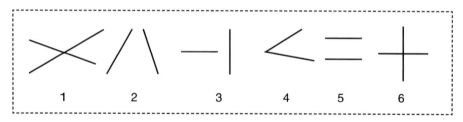

如果你画的和这几种情况不一样，可以补充到黑板上。

不管哪种情况，我们所画的两条直线都在同一张白纸上。因为我们把白纸的面看作了一个平面，所以可以这样说，我们所画的两条直线都在同一平面。（板书：同一平面）

（2）分类讨论

师：现在你们能给它们分分类吗？为了方便描述，我们给作品标上序号。可以怎样分类？按什么标准分？

①先独立思考：我打算怎么分？为什么这么分？分几类？

②再小组交流。

（3）学生汇报

师：哪一组愿意派代表来汇报一下？你们是怎么分的？分类的结果是什么？

各个小组交流分类情况。当学生在汇报过程中出现"交叉"一词时，教师随即解释：在数学上把这种交叉的关系叫作相交。（板书：相交）

师：还有没有不同的分法？能说一说你们是怎么想的吗？

学情预设：

①分两类：相交的一类，不相交的一类。

②分三类：相交的一类，不相交的一类，快要相交的一类。

③分四类：相交的一类，不相交的一类，快要相交的一类，相交成直角的一类。

（4）达成共识

师：同学们现在出现了不同的分法，这些分法，你更赞同哪一种？把你的想法在小组内交流一下。

学生在小组内将两条直线再延长，然后逐一讨论、分析，再次进行分类。

师：通过再次操作与讨论，对于第一次分类的结果，你们现在有什么想说的？

指名汇报并说明理由。

师：他的讲解能让你们信服吗？还有什么补充或建议吗？

学生通过讨论达成共识：看似不相交的两条直线延长后实际上是相交的，而出现相交成直角的这种情况是一种特殊的位置关系，也是相交。对于第三种分类，前面是按照两条直线相交与否为分类标准来分类的，而相交成直角是根据两条直线相交后所成角度来分类的，二者不是同一标准，所以这种分法是不正确的。从而达成分类的统一，即相交的一类、不相交的一类。（板书：相交　不相交）

小结：在同一平面内，两条直线的位置关系有相交和不相交两种情况，但在判断时我们不能光看表面，而要看他们的本质，也就是两条直线延长后是否相交。

2. 自主探究，揭示概念

（1）揭示平行的概念

①感知平行的特点

师：这两条直线真的不相交吗？怎样验证？

结合学生回答，用课件演示两条直线无论怎样延长都不会相交的动态过程。

②揭示平行的定义

师：像屏幕上这样的两条直线在数学上叫什么呢？（平行线）谁能说一说什么是平行线？

课件出示：在同一平面内，不相交的两条直线叫作平行线，也可以说这两条直线互相平行。（板书：互相平行）

师：这里的"互相"是什么意思？

生举例说明。

师：你认为在这句话中哪个词应重点强调？为什么？

结合学生回答，教师举例：下面这两条直线互相平行吗？为什么？

学生体会"同一平面"和"互相平行"的含义。

③介绍平行符号

课件分别呈现3组不同位置的平行线

师：这3幅图中的直线a与直线b都互相平行，我们用符号"//"来表示平行，a与b互相平行，记作"a//b"，读作"a平行于b"。

师：用这样的方法来表示a平行于b，你们觉得怎么样？是呀，像这样来表示两直线互相平行，既形象又方便。

④体验生活中的平行现象

师：生活中我们常常遇到平行的现象，你能举几个例子吗？（学生举例后教师可用多媒体课件适时补充一些生活中的实例）

（2）认识垂直

①感知垂直的特点

师：刚才同学们在画两条直线的位置关系时，还画了相交的情况。我们一起来看一看这些相交的情况。（课件或实物投影呈现几组典型的作品）观察一下这些相交的情况，你们发现了什么？（都形成了四个角，有的是锐角，有的是钝角，还有的比较特殊，四个角都是直角……）你怎么知道它们相交后形成的角是直角呢？请同学们量一量，刚才所画的两条相交直线组成的角分别是多少度？通过测量，你们有什么新发现？（学生通过测量能够发现有一种情况比较特殊，所形成的四个角，每个角都是90°）

②认识垂直的定义

师：如果两条直线相交成直角，我们就说这两条直线互相垂直，其中一条直线叫作另一条直线的垂线，这两条直线的交点叫作垂足。

（课件呈现三组垂线）

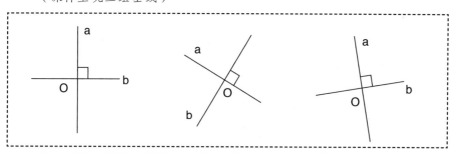

师：观察这里的三幅图，它们有什么相同点和不同点？根据刚才的比较，能尝试总结你的发现吗？（垂直要看两条直线相交是否成直角，而与怎样摆放无关）

③介绍垂直符号

师：垂直和平行一样，也可以用符号表示，就是"⊥"。（板书"⊥"）这里的直线a与b互相垂直，记作"a⊥b"，读作"a垂直于b"。

④感受生活中的垂直现象

师：生活中我们常常遇到垂直的现象，你能举出生活中一些有关垂直的例子吗？（学生举例后教师用多媒体课件补充一些实例）

（三）巩固练习

1.完成教科书第57页"做一做"。学生根据平行与垂直的特征快速判断，然后集体交流。

2.完成练习十第1题。学生先独立尝试找一找，集体交流后，使学生体验到几何图形中也有互相垂直和互相平行的现象，并借助课件用不同颜色的线来分别呈现图形中互相平行或互相垂直的线段，加深学生的直观认识。

3.完成练习十第2题。课件出示游戏的操作规则和提示，学生全员参与游戏。让学生先按照操作提示摆一摆，接着启发学生想象：如果把小棒看作直线的话，会有多少条直线跟它们平行或垂直。然后让学生结合观察、想象，尝试总结发现的规律。

（四）课堂总结

你有什么收获？还有什么疑问？

请在生活中找一找平行和垂直的现象。

附：板书设计

平行与垂直

同一平面两条直线
- 不相交：平行　a//b
- 相交
  - 相交成一般角
  - 相交成直角：垂直　a⊥b

《因数和倍数》教学设计

拉萨市城关区海城小学　　欧逸群

教学目标

1. 知识与技能：使学生理解因数的概念；会判断一个数是否有另一个数的因数，探索并掌握找一个数的因数的方法，发现一个数的因数中最大的数、最小的数及其个数方面的特征。

2. 过程与方法：使学生在认识倍数和因数以及探索一个数的因数的过程中，进一步体会数学知识之间的内在联系，提高数学思考的水平。

3. 情感态度与价值观：在解决问题的过程中，培养学生思维的有序性、条理性，培养学生的观察、分析和抽象概括能力，体会教学内容的奇妙、有趣，产生对数学的好奇心。

教学重点

理解倍数和因数的含义。

教学难点

掌握找一个数的因数的方法。

学生课前准备：

1. 课前复习旧知：除法算式中各部分的名称。

$$20 \div 4 = 5$$

被除数　除数　商

2. 计算下面这组算式的得数。

| 12÷2= | 8÷3= | 30÷6= | 19÷7= | 9÷5= |
| 26÷8= | 20÷10= | 21÷21= | 63÷9= | |

3. 谈话：认识我吗？我叫一声"同学们好"！你们应该叫我一声……（老师好！）我们之间现在是什么关系？（师生关系）人与人之间还有很

多关系，比如同学关系、父子关系……今天，我们就先来研究人与人之间的关系。

教学过程

（一）课前导入

出示课件《西游记》中的"唐僧师徒三人"为导入。

师：他们是谁？

生：唐僧、孙悟空、猪八戒。

师：他们有什么关系？

生：师徒关系。

师：如果有一个老外到中国来，他想看看《西游记》，你该怎么给他介绍唐僧与孙悟空和猪八戒之间的关系呢？

生：唐僧是师父，孙悟空和猪八戒是徒弟。

生：唐僧是孙悟空和猪八戒的师父，孙悟空和猪八戒是唐僧的徒弟。

师：他们俩谁介绍得清楚一些？

生：不能单独说，谁是师父，谁是徒弟。因为这样不知道是谁的师父，谁的徒弟。

师：他们到底什么样的关系呢？

生：师徒关系，相互依存的。

师：对，从数学的角度来说，我们要说得非常清楚、严谨。

［设计意图：得出师徒之间的关系是相互依存的，为因数和倍数之间的关系做铺垫］

师：师徒之间有相互依存的关系。在一定条件下，数与数之间也存在一定的关系的，到底是什么样的关系呢？带着这个问题我们一起来进入今天的学习。

［设计意图：带着疑问去学习，更能激发学生的求知欲］

（二）教学例1（因数与倍数的概念）

1.出示一组算式。

师：这是我们以前学过的算式，观察这组算式的特点是什么？

$12 \div 2 = \qquad 8 \div 3 = \qquad 30 \div 6 = \qquad 19 \div 7 = \qquad 9 \div 5 =$

$26 \div 8 =$　　　$20 \div 10 =$　　　$21 \div 21 =$　　　$63 \div 9 =$

生：都是整数，都是除法……（思考并得出结论）

师：我们可以说都是"整数除法"。（课件显示：整数除法）

2. 学生给出结果，给这组算式进行分类。可以分为几类？标准是什么？

①$12 \div 2 = 6$　　　　②$8 \div 3 = 2 \cdots\cdots 2$　　　　③$30 \div 6 = 5$

④$19 \div 7 = 2 \cdots\cdots 5$　　⑤$9 \div 5 = 1 \cdots\cdots 4$　　⑥$26 \div 8 = 3 \cdots\cdots 2$

⑦$20 \div 10 = 2$　　　　⑧$21 \div 21 = 1$　　　　⑨$63 \div 9 = 7$

生：两类，①⑦⑧③⑨是一类。标准是商是否是整数并且没有余数。

师：第一类和第二类的特点是什么？

生：第一类是，商是整数，没有余数。第二类是，商不是整数。

师：我们重点聚焦在第一类上，商是整数，没有余数。

大家猜一猜，在整数除法中，商是整数、没有余数的时候，它们三者之间存在什么样的关系呢？（学生猜）

3. 得出结论：在整数除法中，商是整数且没有余数，我们说被除数是除数的倍数，除数是被除数的因数。

4. 师：根据因数和倍数的概念，结合唐僧师徒之间的关系，你能以$12 \div 6 = 2$为例，说一说谁是因数谁是倍数吗？

生：12是倍数，6和2是因数。

生：12是6和2的倍数，6和2是12的因数。

师：请大家评价一下他俩刚才的说法。

生：前者说得不对，12是倍数，没说清楚12是谁的倍数，可能是3的倍数或者4的倍数。

师：很好，那么能不能单独说12是倍数，或者6和2是因数？

生：不能。

师：他们之间存在什么关系？

生：必须同时出现的关系。

生：相互依存的关系。

师：因数和倍数之间的关系是——相互依存。（板书：在课题上用直线连接因数和倍数，并标注上"相互依存"）

那么，我能不能把12÷6＝2里面包含的因数与倍数合二为一放一起说呢？像这样：因为12÷6＝2，所以6和2是12的因数，12是6和2的倍数。

5. 下面，请同桌互相说一说，其他算式中的因数和倍数的关系。

6. 还有没有其他算式？

师：能不能用一个式子表示出来？

生：$a÷b＝c$。

师：非常好，那么abc可以取任意数吗？

生：必须是整数。

师：0可以吗？

生：必须是非0整数。

[设计意图：1.限定条件：非0自然数。2.用字母表示，训练学生的抽象概括思维]

7. 小练习。

（1）下面说法对吗？说说理由。

①5.7是3的倍数。（　　）

②36÷9＝4，所以36是9的倍数。（　　）

③18是倍数，6是因数。（　　）

[设计意图：巩固因数和倍数的概念以及它们之间相互依存的关系]

（2）下面四组中，谁是谁的因数？谁是谁的倍数？

4和24　　　　　26和13　　　　　81和9　　　　　18和2

生：18是2的倍数，2是18的因数……

师：18的因数只有2吗？

生：还有9、3、6……

师：能不能请你们把18的因数全部找出来？

（三）教学例2（找一个数的因数）

1. 18的因数

温馨提示：

（1）想一想：你打算怎么找18的因数？

（2）找一找：请把找因数的过程写在草稿纸上。

（3）查一查：18的因数找齐了吗？

师：（1）请认真阅读温馨提示。

（2）找到的同学与同桌说一说，你是怎么找的？找到的都一样吗？

指定学生上黑板，板书过程。

用除法或者乘法，如：

$18 \div 1 = 18$	$18 \div 1 = 18$	$18 \div 3 = 6$
$18 \div 2 = 9$	$18 \div 2 = 9$	$18 \div 2 = 9$
$18 \div 3 = 6$	$18 \div 3 = 6$	$18 \div 6 = 3$
$18 \div 9 = 2$	$18 \div 18 = 1$	

18的因数有：1、18、2、9、3、6。

2.评价

师：请同学们看黑板上的三种方法，你喜欢哪一种，为什么？

生：喜欢第一种，最全面，而且有顺序。

生：第二种，只要一半的算式就可以找完因数。

师：第三种为什么没人喜欢？

生：没有顺序，而且有遗漏。

师：为了保证没有遗漏，我们应该怎么找？

生：一对一对地找，从小到大，做到没有遗漏。

师：这种从小到大，有顺序地找，在数学中叫作"有序思维"。（板书：有序思维）

3.写法

18的因数有：1，18，2，9，3，6。

18的因数有1、2、3、6、9、18

18的因数有　　1、2、3、6、9、18

师：第一种写法用句号说明什么？

生：说明数量是有限的。

师：找因数的方法，同学们都掌握了吗？

生：掌握了。

师：下面，请同学们展示一下。

4.展示

师：请男生写30的因数，女生写36的因数。看看谁写得又快又好。

◆18的因数有<u>1、2、3、6、9、18</u>

◆30的因数有<u>1、2、3、5、6、10、15、30</u>

◆36的因数有<u>1、2、3、4、6、9、12、18、36</u>

◆7的因数有<u>1、7</u>

一个数最小的因数是1，最大的因数是它本身。

一个数的因数的个数是有限的。

请同学们一起说一说，7的因数是多少。

观察以上4个数的因数，你们能得出什么结论？

生：都有1和它本身，最小的是1，最大的是它本身。

师：再加上，因数个数有限。

师：那么，所以非0自然数都有1和它本身2个因数吗？

生：1只有1个因数。

师：我们的问题解决了吗？

（四）全课小结

通过今天的学习，你有什么收获？你理解因数与倍数的概念了吗？你会找一个数的因数吗？

（五）当堂检测

1.填一填。

（1）20÷5＝4，则（　　）和（　　）是（　　）的因数，（　　）是（　　）和（　　）的倍数。

（2）a、b、c都是非0的整数，如果存在a÷b＝c，那么（　　）和（　　）是（　　）的因数，（　　）是（　　）和（　　）的倍数。

（3）一个数的因数的个数是（　　），最小的因数是（　　），最大的因数是（　　）。

2. 火眼金睛辨对错。

（1）2.4是0.6的倍数。 　　　　　　　　　　　　　　　　　　　（　　）

（2）因为9×5＝45，所以45是倍数，5和9是因数。 　　　　　　（　　）

（3）48是8的倍数。 　　　　　　　　　　　　　　　　　　　　　（　　）

（4）在4×0.5＝2中，4和0.5是2的因数。 　　　　　　　　　　　（　　）

（5）12的因数只有4个。 　　　　　　　　　　　　　　　　　　　（　　）

3. 写出下面各数的因数。

　　　10　　　　　　　17　　　　　　　28　　　　　　　32　　　　　　　48

附：板书设计

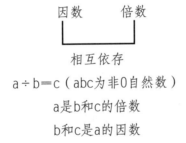

因数　　　倍数

相互依存

a÷b＝c（abc为非0自然数）

a是b和c的倍数

b和c是a的因数

《怎样滚得远》教学设计

日喀则市特殊教育学校　李苗苗

教学目标

1.组织学生进行实验，收集、记录数据并计算，掌握有关数据，体会什么情况下圆柱形物体能滚得比较远。

2.在与他人的合作中，感受合作的快乐和动手实践的乐趣。

重点、难点

组织学生进行实验，收集、记录数据并计算，掌握有关数据，体会什么情况下圆柱形物体能滚得比较远。

教具准备

木板、尺、圆柱形物体等。

教学过程

（一）介绍活动要求

1.今天这节数学课，我们要学习的是实践活动课：怎样滚得远。

说到"滚"，你想到了什么？（圆柱形物体）

书上要求我们利用木板搭建一个一定角度的斜坡，然后让圆柱形物体在一定高度滚下来。

想一想：在这个滚动过程中，哪些因素会影响滚的距离？

（圆柱形物体的重量、滚动的高度、木板的角度、地面的光滑度……）

为了使实验的数据，更具有可比性，所以我们同一组的同学在实验的时候要采用同一的标准，如：在同一块地面上用同一个圆柱形物体，从同一个高度来进行。

2.具体操作方法。介绍搭斜坡：用三角板上的某个角去搭成一定度数的斜坡，在这块板上可事先每10厘米处做一个记号。这样做的好处：一是可以提醒自己每次滚的高度都应该从同一处；二是可以把它作为一把尺，进行简单的测量等量距离（量的时候应该从木板的底部开始测量）。如果圆柱形物体在滚动的时候遇到障碍物了，那该次实验就不能算了，所以要找比较开阔的地方。

3.选择具体地点。教室太小了，不适合做实验。下面有三种地面供选择：水泥地、瓷砖地、操场。

想一想：这三种地面，哪一种更利于滚动？

4.教师演示，教给学生实验方法。

5.分组：可以自由选择，但要利于学习。

6.记录方面的要求。

书上第99页，自己通过实验，完成书上的4份表格。

（二）学生分组活动

教师参与学生的活动，及时发现并纠正学生中出现的不规范操作，对需要帮助的学生进行必要的指导。

（三）全班交流反馈

完整的数据得到后，思考：比较每次得到的平均数，你发现了什么？

（四）回顾反思

提问：在上面的活动中，问题是怎样提出的？研究的过程是怎样展开的？结论是怎样获得的？通过这一活动有哪些收获和体会？

《垂直与平行线》教学设计

日喀则市特殊教育学校　李苗苗

教学目标

1. 引导学生通过观察、讨论感知生活中的垂直与平行的现象。

2. 初步理解垂直与平行是同一平面内两条直线的两种特殊位置关系，初步认识垂直和平行。

3. 知道什么是角，能指出角、边和顶点；能用常用的符号来表示角，会用量角器量指定角的度数。

4. 掌握角的画法和角的度数的测量。

5. 了解直角、平角和周角之间的关系。

教学重点

正确理解"相交""互相平行""互相垂直"等概念，发展空间观念。学习角的概念，如何画角和量角。

教学难点

相交现象的正确理解（尤其是对看似不相交而实际上是相交现象的理解）。

教学准备

尺子，三角板，量角器，小棒，白纸，多媒体课件等。

教学过程

（一）引入课题

同学们在生活中可以看到斑马线、车灯照射的光线、笔直的公路，有没有同学知道这些都是什么线呢？今天我们一起来学习一下。

（二）识线

教师出示例1的图片，提出问题：这些美丽的光线是什么线呢？这些灯射出的光线都可以看成射线。

教师提出问题：

1.什么是线段？

2.什么是直线？

3.什么是射线？

学生集体讨论。教师找同学回答，并补充解释生活中出现的线段、直线和射线，加深学生的印象。

教师让同学们自己尝试画一画直线、射线和线段，并进行观察。告诉同学们直线、射线和线段各有什么特点。

（三）观察工具

教师出示例3图片，拿出教学用具三角板和量角器，请同学们认真观察三角板和量角器上的角，说一说，认一认。

师：三角板上的角是多少度的？你能用三角板的角去量角吗？

同学回答。

教师教学生认识量角器，并教学生如何使用量角器量角。

（四）量角

1.量特殊的角

师：角的度量需要量角器，下面我们动手自制一个简易的量角器。请同学们拿出你的圆形纸片，把它对折，变成了什么？

学生对折后回答：半圆。

师：把这个半圆对折后形成什么角呢？

学生操作后回答：变成直角。

师：这个直角是多少度？

生：90度。

师：把这个90度的直角再对折，现在这个角是多少度？

生：是90÷2＝45（度）。

师：请同学们把纸片展开成半圆，发现什么？

生：半圆上有一些折痕。

师：把这些折痕画出来，你能在这个半圆的折痕上从左到右找到0度、45度、90度、135度和180度的角吗？

学生找出来后，展示给其他人看，并说一说是怎样找这个角的。

师：我们把0度写作0°，把45度写作45°。请同学们用这种写法，在半圆上标出相应的度数。

学生操作后，在视频展示台上出示学生的半圆纸片。

师：这样，一个简易的量角器就做成了。同学们可以把书本封面上的一个角放在这个量角器上比一比，看看是不是90°？教师边讲边做示范后，学生把书放在半圆上比。

师：能说一说比的时候要注意些什么吗？

引导学生说出量的时候要和标有0°的线对齐，并且角的顶点要和半圆上几个角的顶点对齐。

师：我们把标有0°的线叫作0°刻度线，半圆上几个角的端点叫作量角。

师：下面请同学们用这种方法量一量自己的三角板上的角，能找到45°的角吗？再用三角板上的一个直角和一个45°的角拼在一起，看量出的角是多少度？

学生量角后，汇报时要重点让学生说一说是怎样量的，让学生掌握0°刻度线和角的一边重合，量角器的中心和角的顶点重合，再看另一边是多少度的量角的方法。

2.量一般的角

教师拿出一个25°的角问学生：用你们手中的量角器能量出这个角的度数吗？

生：不能。

师：这就需要我们有更精密的量角器。

多媒体课件出示量角器。

师：看，这个量角器和你们手中的量角器比，有哪些不一样？

学生直观地发现，这个量角器的刻度更多，并且有内外两圈刻度。

师：这里是把半圆平均分成了180份，每一份所对应的角的大小就是1°；这样的量角器有内外两圈刻度，有两条0°刻度线，方便同学们从两个方向测量角的度数。

师：同学们测出1号角是25°，这里角的符号我们通常用"∠"来表示，所以可以记作∠1＝25°。请同学们用这种方式记你们测出的其他角。

师：量角时要注意些什么？

学生讨论后回答。

指导学生完成课堂活动第2题。

3. 做活动角

指导学生做活动角，然后让学生旋转一条边，形成大小不同的角。

师：在做活动角的过程中，你发现角的大小与什么有关？

学生回答后，请学生判断两个角的大小，然后用量角器量一量，指导学生总结出结论：角的大小主要看角张开的大小，与边的长短无关。

（五）教学单元主题图

多媒体课件出示单元主题图。

师：生活中也有许多两条直线相交于一点的现象，你能从这幅图中找出哪些直线是相交的吗？

学生找出图中两条直线相交于一点的现象以后，多媒体课件隐去图中的其他情境，只剩下两条线相交的一些图形。

师：这些直线是怎样相交的呢？我们可以用纸条来摆一摆，两根纸条怎样摆才是相交的呢？

学生摆出相交的纸条后，让学生在视频展示台上展示，并用多媒体课件把两条直线相交的现象抽象出来。

师：从图中你发现了什么？

引导学生说出，两条直线相交于一点，形成4个角。

师：两条相交直线确定在一点上，这个点我们称为交点。再看看4个角，能分别说出它们是什么角吗？

生：角1和角3是大小相同的锐角，角2和角4是大小相同的钝角。

师：下面请同学们用图钉钉住相交纸条的交点，钉的时候可以用木板垫着钉，注意不要把桌子钉坏了。

师：这样一来，这两根相交的纸条就可以转动了，请同学们转动纸条，你又有什么新的发现？

学生的发现包括：

1. 这些纸条是绕着交点转动的；

2. 随着转动，角的大小要起变化。

师：我们重点看一看这些角是怎样变化的？你能将其中的一个角转为直角吗？

学生转动后，让学生在视频展示台上展示，并把学生展示的图形用多媒体课件抽象出来。

师：你发现了什么？

生：我发现一个角成直角时，其他三个角也是直角。

师：这个结论正确吗？用三角板上的直角边比一比。

学生比后，证实这个结论是正确的。

师：两条直线相交成直角时，我们就说这两条直线互相垂直，交点就是垂足。

教师在课题后接着板书：垂直。

课题成为：相交与垂直。

师：老师这儿有个问题，什么叫"互相"垂直？

引导学生对照图形直观地理解一条直线垂直于另一条直线时，就有另一条直线也垂直于这条直线的结论，这叫作互相垂直。

师：生活中有哪些物体上相邻两条边是互相垂直的？

学生回答。

引导学生完成课堂活动第1题，要求学生说一说图中相交的直线中哪些直线互相垂直？引导学生完成课堂活动第2题。

（六）画平行线

师：我们可以用两个三角板或一个三角板和一把直尺画平行线。

教师示范画平行线后，学生照老师的方法画平行线。画完后抽一个学生的练习在视频展示台上展出，并要求学生说一说自己是怎样画的。

师：同学们能画出下面直线的平行线吗？

学生画后，抽一个学生的作业在视频展示台上展出，并要求学生说一说自己是怎样画的。

师：画平行线时要注意些什么？你能给同学们提个醒吗?

引导学生回答：画平行线时，用一个三角板的一条直角边与已知直线的延长线重合。另一条直角边与一个三角板的一条直角边（或直尺的短边）靠紧，另一个三角板（或直尺）靠着这个三角板移动到合适的位置。就可以画已知直线的平行线了。

师：用画平行线的方法还可以检验两条直线是不是互相平行的。

（七）巩固训练

1.练习十三第3、6题。

学生独立完成。点名回答。

2.练习十四第1、2题。

小组讨论，集体订正。

3.练习十五第6、11题。

集体完成。

（八）课堂小结（略）

《二倍角的正弦、余弦、正切》教学设计

林芝市第一中学　郭军舰

栏目	内容
课题	二倍角的正弦、余弦、正切
教学内容	高一（6）班第1课时的内容
课程标准	1.能从两角和与差的正弦、余弦、正切公式变形推导出二倍角的正弦、余弦、正切公式，并了解它们之间的内在联系。 2.能运用上述公式进行简单的恒等变换。
学习目标	1.知识与能力： （1）掌握二倍角公式的推导，明确a的取值范围。 （2）能运用二倍角公式求值、化简、证明。 2.过程与方法： （1）通过两角和差公式的复习，推导出倍角公式，了解二者的内在联系；培养逻辑推理能力。 （2）通过倍角公式的推导，以及对公式的综合运用，体会由一般到特殊的数学思想及类比，转化的数学思想，提高运算，分析能力。 3.情感态度与价值观 通过学习，养成认真参与、积极交流的习惯，增强善于发现问题的规律和及时解决问题的意识。
评价设计	目标①：先与学生一起复习两角和的正弦、余弦、正切公式、同角三角函数基本关系式，以达到温故知新的目的。 目标②：学生在小组讨论的基础上进行展示，能把2α看成$\alpha+\alpha$。 目标③：引导学生将两角和的正弦、余弦、正切公式中的角α、β都令$\beta=\alpha$，让学生独立完成，引导学生观察变化，让学生自行动手体会由一般过渡到特殊的化归思想。 目标④：引导学生对引导探究、深化认识中的三个问题深刻领悟，从而达到彻底掌握与灵活运用公式的目的。 目标⑤：学生能够以独立或小组合作的方式完成例题的变式题组。

续表

教学方法	本节课采用观察、赋值、启发探究相结合的教学方法，运用现代化多媒体教学手段，进行教学活动。通过设置问题引导学生观察分析，使学生在独立思考的基础上进行合作交流，在思考、探索和交流的过程中获得倍角公式。对于倍角公式的应用采取讲、练结合的方式进行，使学生边学边练，及时巩固，同时设计问题，探究问题，深化对公式的记忆。

教学过程

教学环节	教学活动	设计意图
创设情境，引入课题。	计算三角函数值时，有些情况中，只用加或减不能满足要求，比如角 α，我们要求它的二倍、三倍，即 2α、3α 等，该如何求呢？今天我们就来学习二倍角的正弦、余弦、正切公式。	通过创设问题情境，自然流畅地提出问题，揭示课题，引发学生思考，使学生目标明确，迅速进入角色。
回顾知识，做好铺垫。	通过复习以下三个问题引入课题： 问题1．两角和的公式、同角三角函数基本关系式。 问题2．已知 $\sin\alpha=\dfrac{5}{13}$，$\cos\alpha=\dfrac{12}{13}$，求 $\sin2\alpha$，$\cos2\alpha$，$\tan2\alpha$（不需要运算，小组讨论方法，交流） 问题3．如果将两角和的正弦、余弦、正切公式中的角 α、β 都令 $\beta=\alpha$，会有什么形式？（学生独立完成，指名交流，订正后，引导学生观察其结构，并指名回答观察结果）	复习已学公式，学生容易发现"二倍角"与"两角和"的内在联系，领悟到二倍角是两角和的特殊情况，让学生学会从"一般"到"特殊"的化归方法，从而达到温故知新的教学目的。
步步为营，探究新知。	问题1：能否将二倍角的余弦公式表示为仅含正弦或余弦的形式？ 答：由 $\sin^2\alpha+\cos^2\alpha=1$ 得：$\cos2\alpha=2\cos^2\alpha-1=1-2\sin^2\alpha$ 问题2：这组二倍角公式，有什么约束条件吗？ 答：$S_{2\alpha}$，$C_{2\alpha}$ 中 $\alpha\in R$　$T_{2\alpha}$ 中 $\alpha\neq\dfrac{\pi}{2}+k\pi$ 且 $\alpha\neq\dfrac{\pi}{4}+\dfrac{k\pi}{2}(k\in Z)$。	从特殊到一般，按照学生的认知规律引导学生自主研究，充分调动学生学习的积极性。

299

步步为营，探究新知。	问题3：能否由 $\sin 2\alpha$ 和 $\cos 2\alpha$ 推导出正切的二倍角公式？ 答：由同角三角函数关系得： $$\tan 2\alpha = \frac{\sin 2\alpha}{\cos 2\alpha}$$ 再由二倍角公式得： $$\frac{2\sin\alpha\cos\alpha}{\cos^2\alpha - \sin^2\alpha}$$ 最后分子分母同除以 $\cos^2\alpha$ 得： $$\tan 2a = \frac{2\tan a}{1 - \tan^2 a}$$	
应用公式，提升思维。	应用一： 1.判断下列命题。 (1)对于任意实数 A，等式 $\sin 2A = 2\sin A\cos A$。 (2)对于任意 $\alpha \in R$，等式 $$\tan 2\alpha = \frac{2\tan\alpha}{1 - \tan^2\alpha}。$$ 2.填空。 （1）$\sin 2\alpha = 2\sin(\ \ )\cos(\ \ )$ （2）$\sin\alpha = 2\sin(\ \ )\cos(\ \ )$ （3）$\sin 3\alpha = 2\sin(\ \ )\cos(\ \ )$ （4）$\cos\alpha = \cos^2(\ \ ) - \sin^2(\ \ )$ （5）$\cos 4\alpha = 2\cos^2(\ \ ) - 1$ （6）$\cos 3\alpha = 1 - 2\sin^2(\ \ )$ 例1　已知 $\sin\alpha = \dfrac{5}{13}$，$\alpha \in (\dfrac{\pi}{2}, \pi)$。请求 $\sin 2\alpha$，$\cos 2\alpha$，$\tan 2\alpha$ 的值。 练习1 已知 $\sin\dfrac{\alpha}{3} = \dfrac{4}{5}$，$\dfrac{\pi}{4} < \alpha < \dfrac{\pi}{2}$，求 $\sin\dfrac{2\alpha}{3}$， $\cos\dfrac{2\alpha}{3}$ 和 $\tan\dfrac{2\alpha}{3}$ 的值。	通过以上练习，学生从公式的适用条件和理解"倍"的相对性两个层面加深了对公式的认识。 学生对刚才学到的应用进行巩固。 再一次强化倍角的概念，倍角是相对的，只要有二倍的关系就可以用倍角公式。

应用公式，提升思维。	例2　求下列各式的值。 （1）$2\sin 15° \cos 15°$ （2）$\cos^2 \dfrac{\pi}{12} - \sin^2 \dfrac{\pi}{12}$ （3）$2\cos^2 \dfrac{\pi}{8} - 1$ （4）$\dfrac{\tan 22.5°}{1 - \tan^2 22.5°}$ （5）$2\sin^2 \dfrac{\pi}{8} - 1$ （6）$\sin \dfrac{\pi}{12} \sin \dfrac{5\pi}{12}$ 练习2　化简求值。 （1）$\sin(\dfrac{\pi}{4} - \alpha) \cos(\dfrac{\pi}{4} - \alpha)$ （2）$\cos^4 \alpha - \sin^4 \alpha$ （3）$\cos 105° \cos 15°$ （4）$2\sin \dfrac{\pi}{7} \cos \dfrac{\pi}{7} \cos \dfrac{2\pi}{7} \cos \dfrac{4\pi}{7}$ 例3　化简　$\cos \dfrac{\pi}{9} \cos \dfrac{2\pi}{9} \cos \dfrac{4\pi}{9}$。	本题要求逆向使用公式，由于对思维的灵活性要求高，所以前3道小题仅是逆向套用公式；第4、5小题在式子结构上有变化，要进行凑配才具备使用倍角正切公式的条件；第6小题在式子结构上稍加变化，但经过分析结构，使用诱导公式变形后容易得到二倍角正弦公式，继而解决问题。 该习题组是在对倍角公式正反使用已熟悉的前提下进行公式的灵活应用，它们在式子结构上有变化，要进行凑配才具备使用倍角正切公式的条件。 此例有利于学生准确把握公式结构，深刻理解公式；培养学生从角的关系，三角函数名称，式子结构三个方面去思考的习惯。进一步锻炼了学生运算、分析和逻辑推理能力。学生在理清思路以后，要求在课上写出运算过程。

应用公式，提升思维。	练习3 （1）cos20° cos40° cos80° （2）sin70° cos40° sin10° （3）sin70° sin50° sin10°	激发学生思维，让学生对公式的灵活应用有一个整体认知的提升。让学生体会公式的直接逆向应用。
	例4 证明恒等式： $$\frac{\sin 2\theta + \sin\theta}{2\cos 2\theta + 2\sin^2\theta + \cos\theta} = \tan\theta$$	让学生体会化简题中的障碍，让其思考如何一步步破除，进一步体会公式的直接逆向应用。一般恒等式是由繁到简，复杂的恒等式一般是"两面夹击，中间会师"，左右归一，使等式两端的"异"化为"同"。采用切割化弦、通分、平方降次、1的代换等方法技巧来进行化简。
	练习4 证明： $$\frac{1+\sin 4\theta - \cos 4\theta}{2\tan\theta} = \frac{1+\sin 4\theta + \cos 4\theta}{1-\tan^2\theta}$$	让学生学会等价证明、转化证题及一题多证，以培养学生数学思维的灵活性、散发性及创造性思维，加深巩固二倍角公式和综合应用已学过的技巧证题。
课堂小结	1.二倍角正弦、余弦、正切公式的推导。 2.熟记二倍角正弦、余弦、正切公式。 3.注意二倍角正弦、余弦、正切公式的正向和逆向运用。 4.注意二倍角正弦、余弦、正切公式的变形的运用。	引导学生回顾公式的推导过程，进一步把握倍角公式的结构特征，记忆公式。

续表

| 作业 | 层级一
课本P.144练习A的2、4，练习B的1、2、3、4。
层级二
1.已知 $\sin x : \sin \dfrac{x}{2} = 8 : 5$，求 $\sin x$ 的值。

2.已知 $\tan 2\alpha = \dfrac{1}{3}$，求 $\tan \alpha$ 的值。

3.在 $\triangle ABC$ 中，已经 $\tan B = 2$，$\cos A = \dfrac{4}{5}$，求 $\tan(2A + 2B)$ 的值。 | 层级一是课本的课后习题，主要让学生通过习题进一步巩固公式、记忆公式。
层级二是一组自编习题，主要用来检测学生对本节课的掌握情况。 |

《分类加法计数原理与分步乘法计数原理（1）》教学设计

拉萨市北京中学　黄小华

教学内容解析

分类加法计数原理与分步乘法计数原理是人类在大量的实践经验的基础上归纳出的基本规律，它们不仅是推导排列数、组合数计算公式的依据，而且其基本思想方法也贯穿解决本章应用问题的始终，在本章中是奠基性的知识。返璞归真地看两个原理，它们实际上是学生从小学就开始学习的加法运算与乘法运算的推广。从思想方法的角度看，运用分类加法计数原理解决问题是将一个复杂问题分解为若干类别，然后分类解决，各个击破；运用分步乘法计数原理是将一个复杂问题的解决过程分解为若干步骤，先对每个步骤进行细致分析，再整合为一个完整的过程。这样做的目的是为了分解问题、简化问题。理解和掌握两个计数原理，是学好本章内容的关键。

教学目标设置

（一）知识与技能

1. 正确理解和掌握分类加法计数原理和分步乘法计数原理。

2. 能根据具体问题的特征，准确地选择应用它们分析和解决一些简单的实际问题。

（二）过程与方法

在教学过程中，凸显两个原理发现的原始过程，使学生深刻理解由特殊到一般的归纳推理思维，在应用原理解决问题时，体会一般到特殊的演绎推理思维，从而培养学生的抽象概括能力、逻辑思维能力以及解决实际问题时主动应用数学知识的能力。

（三）情感态度与价值观

通过探索与发现的过程，使学生亲历数学研究的成功和快乐；培养学生主动探究的学习态度和协作学习的能力。

学情分析

高一学生有一定的探究分析归纳能力，但在运用原理时，对"完成一件事""分类""分步"的准确把握有一定难度。

教学重点、难点

重点：归纳得出分类加法计数原理和分步乘法计数原理，能应用它们解决简单的实际问题。

难点：正确地理解"完成一件事"的含义；根据实际问题的特征，正确地区分"分类"或"分步"。

教学策略分析

1.教法

（1）诱导思维法：设置问题串，采用多媒体辅助教学，这种方法有利于学生对知识进行主动建构，有利于突出重点、难点，有利于调动学生的主动性和积极性，发挥其创造性。

（2）分组讨论法：有利于学生进行交流，及时发现问题，解决问题，培养学生的互相合作精神。

（3）讲练结合法：可以及时巩固所学内容，抓住重点，突破难点。

2.学法：建构主义学习理论认为，学习是学生积极主动的建构知识的过程，学习应该与学生熟悉的背景相联系。在教学中，让学生在问题情境中，经历知识的形成和发展，通过观察、归纳、类比、思考、探索、交流、反思参与学习，认识和理解数学知识，学会学习，发展能力。

教学过程

（一）提出问题，引入新知

提出问题：一位同学用0到9之间的六个数字设置他的微信密码，共有多少种不同的设置方法？你能一一列举出来吗？

学生活动：学生列举出一些密码，发现数量很多，一个一个数无法解决问题。

教师说明：在上述问题中，计算完成一件事的方法数的问题，我们称之为计数问题。对于复杂的计数问题，我们需要学习本节课的知识和方法来解决。

[设计意图：激发学生求知欲望，引入计数问题，以及分类加法计数原理与分步乘法计数原理]

（二）自主探究，归纳分类加法计数原理

问题1：从2本不同的数学书、3本不同的文学书中，任选一本，共有多少种不同的选法？

变式：若还有2本不同的体育书呢？

师生活动：根据例子，请学生归纳出一般性结论，教师补充。

归纳分类加法计数原理：完成一件事有n类不同的方案，在第1类方案中有m_1种不同的方法，在第2类方案中有m_2种不同的方法……在第n类方案中有m_n种不同的方法，那么完成这件事共有$N=m_1+m_2+\cdots+m_n$种不同的方法。

[设计意图：培养学生的抽象概括能力，得到分类加法计数原理]

说明：在这个原理中，要注意"完成一件事""分类""加法"几个关键词。在用这个原理解决问题时，要能够用原理表达，要清楚：完成一件什么事？怎么完成？分哪几类？

反馈练习：在填写高考志愿表时，毕业生扎西了解到，A、B两所大学各有一些自己感兴趣的强项专业，具体情况如下：

A大学	B大学
生物学	数学
化学	会计学
医学	信息技术学
物理学	法学
工程学	

如果扎西只能选一个专业，那么他共有多少种选择呢？

解：选一个专业，有两类方案：第一类，在A大学中选择，有5种方法；第二类，在B大学中选择，有4种方法。并且两所大学没有重复专业，根据分类加法计数原理，选择专业的方法数共有$N=m_1+m_2=5+4=9$。

反思：解题思路分三步。（事件、分解、原理）

（三）类比探究，归纳分步乘法计数原理

问题2：从2本不同的数学书、3本不同的文学书中，选一本数学书和一本文学书，共有多少种不同的选法？

探究活动：学生通过实际操作，一一列举出方法，剖析特征，教师介绍树形图。

变式：若还有2本不同的体育书，从中各选一本，共有多少种不同的选法？

师生活动：根据例子的特点，请学生类比分类加法计数原理归纳出一般性的结论，教师补充。

归纳分步乘法计数原理：完成一件事有n个步骤，做第1步有m_1种不同的方法，做第2步有m_2种不同的方法……做第n步有m_n种不同的方法，那么完成这件事共有 $N=m_1 \times m_2 \times \cdots \times m_n$ 种不同的方法。

[设计意图：培养学生类比归纳的能力，得到分步乘法计数原理]

说明：在这个原理中，要注意"完成一件事""分步""乘法"几个关键词。步与步之间要相互独立，分步要做到"步骤完整"，在用这个原理解决问题时，要用原理表达：完成一件什么事？怎么完成？分哪几步？

解决引入问题：

设置一个六位数字的密码，分六个步骤：确定第一位有10种方法，确定第二位有10种方法，确定第三位有10种方法……确定第六位有10种方法。

根据分步乘法计数原理，设置密码的种数共有 $N=m_1 \times m_2 \times \cdots \times m_6 = 10 \times 10 \times \cdots \times 10 = 10^6$。

问题3：两个原理有何区别与联系？

师生活动：请学生自主分析归纳两个原理的区别与联系，教师补充，并板书。

联系：都是用来解决计数问题。

区别：分类加法计数原理针对"分类"问题，任何一类中的任何一种方法都能单独完成这件事，是独立完成。

分步乘法计数原理针对"分步"问题，各个步骤相互依存，只有各个步骤都完成后才能完成这件事，是合作完成。

[设计意图：引导学生对两个原理做比较，加深对原理使用条件的理解]

（四）学以致用，技能提升

例：（1）如图，从甲地到乙地有5条路，从乙地到丁地有3条路，从甲地经乙地到丁地共有多少种不同的路线？

（2）在（1）的条件下，从甲地到丙地有4条路，从丙地到丁地有2条路，从甲地到丁地共有多少种不同的路线？

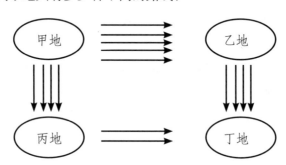

分析：第一个问题属于分步问题，运用分步乘法计数原理；第二个问题先分类，再分步，类中有步，两个原理综合运用。

解：（1）从甲地经乙地到丁地，分两个步骤：第一步，从甲地到乙地，有5种不同的路线；第二步，从乙地到丁地，有3种不同的路线，根据分步乘法计数原理，不同的路线种数共有N＝5×3＝15。

（2）从甲地到丁地，有两类方案：第一类方案，从甲地经乙地到丁地，有5×3＝15种不同的路线；第二类方案，从甲地经丙地到丁地，有4×2＝8种不同的路线。

从甲地到丁地，不同的路线种数共有：N＝15＋8＝23。

题后感悟：计数问题三部曲，事件分解用原理。分类加来分步乘，准确应用要注意。

[设计意图：加深对新知的理解，体会"类中有步"，为下节课学习打下基础]

（五）巩固练习，强化新知

1.现有高一年级学生3名，高二年级学生5名，高三年级学生4名。

（1）从中任选1人参加座谈会，有 ＿＿＿种不同的选法。

（2）从高一、高二、高三年级的学生中各选一人参加座谈会，有种不同的选法。

（3）从两个不同的年级中各选一人参加座谈会，有＿＿种不同的选法。

2.十字路口来往的车辆，如果不允许回头，不同的行车路线有（　）种。

A.3　　　　　　B.4　　　　　　C.8　　　　　　D.12

（六）回顾课堂，提炼新知

请学生回答：这节课你有什么收获？学习了什么知识和技能？什么思想和方法？（一个问题，两个原理，三部曲）

[设计意图：培养学生"学习——总结——学习"的习惯]

（七）分层作业，延伸新知

1.书面作业：P.12 A组1、3题。

2.思考：

（1）4名同学报名参加数学、物理、化学竞赛，每人限报一科，共有多少种不同的报名方法？

（2）请举出两个实际生活中计数问题的例子，并运用原理解决问题。

附：板书设计

《两角和与差的三角函数》教学设计

拉萨市北京中学　黄小华

教材分析

本节是苏教版高中必修四第三章的内容，是在学生已经学习了任意角的三角函数和平面向量知识的基础上进一步研究两角和与差的三角函数与单角的三角函数关系。它既是三角函数和平面向量知识的延伸，又是后继内容两角和与差的正切公式、二倍角公式、半角公式的知识基础，起着承上启下的作用，对于三角函数式的化简、求值和三角恒等式的证明等有着重要的支撑作用。本课时主要讲授运用平面向量的数量积推导两角差的余弦公式以及两角和与差的正、余弦公式的运用。

学情分析

学生在本节之前已经学习了三角函数和平面向量这两章知识内容，这为本节课学习做了很多的知识铺垫；此外，学生也有了一定的数学推理能力和运算能力。本节教学内容需要学生已经具有单位圆中的任意角的三角概念和平面向量的数量积的表示等方面的知识储备，这将有利于进一步促进学生思维能力的发展和数学思想的形成。

课程资源

高中数学苏教版必修四教材、多媒体投影仪。

教学目标

1.知识与技能：掌握用向量方法推导两角差的余弦公式，回顾已学过的诱导公式以及其应用，通过简单运用，使学生初步理解公式的结构及其功能，为建立其他和（差）公式打好基础。

2.过程与方法：让学生经历两角差的余弦公式的探索、发现过程，培养学生的动手实践、探索、研究能力。

3.情感态度与价值观：激发学生学习数学的兴趣和积极性，实事求是的科学学习态度和勇于创新的精神。

教学重点和难点

重点：两角和与差的余弦公式以及正弦公式的推导及运用。

难点：向量法推导两角差的余弦公式及公式的灵活运用。

设计依据：平面内两向量的数量积的两种形式的应用是本节课"两角和与差的余弦公式推导"的主要依据，在后续知识中也有广泛的应用，所以是本节的一个重点。又由于"两角和与差的余弦公式的推导和应用"对后几节内容能否掌握具有决定意义，在三角变换、三角恒等式的证明、三角函数式的化简求值等方面有着广泛的应用，因此也是本节的一个重点。由于其推导方法的特殊性和推导过程的复杂性，所以也是一个难点。

教学方法

情景教学法、问题教学法、直观教学法、启发发现法。

学法指导

1.注意任意角的终边与单位圆交点坐标、平面向量的坐标的表示以及平面向量的数量积的两种表示形式的复习为两角差的余弦的推导做必要的准备，并让学生体会感悟向量在解决数学问题中的工具作用，体现学习过程中循序渐进、温故知新的认知规律。

2.突出诱导公式在三角函数名称变换中的作用以及变角思想让学生进一步体会数学的化归思想。

3.让学生注意观察、对比两角和与差的余弦公式中正弦、余弦的顺序，角的顺序关系，培养学生的观察能力，并通过观察掌握公式的特点。

教学过程

教学流程为：创设情境——提出问题——探索尝试——启发引导——解决问题。

（一）创设情境，揭示课题

问题1：同学们一起回忆一下向量积的概念性计算公式以及坐标运算公式是什么？单位圆与终边交点的坐标表示是什么？

[设计意图：通过问题情境，自然流畅地提出问题，揭示课题，引发学生思考，使学生目标明确，从而迅速进入新知学习]

（二）问题探究，新知构建

问题2：你能用三角函数值表示出这两个角的终边与单位圆的交点A和B的坐标吗？怎样表示？

师生活动：画单位圆。

在直角坐标系中画出单位圆，并作出角的终边与单位圆的交点，引导学生利用三角函数值表示出交点坐标。

[设计意图：通过复习，学生熟悉基础知识，特别是用角的正、余弦表示特殊点的坐标，为新课的推进做准备]

问题3：如何计算向量的数量积？

师生活动：引导学生观察的是夹角，引发学生对向量的思考，并及时启发学生复习向量的数量积的两种表示法。

[设计意图：平复习面内两向量的数量积的几何法与代数法两种表示法，从而使"两角差的余弦公式"的推证水到渠成]

问题4：通过减法的逆运算及诱导公式 $\cos(-\beta)=\cos\beta$，$\sin(-\beta)=-\sin\beta$ 的运用，推导得出两角和差的正、余弦公式：

$$\cos(\alpha+\beta)=\cos\alpha\,\cos\beta-\sin\alpha\,\sin\beta$$

$$\cos(\alpha-\beta)=\cos\alpha\,\cos\beta+\sin\alpha\,\sin\beta$$

$$\sin(\alpha+\beta)=\sin\alpha\cos\beta+\cos\alpha\sin\beta$$

$$\sin(\alpha-\beta)=\sin\alpha\cos\beta-\cos\alpha\sin\beta$$

[设计意图：师生合作进行，在推导过程中以学生为主体，避免学生对公式进行生涩记忆，从根本上避免学生对公式的刻板运用，达成新知的构建并体会转化思想的应用]

问题5：计算 $\cos(-15°)$ 和 $\sin75°$ 的值。

分析：本题关键是将两者分成45°与30°的差或者分解成45°与15°的和，再利用两角差的余弦公式求解。

师生活动：引导学生初步应用公式。

[设计意图：让学生熟练两角和与差的正、余弦公式，体会学生公式的实际应用价值，即将非特殊角转化为特殊角的和与差。并引发学生对两角和的余弦公式的推证兴趣]

（三）知识应用，熟悉公式

例1　（1）求cos75° cos105° +sin75° sin105° 的值。

（2）求sinxcos（x+y）-cosxsin（x+y）的值。

[设计意图：进一步熟悉诱导公式、两角和与差的三角函数公式的特点及正逆应用]

例2　已知α、β为锐角，且$\cos\alpha = \dfrac{2\sqrt{5}}{5}$，$\cos\beta = \dfrac{\sqrt{10}}{10}$，求α-β的值。

例3　已知$\cos\alpha = \dfrac{1}{7}$，$\cos(\alpha+\beta) = -\dfrac{11}{14}$，且α、$\beta\in\left(0, \dfrac{\pi}{2}\right)$，求cosβ的值。

[设计意图：解答已知三角函数值求角这类题目，关键在于合理运用公式并结合角的范围，对所求的解进行取舍，其关键环节有两个—— 一是求出所求角的某种三角函数值，二是确定角的范围，然后结合三角函数图像就易求出角的值]

例4　已知$\cos\left(\alpha - \dfrac{\beta}{2}\right) = -\dfrac{1}{9}$，$\sin\left(\dfrac{\alpha}{2} - \beta\right) = \dfrac{2}{3}$，其中$\alpha\in\left(\dfrac{\pi}{2}, \pi\right)$，$\beta\in\left(0, \dfrac{\pi}{2}\right)$，求$\cos\dfrac{\alpha+\beta}{2}$。

[设计意图：三角变换是三角运算的灵魂与核心，包括角度变换、函数名称的变换，三角函数式结构的变换，应熟悉常见的类型，如$\alpha = (\alpha+\beta) - \beta$，$\alpha = (2\alpha-\beta) - (\alpha-\beta)$等形式的变换。训练学生思维的有序性，例如在面对问题时，要注意先认真分析条件，明确使用公式时要有什么准备，准备工作怎么进行等。还要重视思维过程的表述，不能只看最后结果而不顾过程表述的准确性、简洁性等。在教学过程中，对例4适当延伸，目的要求学生正确使用分类讨论的思想方法，在表述上也对学生有了更高的要求]

（四）自主探究，深化理解，拓展思维

变式训练：已知$\cos(\alpha-\beta) = -\dfrac{12}{13}$，$\cos(\alpha+\beta) = \dfrac{12}{13}$，且$\alpha-\beta\in\left(\dfrac{\pi}{2}, \pi\right)$，

$\alpha+\beta \in \left(\dfrac{3\pi}{2}, 2\pi\right)$，求角 β 的值。

[设计意图：通过变式训练与讨论进一步培养学生自主探究、合作学习交流的能力，以熟悉公式的变形运用并掌握两角和与差的正余弦公式的特征及应用]

（五）小结反思，评价反馈

1.本节学习的内容有哪些?

2.两角和与差的三角函数公式有什么特点? 运用两角和与差的三角函数公式可以解决哪些问题?

3.你通过本节学习有哪些收获?

[设计意图：进一步熟悉公式，加深学生对公式的理解和认识，培养学生的归纳总结能力和交流表达能力，让学生获得成功体验]

（六）作业布置，练习巩固

本节例4以及变式训练。

教学感悟：

本节教学设计首先通过问题情景阐述了两角差的余弦公式的产生背景，然后通过组织学生分析、讨论，并借助于单位圆中以原点为起点的两向量的数量积的两种表示，对任意 α 与 β 的和差的正余弦公式的证明，以及回顾应用诱导公式，这些均体现了数学中从特殊到一般的思想方法，符合新课改的基本理念。由浅入深，让学生在问题中探究，在探究中建构新知，使学生在已有基础上，充分利用归纳、类比等方法激发学生进一步探究的欲望，有利于学生数学思维水平的提高，同时及时巩固应用、拓展延伸，加强了学生对新知的掌握和灵活运用。给学生思维以适当的引导并不一定会降低学生思维的层次，反而能够提高思维的有效性，从而体现教师主导作用和学生主体作用的和谐统一。但课后发现小结仓促，如果能再引导学生自我小结、反思，可能会更好。

《古代希腊的民主政治》教学设计

昌都市第三高级中学　代长建

学情分析

我校是民族地区的一所普通高级中学，学生的语文基础较差，在历史学科上学生学习能力特别是自学能力有限。我准备从学生现有知识基础和理解能力出发，通过创设课堂情景、转化课堂情景、设置关键问题，来引导学生探讨学习本课的新知识，引发学生积极参与课堂讨论和思考回答问题，逐步实现教学目标，达到提高课堂效率的作用。本课的设计主要分为四个阶段：1.探希腊民主之因；2.现希腊民主之峰；3.思希腊民主之实；4.寻希腊民主之果。通过先因后果、由浅入深的方式，激发学生的探究兴趣，感受希腊民主制度的辉煌及其缺陷，从而使学生正确认识到民主政治对人类文明发展的重要意义。考虑到我校学生层次较低的现状，在教学中运用多媒体教学，直观展示相关图片等资料，帮助学生理解。

教学目标

（一）知识与能力

1.通过对希腊城邦形成原因的分析，学生理解地理环境对城邦制度的影响，增强分析史料、史料实证、解决问题的能力。

2.通过对伯利克里执政时期雅典民主制度具体内容的学习，学生增强归纳历史信息和资料的能力。

3.通过对雅典民主制度意义和衰落的原因的学习，学生增强分析问题的能力。

（二）过程与方法

1.通过对希腊文明产生原因的学习，学生学会分析历史事件的方法。

2.通过对伯利克里执政时期雅典民主制度具体内容的学习，学生学会分析和处理历史资料的方法。

3.通过对雅典民主制的特点、作用和衰落的原因的学习，学生能够掌握运用唯物史观分析历史现象的方法。

（三）情感态度与价值观

1.通过了解雅典民主政治"黄金时代"的重要内容，学生感受古代希腊文明的辉煌。

2.通过希腊文明对世界文明的贡献及其历史局限的学习，学生感受人类文明的源远流长。

3.通过对雅典民主制度产生发展的历史条件和实质的分析，学生理解希腊奴隶制度是把"双刃剑"的含义，从宏观上把握人类文明的演进历程。

教学重点与难点

1.教学重点：雅典民主政治的成因、伯利克里改革的内容和作用。

2.教学难点：雅典民主政治的基本特征、实质和历史作用。

主要教学方式与教学用具

1.教学方式：启发式（情景问题创设）、讨论法、合作教学。

2.教学用具：课件、地图册。

教学过程

（一）导入新课

通常我们提到民主政治，一般跟近现代国家政治制度挂钩，但是今天我们要学的民主政治却是产生于2500年前的古代希腊。在学习本课内容以前，我想请大家思考讨论一个问题：当今时代，什么是民主政治？民主政治体现的主要特点有哪些？

学生思考回答：人民主权、法律至上、分权与制衡、天赋人权……

教师总结：当今时代，社会主义国家与资本主义国家的民主政治虽然在机构设置、运作形式上各有不同，但所体现的民主原则有共同性。当今时代民主政治表现的特点，在2500年前的古希腊已经有所体现，那么，是什么原因促成雅典在古代社会普遍实行集权体制下，一枝独秀选择了民主体制？让我们一起探讨本课的第一个内容：雅典民主制之因。

（二）探——雅典民主之因

探究一：你认为古代雅典能产生民主政治的条件有哪些？

学生看书讨论回答，教师引导：

1.自然因素

（1）地理因素

①古希腊的地理环境：多山靠海。

②小国寡民城邦的形成。

（2）地理环境与民主政治

海洋文明的开放性，一方面推动商品经济的发展，易于形成自由、平等的氛围；另一方面，积极吸收外来先进文明，由于多山靠海、小国寡民，不利于大规模发展农业。

（3）经济形态与民主政治

工商业的发展，使得新兴工商业者追求民主的渴望更加强烈，社会矛盾愈加尖锐。改革呼之欲出，为民主政治的到来奠定了经济和阶层基础。

问题情境：在这些众多的因素中，你觉得哪些因素是决定民主政治的内在根本因素？哪些发挥了外部影响的作用？

教师提示：学会运用马克思的唯物历史观分析问题——物质与意识、经济基础与上层建筑等理论。

学生讨论，教师总结：决定雅典民主政治的根本因素在于雅典的经济形态，地理环境只是外部条件。

教师总结：人们环绕着大海而居，如同青蛙环绕着水塘，希腊半岛被分成小块的区域，形成众多的小国，史称"城邦"，其特征是小国寡民。商品经济发达，产生了新兴工商业者，他们积极追求民主的愿望强烈。加之希腊城邦之间战争不断，战争需要把本邦的人团结起来，怎么团结呢？给人们政治权利，所以民主又成为调动民众团结一致的手段。因此，雅典民主只是小国寡民体制的产物。

2.历史因素

政治家改革的推动（直接原因）。

探究二：雅典民主政治的发展演变过程如何？

学生自学书本内容讨论回答，教师引导。

梭伦：按财产划分等级，实行公民大会制度，废除债务奴隶，实行四百人议事会。（打击了旧贵族，奠定了民主政治基础）

克里斯提尼：用地域打破血缘（进一步打击旧贵族），设五百人会议（扩大民主权利），设十将军委员会（正式确立了民主政治体制）。

总结：经过两人的改革，搭好了古代希腊民主政治的框架。

（三）现——雅典民主之峰

活动一：（情景设置）发挥想象，假如你是一个生活在雅典时期的成年男性公民，可以描绘一下一天的生活经历吗？

总结出雅典伯利克里时期民主政治的内容：

1.改革公民大会；

2.改革五百人会议；

3.提高陪审法庭的地位；

4.扩大十将军委员会的权力；

5.发放工资和津贴；

6.扩大公民参政范围。

这些使雅典民主政治发展到顶峰。

活动二：现实是历史的影子，联系现实你能看出雅典民主的特点吗？PPT展现历史背景资料，供学生思考讨论。

教师总结：

1.主权在民；

2.法律至上；

3.轮番而治；

4.自由平等，比例分配；

5.集体掌握国家最高权力。

（四）思——雅典民主之实

探究三：认识雅典民主政治的本质。

借助资料回放，引导学生积极思考。

小国寡民的直接民主制，有权利局限。在伯利克里时期，40万人中，奴隶20万，妇女与外邦人16万，他们都没有公民权。实际上享有民主的公民仅4万多人，实质上是少数男性公民的奴隶主专政。

总结：正是因为雅典的民主是建立在奴隶制基础之上的，并非是所有人的民主，还存在着很大的局限性，其根本是为了维护奴隶主阶级利益，这种民主是建立在生产力水平低下基础上的，是小国寡民的产物，这也成了希腊文明衰落的根源。正所谓："成也萧何，败也萧何。"

（五）寻——雅典民主之果

探究四：雅典民主政治的影响。

情景再现：（图片展示）古希腊文化的辉煌，与近代西方政治的渊源。

资料展示：直接民主的弊端。

学生讨论，教师总结：

1.创造了辉煌的文明成就。（积极性成果）

（1）重视公民的个体自由和责任感，铸就了希腊人渴求知识、乐于探究的民族性格，使古希腊在众多文化领域取得辉煌成就。

活动三：寻找古代雅典民主和现代美国民主相似的地方，展示相关图片材料。

学生讨论，集体回答，教师总结。

首席将军——总统。

公民大会、五百人会议——国会。

陪审法庭——最高法院。

得出结论：希腊民主政治是西方近代民主政治之源。

（2）创造出法治基础上的选举制、任期制、议会制等民主方式，为人类提供了集体管理的新形式，为近代资产阶级民主思想的产生奠定基础。

2.少数人的民主，太过泛滥的直接民主，小国寡民的产物，维护奴隶阶级的利益使得雅典在战争中走向衰落。（消极性结果）

（六）课堂小结

雅典民主政治，即古希腊雅典国家的奴隶主民主政治制度，它是古代希腊民主政治的典型代表，是小国寡民体制的产物，形成于古希腊由原始社会向奴隶社会过渡时期，在伯利克里时代达到顶峰，其实质是为了维护奴隶主贵族利益。它使古代希腊在众多领域取得了辉煌成就，是西方近现代民主思想的源泉。

（七）当堂检测

1.巩固练习

身临其境——听故事《一个雅典公民的政治生活》，结合所学知识，回答故事中的小问题。

帕罗斯是个雅典郊区的农民，今年30岁，他是家庭中的男主人。他要去雅典参加公民大会，公民大会每十天就开一次，严重影响帕罗斯干农活，但他还是很愿意去。

提问：他为什么愿意去？（有可能当上官，还有津贴领）

帕罗斯的妻子海伦也想跟丈夫去公民大会瞧瞧热闹。到了雅典公民大会的会场，在门口执勤的监察员看见帕罗斯夫妇，大声地冲着帕罗斯喊道：“喂！你的妻子不能来这地方。”

提问：帕罗斯的妻子为什么不能进入会场？（妇女、儿童、外邦人、奴隶没有政治权利，无权参加公民大会）

帕罗斯来到公民大会会场，一个人进去后，听到执政官宣布今天的议题有两项。第一项是投票选出对民主造成威胁的人。每个有投票资格的雅典公民，在自己的选区的入口处领取一片陶片，写下民主妨碍者的名字后，交给工作人员。帕罗斯不识字，他只好请旁边的一位衣着体面的贵族来写，写了谁也不知道，这次获票最多的是一个贵族库特森。他的名字被宣布时，整个会场一片欢呼喧闹，很多人议论纷纷，有的说：“他自以为自己在波斯人的战争中立下了功劳，其实只是打退了几个敌人而已，就居功自傲。他对国家大事从不关心，只关心自己的个人利益。”有的说：“他怎么会被选上的？肯定有人在背后对他指指点点，中伤他。”

提问：这段材料反映了雅典民主政治的什么内容？你如何评论它（陶片放逐法）？

评价：（1）积极：它驱除了反对民主政治的敌人，保证民主政治的顺利进行，是维护民主政治的有力武器。（2）消极：但容易被人利用，成为人们争权夺利、互相倾轧的工具。

公民大会结束后，帕罗斯通过抽签很幸运地成为五百人会议中的一员。

提问：不识字的帕罗斯为什么能担任公职？

回答：任何一个雅典公民都可以通过抽签的方式担任民主机构中的公职人员。

2.选择题专练

（1）古希腊城邦公民是指（　　）

①全体成年国民　　　　　　　　②有权参加公民大会的男性成员

③妇女　　　　　　　　　　　　④外邦移民

A.①②③　　　　B.②　　　　C.②③　　　　D.②④

（2）雅典典型的民主政治一直被看作希腊古典文明的象征。下列最能体现其典型的机构是（　　）

A.陪审法庭　　　　　　　　B.公民大会

C.十将军委员会　　　　　　D.五百人会议

（3）促使雅典民主政治确立的因素有（　　）

①发达的商品经济　　　　　　　②平民与贵族的反复斗争

③梭伦、克利斯提尼等伟大人物的创新④妇女及外邦人积极参政议政

A.①②③　　　　B.②③④　　　C.①③　　　　D.①②④

（4）关于雅典民主政治的评价，正确的有（　　）

①雅典民主政治是一定范围内的民主

②根本目的是维护奴隶主的统治地位和利益

③雅典民主政治对近代西方民主政治产生了深远影响

④雅典民主仅适用于小国寡民的城邦

A.①②③④　　　B.②③④　　　C.②③　　　　D.①③④

《两极世界的形成》教学设计

日喀则市第二高级中学　来党奇

知识点一　从盟友到对手

1.历史背景

（1）第二次世界大战后期确立的雅尔塔体系奠定了战后世界两极格局的框架。

（2）二战极大地改变了世界主要国家政治力量的对比。

（3）美苏两国在社会制度和国家利益上的矛盾日益加剧，苏联成为美国称霸世界的最大障碍。

2.序幕：1946年，英国前首相丘吉尔在美国密苏里州富尔顿发表"铁幕"演说。

3.标志：1947年，美国总统杜鲁门提出要以"遏制共产主义"作为国家政治意识形态和对外政策的指导思想，后来被称为"杜鲁门主义"。

1943年，丘吉尔在德黑兰会议期间说："我的一边坐着把一条腿搭在另一条腿上的巨大的俄国熊，另一边是巨大的北美野牛，中间坐着的是一头可怜的英国小毛驴。"

知识点二　美苏"冷战"

1.美国

（1）经济上，马歇尔计划。实施对欧洲经济援助计划，以扶持和控制西欧国家。

（2）军事上，成立北约。1949年，美、英、法等国在华盛顿成立的反对苏联和东欧国家的军事政治集团。

2.苏联

（1）经济上，经济互助委员会。苏联、保加利亚等国成立。

（2）军事上，成立华约。1955年，苏联和波兰、阿尔巴尼亚、保加利亚等国在华沙签署《友好合作互助条约》。

3.影响：两大军事政治集团对峙的局面出现，美苏两极格局形成。

（见教材P.120）（1）这两个条约的共同性质是什么？

（2）它们对欧洲产生了什么影响？

提示：（1）《北大西洋公约》《友好合作互助条约》都是结盟性质的条约，构建了两大军事政治集团。

（2）美苏对峙格局形成，欧洲出现两大军事政治集团对峙的局面，整个欧洲被人为地分裂。

4.马歇尔计划与杜鲁门主义之间的联系。

马歇尔计划是杜鲁门主义在经济方面的一次大规模应用，两者都是美国"冷战"政策的组成部分，实施目的都是遏制苏联等社会主义力量，稳定资本主义统治秩序，确立美国的霸权地位。

知识点三　　"冷战"阴影下的国际关系

1.国家分裂

（1）德国分裂：1949年，西部和东部先后成立德意志联邦共和国和德意志民主共和国。

（2）朝鲜分裂：南部和北部分别建立大韩民国和朝鲜民主主义人民共和国。

2.局部热战

（1）1950年朝鲜战争爆发，以美国为首的"联合国军"越过"三八线"侵略朝鲜。

（2）二战后法国、美国先后发动侵略越南的战争。

3.核危机：1962年古巴导弹危机。

4.阶段特征

（1）二战后，世界在全面"冷战"和局部热战间交织。

（2）美苏两国未发生大规模的直接武装冲突。

探究一：美苏"冷战"与两极格局的形成。

材料一　杜鲁门说："我相信，这是美国外交政策的转折点，它现在宣布，不论在什么地方，不论直接或间接地侵略了和平，都与美国安全有关。"

——《中学历史教学参考资料》

材料二 两个阵营形成了：一个是帝国主义反民主阵营，它的基本目的是建立帝国主义的世界霸权和摧毁民主；另一个是反帝国主义的民主阵营，它的基本目的是摧毁帝国主义、巩固民主和根除法西斯残余势力。

——《共产党和工人党情报局关于国际形势的宣言》

（1）材料一表明战后美国的什么战略意图？为此提出了什么政策？其实质是什么？

提示：反映了战后美国称霸世界的战略意图。为此提出了以"杜鲁门主义"为核心的"冷战"政策。实质是公开干预别国内政，遏制苏联等社会主义国家，谋求世界霸权。材料一中"不论在什么地方……都与美国安全有关"是关键，反映了美国的霸权主义和强权政治。

（2）材料二反映了两大阵营对峙的实质是什么？两大阵营最终形成的标志是什么？

提示：实质是以美苏两个大国为核心的不同社会制度阵营的对峙。标志是1955年华约组织的成立。材料二应抓住"反民主""民主"等主要信息，以分号作标志分层。

5.深化拓展：美苏两极格局的形成过程。

（1）搭建框架：第二次世界大战后期的雅尔塔等国际会议，确立了美苏两大国划分战后势力范围的基本原则。美、苏战后在此基础上重新划分世界版图和势力范围，建立新的国际关系格局，雅尔塔体系逐步形成。

（2）逐步成型：美国总统杜鲁门在1947年开始推行遏制苏联的"杜鲁门主义"，标志着"冷战"的开始。随着马歇尔计划的实施和北约组织的建立，美苏两极格局逐步形成。

（3）最终确立：针对美国先发制人的一系列"冷战"政策，苏联采取了针锋相对的反击措施，从成立"共产党和工人党情报局"、经济互助委员会到组建华沙条约组织。1955年"华约"的建立，标志着美苏两极格局的最终确立。

6.论从史出：雅尔塔体系、两极格局、"冷战"的关系。

（1）雅尔塔体系是美、英、苏三国主要通过雅尔塔会议等重要国际会议所确定的战后世界秩序和政治格局的基本蓝图，其实质是美、苏两分天下。

（2）两极格局是以美、苏为中心，以两大军事政治集团、两大阵营全面对抗为特点的格局。

（3）"冷战"是美苏对抗的主要形式。

（4）三者的关系：

①雅尔塔体系的建立是战后两极格局形成的基础，奠定了战后两极格局的框架。

②两极格局是雅尔塔体系的一个组成部分和集中体现，从属于雅尔塔体系。

③雅尔塔体系下两极格局对抗的主要形式是"冷战"，"冷战"的加剧又促进了两极格局的形成。

探究二： "冷战"阴影下的国际关系。

材料一　乔治·凯南说："……大家都会想起《伊索寓言》里太阳和北风比赛谁能使旅行者脱掉大衣的故事。这个旅行者就像是苏联势力。大衣就是它在东欧和其他用以掩盖它腹脏的极权和势力地区。使得那个顽固的旅行者最后脱去大衣的，不是北风的直接胁迫，而是太阳的间接的温和办法。"

材料二　朝鲜战争作为"冷战"中的第一场"热战"……使"冷战"达到了前所未有的白热化程度。

——以上均摘自《冷战的起源与两极格局的形成》

（1）材料一中"北风的直接胁迫"的含义是什么？结合所学知识写出美国采取的"太阳的间接的温和办法"。

提示：含义是战争。办法是"杜鲁门主义"、马歇尔计划、北大西洋公约组织。材料一注意"旅行者就像是苏联势力"，体会"北风""太阳"做法之不同效果。

（2）材料二中朝鲜战争反映的实质问题是什么？

提示：美苏"冷战"的产物。材料二以省略号为界分为两层，前者是朝鲜战争的性质，后者是影响。

7.深化拓展："冷战"对国际关系的影响。

（1）美苏两国全面对抗，进行军备竞赛，使世界处于毁灭性的核战争的威胁之下，动荡不安，国际关系恶化。

（2）美苏两国为争夺势力范围，甚至不惜大举用兵，出现了局部"热战"，破坏了世界和平。

（3）在"冷战"的大环境下，美苏双方势均力敌，彼此不敢轻易动武，在近半个世纪里避免了新的世界大战的爆发。

（4）美苏双方为了争夺在军事、科技等领域的优势，客观上促进了科学技术的发展。

（5）造成西欧依赖美国、东欧依靠苏联的局面，不利于国际经济的良性发展。

（6）促使不同社会制度的国家进行改革。不同社会制度的国家在长期共存中都不同程度地从对方身上借鉴了经验，吸取了教训，并用于内部调整和改革，推动了世界的整体发展。

（7）面对美苏两极对峙局面，亚、非、拉发展中国家组成不结盟运动，逐步发展壮大，第三世界由此崛起。

8.论从史出：两极对峙格局的特点。

（1）阵线分明：美苏及其盟国互相争夺和对抗，阵线比较分明和稳定。

（2）主导力量：美苏两个超级大国作为对立双方的盟主，在国际事务中起着主导作用。

（3）斗争方式："冷战"是斗争的主要方式，由此表现为政治上的对抗、军事上的对峙、意识形态上的对立和经济上的割据。

（4）体现矛盾：体现着两种社会制度之间的矛盾，其内部也有分歧和矛盾，但最终仍要服从美、苏战略利益的大局。

《古代的经济政策》教学设计

拉萨中学　王征军

教材分析

本课属于必修二经济史第一单元古代中国的经济的基本结构与特点的第四课，学习本课内容有助于学生理解古代的经济政策对古代中国经济结构形成的影响，有助于学生更加深刻地认识当今改革开放的正确性与重要性，以及国家"三农"政策的历史渊源。

学情分析

高一学生的理论水平有限，仍处于从形象思维向理性思维的过渡时期，因此对这些历史理论还不能透彻地理解。所以，教师需要根据已有的知识和理解能力，采取灵活的教学方式进行教学，尽量做到深入浅出。

教学目标

（一）知识与能力

1. 识记：原始社会、奴隶社会、封建社会的土地所有制，重农抑商政策的原因及评价，"海禁"和"闭关锁国"政策的原因及影响。

2. 理解：土地制度的演变过程与生产力发展之间的关系，重农抑商的评价的辩证方法，"海禁"和"闭关锁国"政策实行的时代特征。

3. 运用：联系我国的对内改革和对外开放，认识改革开放的重要性及对我国社会主义现代化建设和富国强兵的作用。

（二）过程与方法

通过实行体验式教学、角色扮演合作探究等形式，增强历史的真实感，最大限度地促进学生思维的活跃，激发学生的学习热情和培养学生对知识的渴求与兴趣。引导学生通过对材料的分析和解读得出结论，做到论从史出，以培养学生阅读、理解、分析材料的能力。

（三）情感态度与价值观

引导学生得出是否有利于生产力的发展是历史评价的重要标准；学会用辩证唯物主义的观点评价历史事件；明白坚持改革开放，才能有利于中国的发展富强。

学科核心素养聚焦

唯物史观。了解古代中国重农抑商的经济政策压抑了中国社会新的生产方式的萌芽，理解我国今天的改革开放解放生产力、发展生产力的重要性和现实意义。古代中国是一个以农为本的社会，要能站在这一高度上去理解重农抑商实施的原因，此外，不可忽视超越经济的政治文化因素。

时空观念。明白"重农抑商"政策的目的、各朝代实施的具体措施，共同探讨其历史影响，侧重于指出其阻碍了生产力的发展，加深理解"重农抑商"政策的弊端。

家国情怀。我国资本主义萌芽在明朝中后期就已经产生但发展缓慢，其原因是什么？可以联系世界史内容，进行中外对照。得出一个国家要强大，必须走改革开放这条强国之路。

学习本课，可联系高中历史必修1明清君主专制制度的内容及影响来加深对本课知识的理解。注意与必修2前三课联系，形成知识体系。认识清朝政府对外政策的变化及其影响。学习本课，还要仔细分析古代中国由强盛逐步走向落后的原因。

重点和难点

重点：封建土地所有制的演变及其影响，"重农抑商"政策实施的原因及评价，"闭关锁国"政策实施的背景及评价。

难点：土地制度的演变，尤其是"井田制"的瓦解；"重农抑商"政策的评价；历代政府的经济政策与时代特点的关系。

教学方法

讲授法、"创设情境"、合作探究学习等方式的辅助教学。

教学过程设计

以农立国的古代中国的统治者们，竭尽全力地关注着土地和土地上的人，不遗余力地抑制工商业，一度自负而蛮横地闭关锁国……今天我们就一起探究以农立国的古代中国采取的这些经济政策。

（一）"权"与"税"的考量——土地制度的演变

让学生回忆半坡、河姆渡氏族公社的生产和生活状况，引出原始社会的土地制度。其中运用生产力与生产关系、经济基础与上层建筑的关系原理，阐述原始社会→奴隶社会→封建社会土地所有制的演变过程及原因。讲明土地所有制性质的变化预示着社会的转型。

奴隶社会土地国有制的含义：这种土地的国有不是一般意义上的土地公有制，它是国王代表整个奴隶主阶级占有全国所有土地，然后分配给大小奴隶主使用，占人口绝大多数的奴隶和庶民则完全被排除在外。因此，奴隶制国家以及周王，代表的是少数人利益，奴隶制的土地国有制实质上也就是一种土地私有制了。

1. 合作探究：中国封建社会土地制度的基本类型与变动趋势。

（1）基本类型：分为地主土地私有制、国有土地所有制、农民土地所有制三种主要形式。其中封建地主土地私有制占主要地位，是封建生产关系的基础。封建土地国有制的具体形式包括屯田制、均田制等。农民土地所有制虽不占支配地位，但却广泛而分散，是专制主义中央集权制度建立和长期存在的基础。

（2）变动趋势

①一方面，大地主、大官僚和贵族不断地兼并土地。其结果是：地主阶级控制了大量土地；农民无以为生；封建统治力量严重削弱；进而导致了农民起义、农民战争的爆发，旧王朝往往迅速溃灭。

②另一方面，新建立的封建政权中比较有远见的统治者往往利用政权力量，对土地占有状况进行调整，调整的基本点在于：确保国家控制一定数量的土地，以保证维护强大的国家机器所必需的赋税财政收入；安定农民，使农民获得一定的土地，以恢复生产，稳定统治。但封建政权不可能从根本上抑制土地兼并，因此农民起义的不断爆发、封建王朝的不断更迭就难以避免。

2.合作探究：中国古代有哪些主要的土地制度？如何认识土地制度的变革与调整？

（1）主要土地制度

①原始社会：土地属于氏族公社所有。

②奴隶社会：夏商周时期，土地国有，实质上属于国王私有，这样的土地制度称为井田制。

③封建社会：封建土地所有制，主要形式有土地国有制、地主所有制、农民土地所有制。封建土地国有制度中的典型土地制度是均田制。

（2）认识

①生产力的发展，促进了土地制度的变革和调整；而土地制度的调整又促进生产力（社会经济）的发展。

②说明了生产力决定生产关系，生产关系对生产力有反作用。

（二）"本"与"末"的角力——重农抑商

1.封建社会初期"重农抑商"政策

商鞅变法重农抑商政策的提出、实施及评价。通过学生活动、讨论和教师总结的方式来完成这一目的教学目标。西汉初年抑制富商大贾的做法通过学生自学完成。教师总结：商鞅变法首倡"重农抑商"政策和西汉政府抑制富商大贾的做法，在当时都具有进步的作用。使学生学会评价历史事件应把它们放在当时的大环境和时代背景下去考虑。

2.明清两代的"重农抑商"

此点教学主要通过学生仔细阅读材料，获取有效信息，归纳提炼观点，得出正确结论。

教师总结时应强调"重农抑商"在不同时期的作用应辩证地看待，培养学生运用唯物辩证法的理论去看待问题。

（1）积极作用：在封建社会初期，有利于促进社会经济的发展，巩固新兴的封建地主阶级政权；促进了农业的发展，有利于社会稳定。

（2）消极作用：阻碍了工商业的发展，妨碍商业资本发展和向手工业资本转化，严重地妨碍了资本主义萌芽的滋长；维护了农业和家庭手工业相结合的自给自足的自然经济，妨碍自由劳动力的形成、国内市场的扩大和资本的积累；限制了社会经济的平衡发展，导致经济结构过分单一；为扩大耕地面积，人为地毁林开荒、围湖造田，导致了环境的恶化；从根本上造成了中国社会的落后，是造成近代中国落后于西方的重要经济原因。

3. 合作探究：古代中国历朝统治者都实行"重农抑商"政策，为什么商业还会有较高的发展水平？

（1）社会经济发展的必然结果，农业、手工业发展导致。

（2）统治者为了满足豪奢的生活，需要商品经济。

（3）广大农民、手工业者极端贫困，为了谋生也需要。

（4）统治阶级为巩固统治而实施的某些政策，客观上有利于商品经济的发展。

①秦统一度量衡和货币。

②历代统治者对外实施开放政策（汉、唐、宋、元）。

③历代统治者重视水陆交通的修建。

④北宋政府对"市"的不限制政策。

⑤唐宋以后的赋税制度改革。

（三）"驰"与"禁"的纠结——海禁与闭关锁国

展示唐代"丝绸之路"和宋元海上交通图，说明唐宋交通发达，对外贸易、经济文化交流频繁。第3课官府控制下的对外贸易中谈到明清中国的对外贸易渐趋萎缩，引导学生分析其中的原因，从而引出海禁和闭关锁国政策实施的原因，强调自给自足的自然经济是实施这一政策的根本原因。并分析这一政策的实施与中国古代的经济之间的关系。

1. 评价

（1）积极作用：清政府试图通过"闭关政策"，对内加固自身的统治，对外进行民族"自卫"。这种消极防御手段，随着西方资本主义对外侵略的日益迫近和愈加狂暴，曾起到过一定的民族自卫作用。

（2）消极作用：它妨碍海外市场的开拓，抑制资本的原始积累，阻碍资本主义萌芽的发展；阻碍了中外经济文化交流，中国长期与世界隔绝，逐渐落后于世界潮流；使封建自然经济长期延续，从而助长了封建统治者故步自封、夜郎自大。

2.启示

结合鸦片战争的史实分析闭关锁国政策的影响，并结合当今的改革开放取得的巨大成就使学生认识到改革开放对我国富强的重要性。

中国只有实行对外开放，才能发展进步，才能超越世界先进的国家。

《世界多极化趋势的出现》教学设计

拉萨中学　王征军

教材分析

本课的主题是世界格局多极化趋势的出现。在美苏对峙之时，随着经济的高速增长和世界殖民体系的瓦解，整个世界的发展也出现了新的形势，区域合作组织发展起来，发展中国家逐步成为一支重要的政治力量。走向复兴的西欧，联合自强，建立欧洲共同体；日本成为经济大国；不结盟运动产生；第三世界开始兴起。到20世纪六七十年代，世界格局明显表现出由两极格局向多极化发展的走向。本课在整个单元中有承前启后的作用，前一课是它的大背景，后一课是它的延续。本课的核心问题是两极格局下，20世纪六七十年代世界多极化趋势的出现。通过了解世界格局多极化发展的走向，进一步认识历史发展进程中的重大历史问题、历史发展的基本脉络，培养系统掌握历史知识和掌握历史规律的能力。

学情分析

本课授课对象为高中一年级学生，本阶段学生接受过初中历史课程及一个学期的高中历史课程，对基本的史实有大体的认识，对近代世界所发生的重大历史事件有一定的了解，但不排除学生对历史事件有混淆和记忆错误的情况出现。因此，本课将在教学过程中，贯彻"落实掌握知识点，完整历史线索，探究问题"的思路，在探究问题的同时填补学生知识空白点，扫除知识盲点。同时，针对高一学生思维逻辑能力和自主学习能力较强，并且乐于合作探究的特点，本课程教学将着重于引导学生阅读史料以及合作探究来解决问题，让学生有独立思考的余地和合作探究的欲望，激发学生学习兴趣。

教学目标

（一）知识与能力

通过了解多极化趋势和对世界的影响、欧盟的形成和发展、日本成为经济大国的过程和原因、中国和第三世界的崛起等基本史实，培养学生综合探究和归纳知识的能力。

（二）过程与方法

1. 通过相关资料的补充，理解法德关系的改善是欧洲走向联合的关键，初步掌握从国际政治格局、国家利益、大国关系等方面分析国际关系发展演变的方法。

2. 概括日本战后经济发展的两个阶段，分析日本经济发展原因，培养学生提取信息和对教材知识进行重组的能力。

（三）情感态度与价值观

1. 认识人类社会发展的统一性和多样性。

2. 理解和尊重世界各国、各地区、各民族的文化传统，吸取人类创造的优秀文明成果，进一步形成开放的世界意识。

教学重难点

重点：世界多极化趋势出现的表现和原因。

难点：法德和解的方式对国际关系的启示，对日本谋求大国地位的认识。

教学方法

讲述法、史料阅读、课堂讨论等。

核心素养聚焦

时空观念。以建立欧洲联合的方式解决法德两国矛盾为例，对现代国际关系领域中的热点，如巴以问题、朝鲜半岛问题等提出解决意见。

历史解释。熟悉挑战美苏两极格局的政治经济力量发展壮大的史实，记忆有关的组织、机构名称，理解世界由美苏两极对立到多极化的发展趋势。

史料实证。掌握"世界多极化趋势"的史实依据，认识图片材料的价值及其与文字资料的印证。

唯物史观。提高认识二战后美苏两极以外的各种政治经济力量的增长，初步理解世界多极化趋势的形成及影响，树立世界走向多极化是不可阻挡的历史潮流的价值判断标准。

学习目标

（一）知识与能力

1.了解欧洲共同体形成的原因、进程，以及西欧开始加强政治的联合。

2.列举日本成为世界经济大国的原因，知道日本提出实现政治大国的目标。

3.了解不结盟运动的兴起以及发展和影响，知道中国正在成为重要的国际力量。

4.理解世界多极化趋势在曲折中发展。

（二）过程与方法

1.通过对相关资料的分析，了解欧洲共同体形成的情况，掌握获取有效信息并分析解决历史问题的方法。

2.通过对问题的讨论，了解日本为何能够提出成为政治大国的要求，掌握收集、归纳、分析材料的方法。

3.通过阅读教材和相关资料，了解概括不结盟运动的兴起和影响，掌握运用多种途径获取历史信息的方法。

（三）情感、态度与价值观

1.法德和解是欧洲一体化的关键所在，双方的和解方式和途径对处理当今国与国之间矛盾具有启示作用。

2.日本迅速崛起的内部措施对发展中国家具有很大的启示作用，作为政治大国应负有一定的责任。

3.积极参与国际合作是振兴发展中国家的必由之路，世界多极化是历史发展的潮流。

教学过程

（一）导入

美国与苏联的对峙形成了两极对立的世界格局。美苏两个超级大国争夺世界霸权，对世界各国的安全与主权以及世界和平都构成严重威胁。不过，这种局面没有维持很长时间，随着东欧剧变和苏联解体，二战后的两极格局被打破，世界出现若干政治、经济力量中心，世界出现多极化趋势。

（二）走向联合的欧洲

设问：50年前的欧洲是一片废墟，但是50年后的欧洲不仅可以跟日本媲美，而且还可以跟美国抗衡！原因是什么？引导学生答出——欧洲的联合。

1. 原因

师生互动：欧洲的联合的原因是什么？

（1）现实原因：第二次世界大战使西欧丧失了世界政治、经济中心的优势地位，它要重新在国际事务中发挥有力影响，必须联合起来。

（2）根本原因：经济发展的需要。在经济的恢复和发展过程中，西欧国家间的联系日益密切。

（3）政治因素：美苏争霸的影响，在美苏两极格局下受到美国的控制和苏联的威胁。

美苏"冷战"开始后，西欧国家逐渐认识到，必须走联合的道路才能保障自身的安全和获得发展。

如果我们不想在起了根本变化的世界里走下坡路的话，欧洲联合是绝对迫切需要的。否则，欧洲将会沦为超级大国的附庸。必须在联合起来的欧洲建立一个第三种力量。

——《阿登纳回忆录》

（4）思想因素：欧洲传统的统一思想的影响。

总有一天……所有的欧洲国家，无须丢掉你们各自的特点和闪光的个性，都将紧紧地融合在一个高一级的整体里；到那时，你们将构筑欧洲的友爱关系……

——维克多·雨果

2.联合过程

问题探究：西欧国家是如何一步步走向联合的？欧洲一体化有什么特点？

（1）建立欧洲煤钢共同体：

1951年，法、意、荷、比、卢、联邦德国六国签订了《巴黎条约》，建立欧洲煤钢共同体。这个共同体促使政治宿敌法德之间的矛盾化解。

（2）欧洲经济共同体和欧洲原子能共同体成立。

（3）欧洲共同体成立：1967年，这三个共同体合并为一个机构——欧洲共同体。

特点：成员国不断增加，从单一的经济领域发展到多种经济领域，从经济领域发展到政治、外交、军事领域。

3.影响

材料一　美国与欧共体国民生产总值占世界GDP总额的比重。

国家或组织	1955年	1960年	1965年	1970年	1974年
美国	36.2%	33.73%	31.27%	30.21%	24.36%
欧共体	17.54%	17.53%	18.68%	19.32%	20.12%

说明：欧共体以1974年的欧洲共同体九国作为一个整体。

材料二　20世纪六七十年代美国与欧共体的出口方面对比。

国家或组织	1965—1972年出口增长率	1972年在资本主义世界出口总额所占比重
美国	80%	13.4%
欧共体	150%	33.7%

材料三　20世纪70年代初，美国不得不承认西欧的伙伴地位，表示"决心用一种新的彬彬有礼的态度来很好地倾听北约伙伴的意见"，并把1973年定为"欧洲年"，以示对西欧的重视。1974年，出任欧共体执行主席的联邦德国外长谢尔说："在'九国'商谈有关政治行动、组织结构和自己前途的每一个谈判桌上，我们不能保证都有美国的座位。"

学生分析以上材料，阅读教材相关内容回答问题：

师：材料一、二反映了什么问题？

生：随着欧洲国家不断加强经济合作，经济实力大大增强，以惊人的速度东山再起。

师：材料三反映了欧共体和美国之间的关系发生了什么变化？

生：随着西欧由经济联合走向政治联合，其实力越来越大，在各个领域与美国展开激烈的竞争，在外交上逐渐做到了"用一个声音说话"，执行独立自主的外交政策，不再唯美国马首是瞻。

师：这种变化对世界格局有何影响？

生：逐渐形成了资本主义世界美、日、西欧三足鼎立的局面，有力地冲击了美苏的两极格局，使世界格局走向多极化。

教师归纳欧共体的影响：

（1）欧洲共同体成立后，西欧国家不断加强经济合作，经济实力大大增强。

（2）随着经济实力的增强，西欧国家开始摆脱美国的控制，推行独立自主的外交政策。（阅读教材历史纵横）

（3）资本主义世界美、日、西欧三足鼎立的局面形成。

（4）增强与美苏抗衡的实力，冲击了两极格局，使世界朝多极化方向发展。

小结：由二战后欧洲走向联合的必要性和实现过程，可以看到欧洲结束对抗实现和平、合作的历史启迪；由欧洲走向合作后各国经济的迅速发展，可以看到建立区域性国际组织，促进本地区经济发展的启示；由欧共体经济发展的影响，可以看出今天世界经济发展的多极化趋势。

过渡：现在我们分析了世界多极化趋势出现的其中一极新的政治力量，那么接着我们来学习另一极新的力量——世界第二号经济大国——日本。我们知道二战中日本受到原子弹的杀伤，国家一片寂寥，人民生活困难，经济受到严重破坏。那他们是如何摆脱这种困境的？

（三）日本谋求政治大国地位

1.原因

经济的发展和实力的增强，日本在国际舞台上发挥独特的作用。

（1）经济恢复发展的原因（阅读归纳）

①二战后，日本政府进行民主改革：以铲除军国主义的社会经济基础，进一步消除生产关系中的封建落后因素。这就为日本经济恢复和发展

奠定了基础。

②1948年后，随着"冷战"的加剧，美国开始帮助日本恢复经济。首先是一再削减直至免除日本对美国的战争赔偿，并将已拆迁的工业设备全部发还日本。同时，美国还向日本提供恢复生产急需的资金和物资。

③朝鲜战争爆发后，日本通过提供商品和劳务得到大量的"特需"收入。

④日本政府根据国内外经济形势，制定出合乎国情的经济发展战略。

⑤日本加强政府投资，重视教育。

⑥日本还提出"贸易立国，出口第一"的口号。

问题探究： 战后美国为什么要帮助日本恢复经济？

当时世界形势的特点是冷战的形成与加剧，美国出于遏制苏联和中国的战略考虑，改变对日占领政策，开始扶植日本。

（2）结果

①1956—1972年，日本经济高速发展，成为资本主义世界第二经济大国。2000年度国内生产总值535万亿日元，相当于世界第三位的德国的2.5倍。人均国内生产总值超过美国，约达35600美元。至2000年底，对外纯资产（纯债权）133万亿日元（约合11000多亿美元），是世界上最大的贸易和国际收支盈余国。成为世界上最大的外汇储备国（已经达到了4038亿美元），相当于美国、德国、加拿大、英国、法国和意大利等6个主要发达国家外汇储备总和的约1.5倍。

②改变了战后初期向美国一边倒的政策，实行以美日关系为轴心的全方位外交。

③形成了美、日、欧三足鼎立的资本主义世界经济格局；冲击了两极格局，促进世界格局多极化发展。

2.史实

20世纪80年代，日本提出成为政治大国的目标。

联系近年来日本在国际舞台上的表现，谈谈你如何认识中曾根康弘的这句话。

近年来，日本积极谋求联合国安理会常任理事国的地位。随着经济的发展和实力的增强，日本开始谋求在国际舞台上发挥独特作用，提出成为政治大国的目标。

3.影响

（1）不再受制于美国，在国际与美国既有联盟又有摩擦。

（2）在资本主义世界，与美、日、西欧三足鼎立。

（3）提出"政治大国"的目标。

（4）促使世界向多极化格局发展。

4.知识归纳

（1）试述20世纪70年代资本主义世界经济格局的变化及其影响。

①20世纪70年代，随着西欧和日本的崛起，美国经济霸主地位严重动摇。资本主义世界经济领域呈现出美、日、西欧三足鼎立的局面。

②这种经济格局的多极化是对美国霸权的挑战，也冲击了美苏两极格局。

（2）日本经济的崛起给我们什么启示？

①对内改革，对外开放是经济发展的最大动力。

②大力发展科技、教育，确立科教兴国战略。

③制定合乎国情的经济发展战略。

④以经济建设为中心，树立科学的发展观。

过渡：现在我们已经分析了导致多极化出现的两个政治力量，而这两个政治力量都是资本主义国家的，那么接下来，我们一起分析一下，除资本主义国家之外的其他政治力量的变化。回到我们本节课的线索，我们关注一下第三股新的政治力量——第三世界国家，了解不结盟运动的兴起、形成、内容及影响。

（四）不结盟运动的兴起

不结盟运动是由铁托、尼赫鲁、纳赛尔等人倡议成立的；不结盟运动并非真的不结盟，而只是不和与美苏两大军事集团结盟的国家结成联盟；不结盟不是消极的中立，而是要积极地反对殖民主义和霸权主义，主张用和平共处代替"冷战"，实现全面彻底裁军。

1.不结盟运动的兴起

（1）原因

①政治基础：二战后，民族解放运动蓬勃发展，许多国家从殖民统治

下相继获得独立。

②20世纪50年代中期开始，新独立的广大亚非拉国家为了摆脱美苏的控制和维护自身的独立，主张团结起来，相互支持，不结盟运动兴起。

③1955年亚非会议召开，促进了民族解放运动的新高涨。

（2）标志：第一次不结盟国家和政府首脑会议的举行（时间、地点、倡议国、斗争目标等）。

提出时间、人物：1956年，南斯拉夫总统铁托、埃及总统纳赛尔、印度总理尼赫鲁。

正式形成：1961年，第一次不结盟会议在贝尔格莱德举行。

政策：非集团、不结盟。

发展：20世纪七八十年代，重要任务和行动纲领（政治上：反对美苏霸权主义。经济上：建立国际经济新秩序）

（3）意义

①不结盟运动奉行非集团、不结盟的政策，推动了民族解放运动深入发展，加速了帝国主义殖民体系的崩溃。

②20世纪70年代开始，不结盟运动把反对美苏两个超级大国的霸权主义作为重要任务，同时，将建立国际经济新秩序作为不结盟运动的行动纲领。

③标志着广大发展中国家所构成的政治力量登上了国际政治舞台，开始改变由超级大国和西方国家决定世界事务的局面；在一定程度上冲击着两极格局，促进世界格局朝多极化方向发展。

（五）中国的振兴

中国的经济发展迅速，国际地位不断提高，成为世界政治舞台上的重要力量。

问题探究

1.本课内容叙述了二战后国际关系格局的演变过程：美苏两极格局的形成——世界多极化趋势的出现——世界多极化的加强。世界格局为什么从两极格局向多极化方向发展？同学们在学习本内容时，能产生怎样的历史感悟呢？

（1）原因：此题全面考查有关多极化的基础知识和整体历史观，要求学生不但要知其然，而且要知其所以然。答题时应从西欧、日本、中国和第三世界的迅速壮大以及美苏实力的衰落两条线索回答，最后归结到新兴力量对两极世界构成巨大冲击，得出多极化趋势出现的结论。

总之，两极格局因为美苏的衰落和日本、西欧、中国和不结盟运动的兴起而逐渐经受越来越大的冲击，世界多极化趋势已经出现，正向多极化方向前进。

（2）感悟：①一个国家在国际关系中的地位，归根结底是由一个国家的实力，尤其是经济实力决定的。

②大国之间的实力对比和利益关系，对国际关系格局的推移演变具有举足轻重的影响。外交背后是实力和利益的较量。

③国际正义和进步力量的团结合作将有力地牵制大国霸权主义和强权政治的扩张，在国际事务中将发挥越来越积极的作用。

2.多极化趋势与两极格局的关系如何呢？

（1）欧共体形成、日本成为经济大国、不结盟运动兴起和中国的振兴，这些共同构成了世界的多极化趋势。

（2）多极化趋势还只是一种趋势和方向，不是一种成熟的国际关系格局。

（3）两极格局虽然受到多极化的冲击，在当时仍是国际关系格局总体的、基本的特征，因而多极化趋势是两极格局下的多极化趋势。

（4）苏联解体后，两极格局虽然瓦解，但多极化的世界格局也没有最终形成，直到今天，仍处于向多极化演变的过程中。

本课小结

二战后，美苏两个超级大国主宰天下，形成两极格局。20世纪六七十年代，欧洲联合，实力大增，提出了"欧洲人的欧洲"；日本崛起谋求政治大国；不结盟运动兴起；中国振兴，世界向多极化发展。同学们，今天的多极化趋势源于20世纪六七十年代两极格局下多极化趋势的出现，今天的发展来源于昨天的历史。总之，世界政治经济发展不平衡规律的作用，导致各国或区域集团之间力量对比此消彼长，促进世界向多极化发展。

《关心国家发展》教学设计

昌都市教育局　陈历贵

教学目标

知识目标：了解祖国所取得的巨大进步和伟大成就；了解国家发展中的问题，知道国家正着力解决这些问题。

能力目标：能够全面认识国家取得的巨大成就和面临的问题，用发展的眼光看待我国建设中的问题。

情感态度与价值观：感受国家巨大进步，激发自豪感；能够正视国家发展中的问题，增强对国家未来发展的信心。

重点难点

重点：为国家的发展成就而自豪。

难点：正确看待国家建设中存在的问题。

教学过程

（一）导入新课

（多媒体展示一组图片。图片略，后文同）

你知道这些国家建设取得的成就吗？

教师讲述：

图1，大桥由云贵两省合作共建，全长1341.4米，桥面到谷底垂直高度565米，相当于200层楼高。这也是世界最高的桥梁。

图2，随着"向阳红09"船顺利返抵青岛，为期44天的蛟龙号载人潜水器7000米级海试任务圆满完成，同时也标志着在国家高技术研究发展计划（"863"计划）的持续支持下，蛟龙号历时10年的研制和海试工作圆满结束。

图3，2017年4月22日，天舟一号与天宫二号实现自动交会对接。

图4，C919客机是建设创新型国家的标志性工程，机体具有完全自主知识产权，虽然大量部件是利用全球生产分工合作（减少成本）。2017年5月5日上午，C919在浦东机场首飞。

空谈误国，实干兴邦。为了祖国更加美好的明天，我们应该众志成城，脚踏实地，共同奋斗。今天我们来学习第十课第1课时：关心国家发展。

（二）新课讲授

活动一：身边变化展成就

1.阅读教材P.104"探究与分享"。

2.从社会生活的方方面面感受国家进步。（多媒体展示一组图片）

3.我们身边的变化还有哪些？（多媒体展示材料）

课前以小组为单位搜集国家建设方面的成就，课上由小组代表发言。

提示：（1）2016年的科技成就："中国天眼"落成启用，我国自主研制的"神威·太湖之光"成为全球运行速度最快的超级计算机。

（2）2016年是我国自然保护区发展60周年。全国共建立自然保护区2740个，总面积147万平方公里，约占陆地国土面积的14.83%，高于世界平均水平。全国有超过90%的陆地自然生态系统类型，约89%的国家重点保护野生动植物种类，以及大多数重要自然遗迹在自然保护区内得到保护，部分珍稀濒危物种种群逐步恢复。以大熊猫为例，目前存活的大熊猫超过1800只，已经从濒危过渡到易危。

（3）我国在推进教育公平方面，取得明显成效。截至2016年底，全国已有1824个县级单位通过了义务教育基本均衡县国家评估认定，19个副省级以上大城市公办中小学学生就近入学比例均超过九成，农村和贫困地区学生上重点高校规模和比例进一步提高。

（4）继1984年洛杉矶奥运会和2004年雅典奥运会夺得冠军后，中国女排在2016年的里约奥运会上再次荣登冠军之位。

（5）2017年1月1日起，一批新的法律法规开始实施。国防交通法、境外非政府组织境内活动管理法实施，中医药法和修订后的野生动物保护法实施，《重大劳动保障违法行为社会公布办法》聚焦构建和谐劳动关系等。这些法律法规的实施必将推动我国社会主义法治建设的进程。

（6）2018年1月9日，科技部宣布，我国科技主要创新指标进入世界前列。我国国际科技论文被引量首次超过德国、英国，跃居世界第二，发明专利申请量和授权量居世界第一。

教师补充总结：我国成为世界第二大经济体，一系列法律法规的颁布使人民的权利得到切实保障，文化建设让中华文明焕发出新的蓬勃生机，科技创新成就斐然，惠民利民政策使社会保障水平不断提高，我国在国际舞台上扮演着越来越重要的角色。这些成就说明我国越来越强大，人民生活越来越幸福。

活动二：发现问题快解决

1.阅读教材P.105"探究与分享"。

2.实际生活中食品安全问题有哪些？

提示：目前我国食品安全状况并不令人乐观，剧毒农药、兽药的大量使用；添加剂的误用、滥用；各种工业、环境污染物的存在；有害元素、微生物和各种病原体的污染；有害生物和疫病多次发现；生物技术和食品新技术、新工艺的应用带来的可能的负面效应；周边国家疫情的频繁发生；国内外人口流动的增加，新疾病的出现和原已消灭的重大疫病的死灰复燃；等等。近年，在市场上曾发现食物加吊白块、鸡鸭饲料喂激素、面粉加增白剂、海鲜用甲醛浸泡等，还有在水果上喷施催熟剂、膨大剂，在蔬菜上喷施剧毒农药等。

3.展示图片。（多媒体展示一组图片）

4.在保障食品安全方面，国家采取了哪些措施？

提示：加强食品安全监测，提升食品安全检验检测水平，完善食品安全相关标准，构建食品安全信息体系，提高食品安全科技支撑能力，加强食品安全突发事件和重大事故应急体系建设，建立食品安全评估评价体系，完善食品安全诚信体系，继续开展食品安全专项整治；完善食品安全相关认证；加强进出口食品安全管理，开展食品安全宣传、教育和培训等。

活动三：信心百倍促发展

1.你还知道我国目前存在哪些问题，国家是怎样解决的？

课前以小组为单位，搜集国家在经济发展、社会建设、文化建设方面存在的问题及国家采取的措施。可由小组代表发言。（多媒体展示材料）

提示：（1）2016年7月12日，国家新闻出版局、国家互联网信息办公室、工业和信息化部、公安部联合启动"剑网2016"专项行动，重点打击网络侵权盗版。

（2）国务院教育督导委员会办公室向各地印发《关于开展校园欺凌专项治理的通知》，指出要通过专项治理，加强法治教育，严肃校规校纪，规范学生行为，促进学生身心健康，建设平安校园、和谐校园。

（3）全国"扫黄打非"办公室发布声明称，已部署开展深入监测和清查。目前，相关网站开展了自查和清理。该部门将持续关注，对不履行企业主体责任，造成有害视频及信息传播的企业，一经查实，必予严惩。北京文化执法总队同日下发紧急通知，查禁"儿童邪典视频"，要求相关内容一律下线。

（4）海关总署表示，中国海关正在牵头制定《跨境电商标准框架》，这将成为世界海关跨境电商监管与服务的首个指导性文件。

（5）针对近期媒体报道相关手机应用软件存在侵犯用户个人隐私的问题，工信部信息通信管理局约谈了北京百度网讯科技有限公司、蚂蚁金服集团公司（支付宝）、北京字节跳动科技有限公司（今日头条），要求三家企业立即进行整改。

2.对国家积极采取措施解决发展中的问题，你有何感想？

教师总结：在看到我国取得巨大成就的同时，我们要正视发展中存在的问题。国家正在采取各种积极措施，稳增长、促改革、调结构、惠民生、防风险，着力解决各种发展中的问题，不断取得积极成效。这让我们对国家的未来发展更加充满希望。

（三）课堂总结

通过这节课的学习，我们了解了国家在经济、科技、社会生活等方面取得的成就，我们为国家发展取得的这些成就而自豪。同时我们也发现在国家发展的同时，存在着一些不尽如人意的地方，国家正在积极采取各种措施去解决，而且取得了积极成效，所以我们对国家的未来发展充满了信心。我们作为国家未来的建设者，应肩负起实现中华民族伟大复兴的历史使命。

附：板书设计

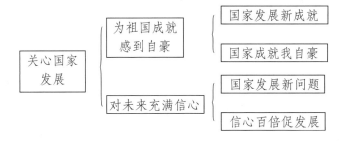

教学感悟：

　　本节内容主要侧重于让学生感知国家的成就与发展中的不足，激发学生为国家成就而自豪的情感，激励学生正视国家发展中存在的问题，看到国家正在为解决这些问题而努力，从而对国家的未来充满信心和期待。在讲新课前要求学生以小组为单位收集国家发展成就和存在的不足及措施，有利于学生感知国家变化，关注国家发展。我觉得布置这一任务时应明确每个小组负责的主题，通过在课堂上展示搜集的资料对每个小组进行评价，这样将课内学习与课外活动结合起来，有利于调动学生参与的积极性，有利于实现情感态度与价值观目标。

《天下兴亡　匹夫有责》教学设计

昌都市教育局　陈历贵

教学目标

知识目标：明确历史的发展、国家的成就是人民用劳动创造的，懂得劳动者值得我们尊敬和学习，懂得发扬实干精神才能创造新的辉煌，明确青少年要担负起历史重任。

能力目标：学会结合具体事例思考、认识劳动的价值和发扬实干精神的能力，增强接力奋斗的行动力。

情感态度与价值观目标：崇尚劳动，感受历史进步、国家发展是劳动者创造的，尊重劳动者；积极发扬实干精神，主动承担历史重任。

重点难点

重点：尊重和学习国家的建设者。

难点：实干才能创造未来。

教学过程

（一）导入新课

1. 阅读教材P.107"运用你的经验"。

2. 唇枪舌剑。开展一个课堂小辩论活动，论题有：

（1）国家发展是国家领导人的事情，和普通老百姓关系不大。

（2）国家发展是大人的事，所有大人都应该努力工作。

（3）国家发展是每个人的事，中学生也有责任。

教师总结：天下兴亡，匹夫有责。国家发展是每个人的事，我们中学生也应关注国家发展，为国家发展贡献自己的力量。今天我们来学习第十课第2课时：天下兴亡　匹夫有责。

（二）新课讲授

活动一：感受劳动成果（多媒体展示一组图片）

1.这些图片展示了我国哪些成就？

提示：图一首次亮相的"复兴号"是中国最新一代的标准动车组，"复兴号"从"洋基因"到"纯中国"，中国标准占84%；图二是庆祝中国人民解放军建军90周年大会在人民大会堂举行；图三是国家主席习近平在北京出席"一带一路"国际合作高峰论坛；图四是搭载着天舟一号货运飞船的长征七号遥二运载火箭，在我国文昌航天发射场待发。

2.这些成就是谁通过什么方式创造出来的？

提示：我们国家所取得的每一项成就，都是广大人民用辛勤劳动、诚实劳动、创造性劳动换来的。

活动二：劳动者的身影（多媒体展示一组图片）

1.阅读教材P.108"探究与分享"。

2.他们为什么令我们感动？

提示：每个人所处的岗位不同，从事不同的劳动，但都是在为国家和社会做出贡献。正是无数劳动者兢兢业业、艰苦奋斗、无私奉献，成就了我们今天的美好生活。

3.你还能说出身边令你感动的劳动者吗？简述其中几个人物的事迹。（学生讨论回答）

提示：2017年感动中国人物：黄大发——一生只为一清渠的贵州遵义老支书；谢海华、谢芳——30载濡沫相惜的"中国好人"；王珏（兰小草）——海岛医生匿名捐款15年；刘锐——守卫祖国海疆的轰6K"超大胆"机长；西藏玉麦人——半个多世纪坚守祖国雪域边陲；杨科璋——五楼坠落仍紧抱孩子的烈火英雄；等等。

4.了解先进人物事迹，说说你的感想。

教师总结：每个人所处的岗位不同，从事不同的劳动，但都在为国家和社会发展做出贡献。无论是脑力劳动者还是体力劳动者，都是国家的建设者，都值得我们尊敬和学习。

活动三：实干实现中国梦（多媒体展示材料——宁允展：研磨高铁的毫厘之间）

精益求精，是宁允展对技艺的不懈追求。他研磨的定位臂，已经创造了连续十年无次品的纪录，从他和他的团队手中研磨的转向架装上了1100余列高速动车组，在祖国大地安全飞驰17亿多公里。

扎根一线26年，宁允展有着与很多人不同的追求："我不是完人，但我的产品一定是完美的。做到这一点，需要一辈子踏踏实实做手艺。"追求极致，追求完美，正是有了一个个高铁人的匠心凝聚，中国高铁才能后来居上，成为一张响当当的名片，推动中国制造成为优质制造、中国创造，让中国收获全球敬意。

1. 宁允展和他的工作团队之所以能够取得成功，在于他们具有怎样的品质？

提示：精益求精、团结协作、脚踏实地、刻苦钻研、勇于创新等。

2. 怎样理解工匠精神？

提示：追求卓越的创造精神、精益求精的品质精神、用户至上的服务精神。

3. 他们的成功带给我们什么启示？

教师总结：实干是通向成功的桥梁。今天，国家建设展现出光辉灿烂的前景，中华民族伟大复兴的中国梦越来越接近现实。把中国梦变成现实，创造未来的美好生活，需要一代代人埋头苦干和接力奋斗，需要每个人在各自工作岗位上付出更多的辛勤和汗水。

活动四：辩论"书本知识与实践谁重要"

1. 阅读教材P.110"探究与分享"。

2. 学生分两组进行讨论。

3. 展示双方观点。

甲方观点：学习书本知识更重要。

乙方观点：实践更重要。

教师归纳：读万卷书，行万里路。学习书本知识应与实践结合起来，现在这个阶段应以学书本知识为主，为将来参与社会实践打下良好的知识基础。

活动五：培养科学精神（多媒体展示材料和图片）

全国青少年科技创新大赛创立于1982年，开始是每两年一届，而后改为每年一届。它是一项全国性青少年科技创新成果和科学探究项目的综合性科技竞赛，是面向在校中小学生开展的具有示范性和导向性的科技教育活动之一，是目前我国中小学各类科技活动优秀成果集中展示的一种形式。

1.阅读教材P.110"拓展空间"。

2.面对国家的期望，我们应该怎么做？

教师总结：我们是国家的未来，一定要接过历史的接力棒，努力学习，积极探索，勇做走在时代前列的学习者、劳动者、奉献者，担负起历史重任，让青春绽放出绚丽的光芒。

（三）课堂总结

通过这节课的学习，我们知道了国家所取得的每一项成就，都是广大人民用辛勤劳动、诚实劳动、创造性劳动换来的；明白了无论是脑力劳动者还是体力劳动者，都是国家的建设者，都值得我们尊敬和学习；懂得了把中国梦变成现实，创造未来的美好生活，需要每个人在自己的工作岗位上付出更多的辛勤和汗水；我们青少年应接过历史的接力棒，努力学习，积极探索，肩负起历史重任。

附：板书设计

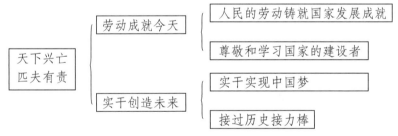

教学感悟：

本节内容主要是学生通过感知国家建设成就，认识到劳动的重要性，明确踏实肯干才能取得成功，作为未来的建设者，要努力学习，激发自己科学探索的热情，为实现中国梦做出自己的贡献。学习本课前，要求学生收集关于国家建设的成就、各行各业做出突出贡献的劳动者的事迹，有助于增强学生的感性认识；辩论学习书本知识与实践哪个重要时，教师给予明确的结论，有助于学生认识到为国家做贡献应从现在做起，努力学习。自己感觉在引导学生明确处理好学习与实践的关系时，道理讲述不够到位，这是本课的不足之处。

《大班综合活动：美丽的邦典》教学设计

日喀则市第二幼儿园　琼琼

活动目标

1.幼儿大概了解藏族的服装（邦典）。

2.大概介绍邦典的特点及制作过程。

3.有顺序、有规律地使用颜色，初步培养幼儿的观察能力、判断推理能力。

活动准备

课件、实物邦典、白纸和彩色笔、油画棒等。

活动过程

（一）导入

1.播放有关邦典的歌曲，幼儿欣赏歌曲。

2.教师出示藏装，引起幼儿的注意力。

师：这个服装漂不漂亮？你们知道是哪个民族的吗？你们见过吗？

（二）出示图片，介绍邦典及其制作

幼儿观察图片，边观察边说出自己的发现。

教师介绍邦典的特征和制作过程，重点介绍邦典的主要材料羊毛：剪羊毛——洗羊毛——梳理羊毛——纺线——编织（编织出来是长长的一条）——裁缝，裁缝师傅把邦典拼出三块，做出长方形的，接拼时注意颜色的错开。

（三）制作邦典

1.幼儿再次观察邦典的颜色、颜色之间的差别和使用规律、形状、大小等。

师：邦典由各种各样颜色和宽窄不同的线条组成，根据自己的需要选择颜色和设置大小不同的线条，从刚用的第一种颜色开始使用，颜色、线条宽窄按照第一次的规律进行有顺序地使用。

幼儿了解颜色及线条使用规律后开始操作。

2.幼儿制作邦典。幼儿在教师做好的基础下继续制作，要求先观察好已做完的部分用了哪些颜色、线条，再开始照这个规律制作。

3.教师总结。刚刚我们制作的是编织后的一条长长的邦典，成品的邦典是裁缝师傅把长短相同的三个板块拼接起来的，拼接时颜色要错开，拼出一块长方形。

（四）欣赏和评价幼儿的作品

请幼儿展示自己的作品，教师评价幼儿的作品。

《鸡蛋藏在沙子里（藏族民间游戏）》教学设计

日喀则市第二幼儿园　琼琼

活动目标

1. 跟着童谣的节奏，有顺序地学习手指点数。

2. 培养幼儿的判断、推理等探索的能力。

活动准备

课件、鸡蛋。

活动过程

（一）导入

藏汉双语打招呼。

（二）介绍活动的名称

1. 今天老师带来了藏族小朋友玩的游戏，小朋友们想不想玩？

2. 出示图片。图上的小朋友跟你们一样吗？哪里不一样？（她们穿了藏装，在节日、跳舞、拍照的时候穿藏装；平时穿的跟你们一样）

顺序播放图片，幼儿观察后说出自己的发现。

（三）介绍游戏的玩法

两到四个幼儿为一组，每个幼儿堆一团沙堆。教师或一位幼儿藏鸡蛋，藏鸡蛋时幼儿蒙上眼睛。藏完后任何一个幼儿开始用手指跟着童谣的节奏点起来（童谣中的一个字点一次手指），念到童谣最后的字"打"在沙子上用力拍（手掌或拳头）。如果碰巧拍的地下有鸡蛋并打碎了鸡蛋，他就赢了。

藏鸡蛋的幼儿不能参与这一轮游戏，可以轮流当藏鸡蛋的人。赢了的幼儿可以继续玩。幼儿自由组织伙伴。

（四）幼儿练习游戏玩法

已准备好的教具发给幼儿，白纸上画2—3个小圆圈当作沙子，任何一个圆圈中画一个小椭圆形，当作鸡蛋。幼儿跟着童谣的节奏在白纸上练习点手指的方法，通过判断、推理等来发现能猜中的规律。

幼儿游戏后总结。

提问：你们猜中没有？用的什么方法？幼儿说说自己的探索方法。

幼儿再做一次，教师引导用不同的方式来练习，激发幼儿藏宝找到后的惊奇。

（五）实践操作

将幼儿带到玩沙子的地方，请幼儿自由组织伙伴，教师巡回指导。

《原子结构与核外电子的排布规律》教学设计

昌都市第二高级中学 李锦华

教材分析

原子结构和核外电子的排布规律相关知识在九年级和高一年级必修课程中出现过，本次复习是对相关知识进行巩固。

学情分析

本节课授课主体为高二年级非选化学班学生，在九年级和高一年级已学过原子结构和核外电子的排布规律相关知识，已有一定的知识基础，也有较强的数学基础，但由于长期未接触化学，逻辑思维和归纳探究能力仍不够严谨科学，发展相关规律仍需教师进行引导。

教学目标

（一）知识与技能

1.了解元素、核素、同位素的含义。

2.掌握元素原子核外电子的基本规律，能用原子（离子）结构示意图表示原子（离子）核外电子排布。

3.能根据原子核外电子排布推断其元素种类。

（二）过程与方法

1.通过类比、观察、分析等方法得出原子核外电子的排布规律。

2.通过练习，对以前知识加以回顾与复习，对知识加以巩固。

（三）情感态度与价值观

1.在交流与讨论中初步养成与人合作的精神。

2.建构物质的微粒观并能应用。

教学重难点

（一）教学重点

1. 了解元素、核素、同位素的含义。

2. 对元素原子核外电子排布及表示规律的掌握。

（二）教学难点

对元素核外电子排布规律的掌握，掌握离子核外电子排布的特点。

教学方法

练习、讲解。

教学过程

（一）知识梳理

1. 元素、核素、同位素、质量数

（1）原子的结构

①原子是由原子核和核外电子组成，原子核是由质子和中子组成。

②对于中性的原子：核外电子数＝质子数＝核电荷数＝原子序数。

③原子组成可以用 $^{A}_{Z}X$ 表示，其中，A 表示质量数，Z 表示质子数，中子数（N）＝质量数－质子数。

（2）元素、核素、同位素

①元素是含有相同质子数的同一类原子的总称。

②核素是含有一定数目质子与中子的原子。

③同位素是含有相同质子数、不同中子数的同一种元素的不同原子的互称。同位素的特点：质子数相同，中子数不同。

④决定元素种类的是质子数，决定原子种类的是质子数和中子数。

2. 原子核外电子的排布

（1）电子层

电子层	1	2	3	4	5	6	7
电子层符号	K	L	M	N	O	P	Q
离核远近	由近到远						
能量高低	由低到高						

（2）核外电子排布规律

①各电子层最多容纳的电子数是$2n^2$个（n表示电子层）。

②最外层电子数不超过8个（K层是最外层时，最多不超过2个）；次外层电子数不超过18个。

③核外电子总是先排布在能量最低的电子层，然后由里向外从能量低的电子层逐步向能量高的电子层排布（即排满K层再排L层，排满L层才排M层）。

（3）表示方法

原子（离子）结构示意图：表示原子（离子）的核电荷数和核外电子在各电子层上排布的图示。如：下列原子（离子）结构示意图：

（1）Mg (+12) 2 8 2 O^{2-} (+8) 2 8

（二）典例精析

例1　来自ETH天文研究所的报告指出，组成太阳的气体中存在^{20}Ne和^{22}Ne，下列关于^{20}Ne和^{22}Ne的说法正确的是（　　　）

A．^{20}Ne和^{22}Ne互为同位素　　　B．^{20}Ne和^{22}Ne互为同分异构体

C．^{20}Ne和^{22}Ne的质量数相同　　　D．^{20}Ne和^{22}Ne的中子数相同

例2　下列化学用语正确的是（　　　）

A.乙醇分子的结构式：H—C—C—O—H（带H）

B.氯原子的结构示意图：(+17) 2 8 8

C.过氧化氢分子的电子式：H+[:Ö:Ö:]$^-$+H

D.铝离子结构示意图：(+13) 2 8 3

（三）学测真题

1．（2019·江苏学测）$^{131}_{53}$I可用于治疗甲状腺疾病。该原子的质子数是（　　　）

A.53　　　　　B.78　　　　　C.131　　　　　D.184

2.（2018·江苏学测）$^{60}_{27}$Co在农业上常用于辐射育种。该原子的质子数是（　　）

A. 27　　　　　　B.33　　　　　　C. 60　　　　　　D.87

3.（2017·江苏学测）$^{13}_{7}$N是常用医学PET显像的一种核素，这里的"7"是指该原子的（　　）

A.质子数　　　　B.中子数　　　　C.质量数　　　　D.原子个数

4.（2016·江苏学测）研究化学反应常用$^{18}_{8}$O作为示踪原子，该原子的质子数是（　　）

A.18　　　　　　B.8　　　　　　C.10　　　　　　D.16

5.（2015·江苏学测）工业焊接钢管时常用$^{137}_{55}$Cs进行"无损探伤"，这里的"137"是指该原子的（　　）

A.质子数　　　　B.中子数　　　　C.电子数　　　　D.质量数

6.（2014·江苏学测）$^{13}_{6}$C呼气法在医学上常用于幽门螺旋杆菌的诊断。下列说法正确的是（　　）

A.质子数是6　　B.质量数是6　　C.电子数是13　D.中子数是13

7.（2013·江苏学测）下列物质互为同分异构体的一组是（　　）

A.^{35}Cl和^{37}Cl　　　　　　　　B.CH_3CH_2OH和CH_3OCH_3

C.O_2和O_3　　　　　　　　　　D.H_2O和H_2O_2

8.（2013·江苏学测）2013年2月朝鲜进行了第三次核试验，引起国际社会的极大关注。$^{235}_{92}$U是一种重要的核燃料，这里的"235"是指该原子的（　　）

A.质子数　　　　B.中子数　　　　C.电子数　　　　D.质量数

9.（2012·江苏学测）下列物质互为同分异构体的一组是（　　）

A.乙醇和乙酸　　　　　　　　　B.丁烷和异丁烷

C.^{12}C与^{14}C　　　　　　　　　　D.金刚石和石墨

10.（2012·江苏学测）2012年2月新华网报道，加拿大开发出生产医用放射性同位素$^{99}_{43}$Tc的简单方法。下列关于$^{99}_{43}$Tc的叙述正确的是（　　）

A.原子序数是99　　　　　　　　B.质量数是43

C.中子数是99　　　　　　　　　D.电子数是43

（四）课后作业

《原子结构与核外电子的排布规律》试卷。

《氮及其化合物》教学设计

昌都市第二高级中学　李锦华

教材分析

这部分内容属于人教版必修一第四章非金属及其化合物部分的内容，教材是将非金属综合在一起进行讲解的。教学时，将这部分内容进行了整理和归纳，使同一元素的相关知识形成一个整体，在知识的记忆和理解上都比较好。

学情分析

学生是高二学生，面临学业水平考试，现在是对知识进行复习阶段。在复习时要有针对性地进行，不能太难，也不能过于简单，要适应学业水平考试的要求。由于初次与学生接触，这方面的要求还不是很清楚，在教学中要注意实时的调整。

教学目标

（一）知识与技能

1. 了解氮及其重要化合物的主要物理性质。

2. 了解氮及其重要化合物的主要用途。

3. 了解二氧化氮与水的反应。

4. 了解氨气与水、酸的反应，了解氨水的成分以及一水合氨的不稳定性，了解铵盐受热易分解、与碱反应等性质。

5. 了解硝酸的强氧化性，了解硝酸分别与Cu、C的反应；了解常温下铁、铝在浓硝酸中的钝化现象。

6. 了解氮循环对生态平衡的重要作用，了解氮氧化物等污染物的来源和危害，认识氮氧化物对生态环境的影响，初步形成可持续发展的思想。

7. 以酸雨的防治和汽车尾气的处理为例，体会化学对环境保护的意义。

（二）过程与方法

1.利用知识网络的形式将这部分内容串联起来，激发学生的发散思维，便于对知识的记忆和理解。

2.利用典型例题、学测真题体会相关知识在学业水平考试中的情况，让学生体会学习知识应把握的难易程度，明确方向。

3.讲练结合。

（三）情感态度与价值观

1.了解氮循环对生态平衡的重要作用，了解氮氧化物等污染物的来源和危害，认识氮氧化物对生态环境的影响，初步形成可持续发展的思想。

2.通过以酸雨的防治和汽车尾气的处理为例，体会化学对环境保护的意义。

教学重难点

重点：氮及其化合物的性质。

难点：氮及其化合物的性质的应用。

教学过程

（一）知识梳理

1.氮及其氧化物

（1）氮气的结构与性质

①氮气的分子结构：电子式为:N⋮⋮N:，结构式为$N\equiv N$。

②氮气的性质：N_2在常温下性质不活泼，可代替稀有气体作保护气。在一定条件下氮气也可与部分物质反应，如：

氮气和氢气反应：$N_2+3H_2\xrightleftharpoons[\text{催化剂}]{\text{高温、高压}}2NH_3$。

氮气和氧气反应：$N_2+O_2=2NO$。

（2）NO、NO_2的性质

①一氧化氮是无色气体，易与空气中的氧气发生反应，反应式为：$2NO+O_2=2NO_2$。

②二氧化氮是红棕色气体，易与水反应：$3NO_2+H_2O=2HNO_3+NO$。

2. 氨及铵盐

（1）氨

①氨分子的电子式为 $H\!:\!\overset{H}{\underset{}{\ddot{N}}}\!:\!H$，结构式为 $\overset{\displaystyle H-N-H}{\underset{\displaystyle H}{}}$。

②氨是无色、有刺激性气味的气体，密度比空气小，极易溶于水。证明氨极易溶于水的实验是喷泉实验。

③氨与水反应：氨溶于水时，大部分 NH_3 与 H_2O 结合，形成 $NH_3 \cdot H_2O$。$NH_3 \cdot H_2O$ 部分电离，使氨水显碱性，发生反应的化学方程式为 $NH_3 + H_2O \rightleftharpoons NH_3 \cdot H_2O \rightleftharpoons NH_4^+ + OH^-$。

④氨与酸反应：氨是碱性气体，能与酸反应，氨气与盐酸反应生成铵盐的离子方程式为 $NH_3 + H^+ = NH_4^+$。蘸有浓氨水与浓盐酸的玻璃棒靠近时出现白烟。

（2）铵盐

①铵盐的受热分解：氯化铵、碳酸氢铵受热会发生分解反应，特别是碳酸氢铵在 30℃ 即可大量分解，两种铵盐的分解方程式分别为 $NH_4Cl \xrightarrow{\triangle} NH_3\uparrow + HCl\uparrow$、$NH_4HCO_3 \xrightarrow{\triangle} NH_3\uparrow + H_2O + CO_2\uparrow$。

②铵盐与碱反应：铵盐与碱溶液共热会产生 NH_3，其离子方程式为 $NH_4^+ + OH^- = NH_3\uparrow + H_2O$。

③NH_4^+ 的检验方法：取样，加入 NaOH 溶液加热，若有使湿润的红色石蕊试纸变蓝色的气体产生，证明含 NH_4^+。

④NH_3 的实验室制法：实验室一般用 NH_4Cl 与 $Ca(OH)_2$ 混合加热来制取氨气，反应方程式为 $2NH_4Cl + Ca(OH)_2 \xrightarrow{\triangle} CaCl_2 + 2NH_3\uparrow + 2H_2O$。收集氨气一般用向下排空气法收集，并用湿润的红色石蕊试纸或蘸浓盐酸的玻璃棒检验氨气是否收集满。

3. 硝酸

（1）强酸性

硝酸的电离方程式为 $HNO_3 = H^+ + NO_3^-$，具有酸的通性。

（2）不稳定性

硝酸在受热或者见光的条件下即可分解，其反应的化学方程式为 $4HNO_3 \xrightarrow{\triangle \text{或光照}} 2H_2O + 4NO_2\uparrow + O_2\uparrow$。常见浓硝酸显黄色，原因是 HNO_3 分解产生的 NO_2 溶于溶液中，故浓硝酸应保存在棕色试剂瓶中。

（3）强氧化性

①与金属反应：常温下，浓硝酸可使铁、铝表面形成致密的氧化膜而发生钝化。一定条件下硝酸能与除铂以外的多数金属反应。浓硝酸、稀硝酸分别与铜反应的化学方程式为$Cu+4HNO_3（浓）\!=\!=\!Cu（NO_3）_2+2NO_2\uparrow+2H_2O$；$3Cu+8HNO_3（稀）\xrightarrow{\triangle}3Cu（NO_3）_2+2NO\uparrow+4H_2O$。

②与非金属单质反应：浓硝酸与碳反应为$C+4HNO_3（浓）\xrightarrow{\triangle}CO_2\uparrow+4NO_2\uparrow+2H_2O$。

（二）典例精析

例1　（2015·江苏学测）通入水中所得溶液呈碱性的气体是（　　）

A.NH_3　　　　　B.NO_2　　　　　C.SO_2　　　　　D.HCl

例2　（2014·江苏学测）有关物质的转化关系如下图所示（部分物质和条件已略去）。A是海水中含量最多的盐，B、E、F是气体单质，C是金属单质，X是能使湿润红色石蕊试纸变蓝的气体，Y是最常见的无色液体。

请回答下列问题：

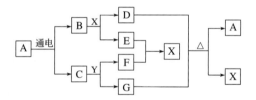

（1）X的化学式为_____。

（2）E的电子式为_____。

（3）写出C与Y反应的化学方程式：_____。

（4）写出D溶液与G溶液反应的离子方程式：_____。

例3　（2017·江苏学测）下列有关浓硝酸说法正确的是（　　）

A.保存在棕色瓶中　　　　　　　B.不易挥发

C.与铜不反应　　　　　　　　　D.受热不分解

（三）学测真题

1.（2013·江苏学测）下列气体无色无味的是（　　）

A. Cl_2　　　　　B.SO_2　　　　　C. NO_2　　　　　D. O_2

2.（2011·江苏学测）某氮肥硫酸铵中混有硫酸氢铵。为测定该氮肥的含氮量，一化学研究性学习小组取一定量氮肥样品，研磨使其混合均匀，备用。已知：

氢氧化钠少量时：$2NH_4HSO_4+2NaOH=(NH_4)2SO_4+Na_2SO_4+2H_2O$

氢氧化钠过量时：$NH_4HSO_4+2NaOH=Na_2SO_4+NH_3\uparrow+2H_2O$

（1）同学们设计的实验装置图如右下图，请回答相关问题：

①装置中碱石灰的作用是＿＿＿＿＿＿＿。

②广口瓶内四氯化碳的作用是＿＿＿＿＿＿＿

＿＿＿＿＿＿＿＿＿＿＿＿＿＿＿＿＿

③指导老师指出，用该装置进行实验，即使氢氧化钠足量且实验过程中无氨气外逸，测得的样品含氮量仍将偏低，其原因可能是＿＿＿＿＿＿＿＿＿＿＿＿＿＿＿＿。

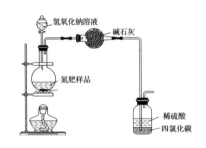

（2）同学们改进实验装置后（改进装置图略），进行如下实验。

称取不同质量的上述样品分别与40.00mL相同浓度的氢氧化钠溶液混合，完全溶解后，加热充分反应（此温度下铵盐不分解），并使生成的氨气全部被稀硫酸吸收，测得氨气的质量。部分实验数据如下：

氢氧化钠溶液体积/mL	40.00		
样品质量/g	7.750	15.50	23.25
氨气质量/g	1.870	1.870	1.700

请计算（计算结果保留两位小数）：

①样品中氮元素的质量分数是＿＿＿＿＿＿＿%。

②所用氢氧化钠溶液的物质的量浓度为＿＿＿＿＿＿ mol·L^{-1}。

③若样品质量为31.00 g，则生成氨气的质量为＿＿＿＿＿＿g。

《DNA分子的结构》教学设计

拉萨市第四高级中学　严洁

教材分析

本课是人教版必修二第三章第二节的内容，是在学习完"DNA是主要的遗传物质"基础上学习的，这让学生对遗传物质DNA有了进一步认识，体现了生物学中"结构与功能相适应"的学科观点。同时为后面学习"DNA分子的复制""基因的本质"等内容做了铺垫，起着承前启后的作用。

本节课教材采取故事的形式，讲述沃森和克里克构建DNA双螺旋结构模型的历程，让学生体验科学方法和科学家的精神，然后结合图形简要概述DNA分子的结构特点，最后让学生动手制作 DNA双螺旋结构模型体会其中的奥秘。DNA分子双螺旋结构是本节学习的重点和难点，需要学生通过空间想象和实际动手操作相结合才能理解。

学情分析

学生已掌握有关DNA分子的基本知识，并了解到DNA是主要的遗传物质，这为本节新内容的学习奠定基础。高中学生已初步具备空间想象能力、动手操作能力及观察能力，但还不完善，需教师在此过程中进行引导。

教学目标

（一）知识与能力

1. 概述DNA分子结构的主要特点。

2. 制作DNA双螺旋结构模型。

3. 讨论DNA双螺旋结构模型的构建过程。

（二）过程与方法

1. 通过制作DNA双螺旋结构模型，培养学生动手操作能力，体验模型构建的研究方法及科学知识的综合运用。

2. 以DNA模型为依托，培养学生的空间想象能力和观察能力。

3.培养学生合作与交流的能力。

（三）情感态度与价值观

（1）认同善于利用前人成果和与人合作在科学研究中的重要性。

（2）体验科学思维方法和科学家们锲而不舍的精神。

（3）感受合作学习和交流的重要性.

教学方法

1.DNA双螺旋结构比较抽象，需要学生通过空间想象才能理解。学生的空间想象能力较弱，这就需要教师引导学生在制作DNA双螺旋结构模型的过程中加深对DNA双螺旋结构的理解。为了使教学有条不紊地进行，教学程序可采用"构建脱氧核苷酸的结构—构建一条脱氧核苷酸链的结构—DNA双螺旋结构模型的制作—DNA分子的结构特点—DNA分子的特性"知识结构顺序，层层递进，完成对DNA双螺旋结构的认识。

2.在本节学习中，学生将动手制作DNA双螺旋结构模型，观察模型和图像，归纳总结知识点，与同学进行合作学习与交流以完成这次探究性学习。

教具准备

DNA双螺旋结构模型组件。

教学思路

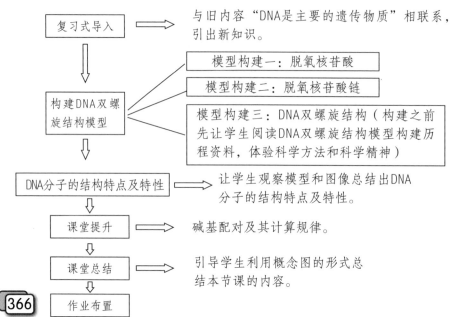

教学过程

教学内容	教师组织和引导	学生活动	教学意图
导入新课	通过前面"肺炎双球菌的转化实验"和"噬菌体侵染细菌的实验"证明。 大家已经知道DNA是主要的遗传物质，提问：DNA作为遗传物质，它所具备的特征是什么？ 通过"结构与功能相适应"的生物学观点，引出"DNA的分子结构"一节。	学生思考，产生好奇。	温故而知新，渗透生物学观点，培养生物学素养。
构建DNA双螺旋结构模型	模型构建一：脱氧核苷酸 回忆复习： 1.组成DNA的基本单位。 2.每个基本单位由哪些部分组成？这些部分怎么连接成一个基本单位？ 展示：脱氧核苷酸的结构示意图。 活动：四人一组制作脱氧核苷酸模型。 发给学生制作模型的材料（提示：五边形代表脱氧核糖，圆形代表磷酸，四种颜色不同的长方形代表四种碱基） 启发思考：脱氧核苷酸有多少种？	学生回顾思考。 动手制作脱氧核苷酸模型，并指出3'和5'端。 引起思考。	复习巩固，为新知识学习奠定基础。 培养学生动手操作能力。 引导学生从实操中找答案。

	模型构建二：一条脱氧核苷酸长链	学生回顾思考。	
	提问：四种脱氧核苷酸如何连接成脱氧核苷酸链？	动笔画图。	引起学生回顾思考。
	活动：先让学生在纸上画出四种脱氧核苷酸连接成脱氧核苷酸链的方式，随机抽同学在黑板上画。		将理论与实践相结合。
	点评：学生画出四种脱氧核苷酸连接成脱氧核苷酸链的方式正确与否。若正确，能说出磷酸二酯键，给予高度评价并表扬。		
	活动：五人一组合作制作一条脱氧核苷酸长链模型。	动手制作一条脱氧核苷酸长链模型。	培养合作能力。
构建DNA双螺旋结构模型	模型构建三：DNA双链结构	学生阅读资料。	学生感悟科学方法和科学精神。
	资料：让学生阅读教科书47至48页有关DNA双螺旋结构模型的构建历程的资料。		
	问题：	思考问题，讨论、表达与交流。	培养学生知识归纳总结的能力及语言表达与交流的能力。
	1.脱氧核苷酸是怎样构成DNA的，是由几条链构成的？它具有怎样的立体结构？		
	2.DNA的基本骨架是由哪些物质组成的？它们分别位于DNA的什么部位呢？		
	3.DNA中的碱基是如何配对的？它们位于DNA的什么部位？		
	活动：五人合作制作DNA双螺旋结构模型。	亲手制作DNA双螺旋结构模型让学生去评价他人制作的模型并提出自己的观点。	亲手操作验证理论知识，让学生去评价他人制作的模型更能加深对DNA双螺旋结构特点的理解。
	请其中四组同学将他们制作好的DNA双螺旋结构模型拿到讲台前展示，让下面同学仔细观察并评价其制作的模型是否正确。		
	赞赏学生的制作成果并作小结。		

DNA分子的结构特点	展示： 1.DNA双螺旋结构模型。 2.DNA分子结构的平面结构模式图。 让学生观察总结出DNA分子的结构特点。 延伸：引导学生总结出DNA分结构具有稳定性、多样性和特异性。 （与开头DNA作为遗传物质的特征相呼应）	学生观察自己制作的模型及多媒体展示的DNA分子结构的平面结构模式图，归纳总结出DNA分子的结构特点。	培养学生观察能力。 图文互换，培养学生空间想象能力。
课堂小结	引导学生用概念图的形式对本节内容进行归纳总结。 1.有关DNA的基础知识。 2.如何构建DNA双螺旋结构模型？ 3.DNA分子的结构特点有哪些？	学生在老师引导下归纳总结DNA分子的结构特点。	培养学生主动思考及归纳总结的能力。
布置作业	略		

《电热器、电流的热效应》教学设计

昌都市八宿县中学　曾勇

教学目标

1.学习利用控制变量法探究影响电流产生热量多少的因素。

2.学会利用焦耳定律进行有关问题的计算。

3.联系生活实际，了解电热的利用和危害。

教学重点、难点

重点：掌握焦耳定律的内容、公式和单位，利用焦耳定律进行有关计算。

难点：探究影响电流产生热量多少的因素的方法，$Q=W=UIt$的适用条件。

教学用具

焦耳定律演示器。

教学过程

（一）引入新课

天气变冷了，同学们的家里采用了哪些取暖的措施？

（从学生所举的例子中选出利用电取暖的例子）

（二）新课教学

1.电热器、电饭锅、电炉、电熨斗、电烙铁等，都是利用电流做功时将电能转化为内能的装置。统称为电热器。

电热器：把电能转化为内能的装置。

电流通过导体时，导体会发热，这种现象叫作电流的热效应。

2.电流通过电热器时产生的热量的多少跟哪些因素有关呢？请同学们

猜猜看。

　　在同学们猜的基础上，指出电流产生的热量跟电流、电阻、时间有关。

　　我们怎样通过实验来探究影响电流产生热量多少的因素呢？影响电流产生热量多少的因素有多个？要研究出热量跟其中某一个因素的关系，用什么方法？

　　讨论一：怎样研究电热器电阻大小对产生热量的影响？

　　实验：利用焦耳定律演示器，探究热量跟电阻的关系。

　　结论：电流和通电时间相同时，电阻越大，电流产生的热量越多。

　　讨论二：怎样研究电流产生的热量跟电流的关系？

　　实验：利用焦耳定律演示器，探究热量跟电流的关系。

　　结论：电阻、通电时间相同时，电流越大，电流产生的热量越多。

　　讨论三：电流产生的热量跟时间是否有关？你能举例说明吗？

　　结论：通电时间越长，电流产生的热量越多。

　　3. 焦耳定律

　　电流通过导体产生的热量，与电流的平方成正比，与导体的电阻成正比，与通电的时间成正比。

　　推导热量跟电流、电阻和通电时间的定量关系：当电流通过电热器把电能全部转化成内能时，有 $Q=W=UIt$，根据欧姆定律 $U=IR$，代入可得 $Q=I^2Rt$。

　　焦耳定律公式： $Q=I^2Rt$。

　　4. 例题（略）

　　（三）达标检测（略）

　　（四）课堂小结（略）

　　（五）作业布置（略）

《物质在水中的分散》教学设计

日喀则市白朗县中学　李隆武

教学目标	知识目标	1.认识溶解现象，说出溶液的特征。 2.能说出一些日常生活中常见的乳化现象。 3.了解溶液在生产、生活中的重要应用价值。
	能力目标	通过物质溶于水的探究，培养学生用微观知识解释宏观现象的分析方法。
	情感目标	通过探究实验，形成尊重科学原理，初步养成善于与他人交流、分享与协作的习惯，敢于依据客观事实提出自己的见解。
教材分析	重点	认识溶液的基本特征，乳化现象。
	难点	从微观上认识溶解的过程。
教学过程		一、预习导学与交流反馈 1.如果物质以细小固体颗粒分散在水中，则形成悬浊液；若物质以小液滴分散在水中，则形成乳浊液。 2.物质以分子或离子形式均匀分散到另一种物质中的过程，叫作物质的溶解。物质溶解后形成的均一、稳定的混合物叫作溶液。 3.用洗衣粉可以洗去衣服上的污渍，用洗发精可以洗去头发上的油脂，农药、医药制剂的合成，石油的开采，污水的处理等都和乳化作用有关。 二、问题提出与情境创设 在日常生活和生产中，人们经常需要将一种物质分散到另一种物质中，如将食盐分散到水中配制成食盐水，将碘分散到酒精中配制成碘酒，将农药分散到水中配制成喷洒的药液等。那么，物质在分散过程中会产生哪些现象呢？ 三、精讲释疑与新知建构 （一）溶解与乳化 【活动与探究】几种物质在水中的分散。

实验	振荡后现象	静置后现象
高锰酸钾加入水中	固体消失，液体变为紫红色	无明显变化
食盐加入水中	固体消失，液体无色	无明显变化
蔗糖加入水中	固体消失，液体无色	无明显变化
泥土（或粉笔灰）加入水中	固体不消失，液体浑浊	小颗粒下沉
食用油加入水中	黄色液体不消失，液体浑浊	小液滴上浮

教学过程	1.悬浊液：物质以细小固体颗粒悬浮于液体中形成的混合物叫作悬浊液，如泥土、粉笔灰等。 2.乳浊液：物质以小液滴分散到液体里形成的混合物叫作乳浊液，如食用油等。 悬浊液和乳浊液都是不均一、不稳定的。 【活动与探究】乳化现象。 洗洁精能使食用油以细小液滴均匀悬浮在水中形成乳浊液，这种现象叫作乳化。 乳化的应用：金属表面油污的清洗，各种日用洗涤剂、化妆品及乳制饮品的配制，农药、医药制剂的合成，以及纺织印染、石油开采、污水处理等。 【开拓视野】乳化作用。 3.溶液 物质以分子或离子形式均匀分散到另一种物质中的过程，叫作物质的溶解。 物质溶解后形成均一、稳定的混合物叫作溶液，如食盐、蔗糖等。 （二）溶液的特征 （1）均一性：指液体各部分的性质（包括浓度和密度等）都相同。 （2）稳定性：指外界条件不变的情况下，溶液中的物质不会随意析出。 （3）溶液都是混合物。 （三）溶液的用途 （1）在溶液里进行的化学反应通常是比较快的。 （2）溶液对动植物的生理活动也有很大意义。 动物摄取食物里的养分，必须经过消化，变成溶液，才能吸收。植物从土壤里获得各种养料，也要成为溶液，才能由根部吸收。 【活动与探究】较快地溶解某些固体物质的建议。 建议1：溶解时不断搅拌，因为外力作用使微粒运动速度加快。 建议2：加热溶解，因为温度升高，微粒运动速度加快。 建议3：研碎后溶解，因为增大了微粒与水的接触面积。 【开拓视野】冷却剂。 （四）课堂演练与拓展提升（略） （五）归纳总结（略） （六）教学反思（略）

《流体压强与流速的关系》教学设计

山南市贡嘎县中学　旺堆次仁

教学分析

本节主要由"流体压强与流速之间存在什么关系"和"飞机的升力如何产生"两个核心问题组成，是对液体压强和大气压强等力学知识的延伸和拓展。本节内容虽然较为抽象，但与生活科技密切相关，例如对于为什么庞大的飞机可以翱翔天空、为什么火车站台要设置安全线等。本节课具有重要的现实意义。

由于"流体的流速越大，压强越小"所造成的许多现象在日常生活中经常碰到，教材抓住初中学生具有强烈求知欲望的特点，利用实验探究，激发学生思考，探究物理规律，从中认识生活中常见现象和科学技术，学会应用物理知识解决实际问题。

初中生倾向于从具体形象的事物中获取知识，他们的分析能力比较差，对于实验中的一些问题较难理解，例如由机翼的形状，得出上下表面的空气流速不同，从而发现压强差，得出升力的实质。这一过程对学生的分析能力要求较高，学生较难理解。

教学目标

（一）知识与技能

1.通过实验，能总结流体压强与流速的关系。

2.能利用流体压强与流速的关系解释升力产生的原因，进一步解释飞机在空中飞行的原因。

3.能利用流体压强与流速的关系解释生活中的有关现象。

（二）过程与方法

通过实验，观察流体压强跟流速相关的现象，归纳简单的科学规律，体验由气体压强差异产生的力。

（三）情感态度与价值观

初步领略流体压强差异所产生现象的奥秘，获得对科学的热爱与亲近感，从而激发学生对物理学习的兴趣，体验探索自然现象成功的喜悦。让学生体会科学技术的力量，关注科技的两面性，加强安全教育。

教学重点

通过实验体验流体压强与流速的关系。

教学难点

利用流体压强与流速的关系解释相关现象，理解飞机升力产生的原因。

教学准备

橡胶管、泡沫颗粒、飞机机翼模型、电吹风、白纸、漏斗、乒乓球、水槽、水、注射器、小纸船、多媒体课件。

教学过程

主　要　教　学　过　程		
教学环节	教师活动	学生活动
导入新课	【情境设置】 利用多媒体播放龙卷风的视频（略）。 通过这段视频，我们看到了龙卷风的巨大威力，大家想不想知道知道为什么龙卷风能轻而易举地掀开房顶吗？让我们一起学习流体的压强与流速的关系，来揭开谜底。	观看视频，感受龙卷风的威力。
（一）流体压强与流速的关系	【自主学习】 阅读课本P.44的第一自然段，找出流体的概念。 物理学中把具有流动性的液体和气体统称为流体。 【问题过渡】 1.前面我们学习了流体静止时的压强特点，流体流动时其压强又有什么特点呢？流体产生的压强速度大小与流速有什么关系？ 2.猜想与假设： 猜想一：液体和气体流动速度越快，产生的压强越大。 猜想二：液体和气体流动速度越快，产生的压强越小。 猜想三：液体和气体流动速度越快，产生的压强不变。	阅读课本，找出概念。

（一）流体压强与流速的关系。	【探究实验】 我们通过实验探究流体的流速与压强之间的关系。 各小组根据桌面提供的实验器材进行实验，认真观察实验现象。 **探究一**：气体中，流体压强与流速的关系。 1.将两张白纸正对且下垂，用力向中间吹气，观察两张纸将会怎样运动。 2.纸条一端贴近下嘴唇，用力向纸条上方吹气，观察发生的现象。 3.将一张纸折成"n"形平放在桌子上，用力向纸的下方与桌面之间的空间吹气。 实验现象： 将两张白纸正对且下垂，用力向中间吹气，发现白纸相互靠拢；纸条一端贴近下嘴唇，用力向纸条上方吹气，纸条飘了起来；将一张纸折成"n"形平放在桌子上，用力向纸的下方与桌面之间的空间吹气，纸被压平。 通过实验你得到了什么结论？请各小组派代表发言。 实验结论：在气体中，气体流速越小的位置，气体压强越大。 **探究二**：液体中，流体压强与流速的关系。 用装有水的水槽，并排放入两小纸船，用注射器向"两艘船"中间注射，观察"两艘船"的运动情况。 实验现象：注射器注射时，两小纸船向中间靠拢。 实验结论：在液体中，液体流速越大的位置，液体压强越小。 【归纳总结】 在气体和液体中，流速越大的位置，压强越小。 【反馈练习】 略	认真思考，大胆猜测。 明确实验要求，进行实验探究。 小组交流讨论、分析实验现象，并总结实验结论。 分析实验现象，并总结实验结论。

续表

（二）飞机的升力	【趣味比赛】 各组选一位同学，对漏斗口向下用力吹气，松开手，观察乒乓球能否掉下来。 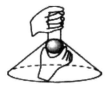 观察现象:乒乓球紧紧地贴在漏斗壁上。 提出问题:乒乓球为什么没有掉下来? 交流回答:乒乓球上方的空气流速快压强小，下方压强大于上方压强。	各组同学积极参与比赛。 思考讨论，交流原因。
	【课件展示】 提出问题：乒乓球能紧贴在漏斗壁上，是因为受到压强差。质量为几十吨的飞机为什么能够在空中飞行? 下面我们来看段小视频来了解飞机的升力怎么产生的? 引导观察:飞机机翼的形状有什么特点? 播放动画:利用多媒体课件播放飞机起飞的动画，根据机翼上下空气流速的提示，引导学生仔细分析飞机升力产生的原因。	认真观察飞机图片上的机翼形状。
	【模拟演示】 飞机机翼产生的升力用线穿过机翼，用力把线拉直，用手托住机翼尾端，使它处于水平状态，再用电吹风水平吹向机翼，然后把手拿开，观察机翼模型能否保持水平? 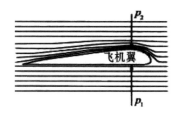	认真观察，总结规律。
	【归纳总结】 通过机翼上下表面的空气流速不同而存在压强差，产生了向上的压力差，这就是产生升力的原因。 【反馈练习】 略	

（三）学以致用	【拓展延伸】 生活中有很多流体压强与流速有关的实例，比如： 1.在火车站或地铁站的站台上，离站台边缘1米左右的地方标有一条安全线，乘客必须站在安全线以外的地方候车，这是为什么？ 解决引入创设的疑问。 2.龙卷风的威力是如何获得的？ 释疑解惑： 1.列车经过时，列车周围的空气流速快，压强小，人身体前后有压强差，因而有压力差。这个压力差会把人推向列车。 2.龙卷风中心的空气流速非常快，压强很小；外侧压强远大于中心压强，从而产生很大的压力差。	根据流体压强与流体速度关系，解答生活现象所蕴含的物理规律。
课堂小结	回顾本节课，你学到了什么？ 1.流体：气体和液体都具有流动性，统称为流体。 2.流体压强与流速的关系：流速越大的位置，压强小。 3.飞机升力：机翼上下表面压强差是产生升力原因。 4.流体压强与流速的关系的现象。	梳理本节知识要点。
课堂检测	教师巡视、点评。	完成检测题。
布置作业	本节课学到了哪些知识、研究方法、探究过程，布置同学们书面写出这节课自己的收获在哪，有什么启发。	课后完成。

《物体的质量》教学设计

山南市贡嘎县中学　　旺堆次仁

教学目的

（一）知识与技能

1.知道质量是物体自身的属性，知道质量的单位有哪些，明白它们之间怎样换算。

2.了解托盘天平的结构、使用方法及使用注意点。

3.会调节托盘天平的平衡，会对天平测量结果准确读数。

4.初步感受物体质量单位的大小，培养估测能力，会估测日常生活中常见物体的质量。

（二）过程与方法

1.通过探究活动，了解物体质量大小与物体的形状、物质的状态无关。

2.通过比较物体质量的大小，让学生学会比较的思维方法。

（三）情感态度与价值观

1.让学生积极参与观察、实验等科学实践。

2.培养学生严谨的科学态度和与他人协作精神。

教学重难点

重点：了解质量是物体的一种基本属性，了解托盘天平的结构、使用方法及使用注意点。

难点：通过比较物体质量的大小，让学生学会比较的思维方法。

教学内容分析

本节课内容选自苏教版八年级物理第六章第一节，本节课的内容主要是认识质量及其测量仪器，特别是学习使用学校实验室常用的天平，是为后续各节的学习所准备的。因此，本节课的教学内容极其重要，与今后授课的内容相关密切，是基础性的一节，也是阶段性的关键点。所以这一节课，无论在知识学习上还是培养学生实验的能力上都有着十分重要的作用。

学情分析

初二学生好奇心较强，并且具备了一定的研究问题的能力，但思维方式还是比较偏于形象思维，欠缺对问题的深入思考及理性的思维过程。对于托盘天平的使用，动手操作学生基本可以完成，但对于为什么要这样使用还会感到一些疑惑。

教学准备

托盘天平、砝码、PPT课件、橡皮泥。

教学过程

（一）课题引入

浩瀚无际的宇宙中，既有大得难以想象的星体，又有小得看不见、摸不着的粒子；既有无生命的，如空气、岩石和水，又有有生命的，如植物、动物和人……所有这一切，都是由物质组成。

今天我们一起学习物体的质量。

（板书：质量）

（二）新课教学

1.讲解物体的质量知识。

（1）展示图片（桌子、凳子、铁锤、铁钉），引入质量的概念。

请学生分类并说出分类的理由，引出物体是由物质组成的。

铁锤和铁钉都是由铁组成，但铁锤含有的铁比铁钉含的多。

桌子和凳子都是由木材组成，但桌子含有的木材比凳子多。

讲解：桌子、凳子、铁锤、铁钉物理学中称为物体，组成这些物体的木材、铁叫"物质"。桌子、凳子含有木材的多少不同，铁锤、铁钉含铁的多少也不同。物体所含物质的多少叫作物体的质量。通常用字母m表示。

（概念：物体中含有物质的多少叫质量）

2.讲解质量的单位知识。

展示国际千克原器图片。（教师讲解）说明：在生活中，各国采用各种不同的单位，我国用斤、两、钱做质量的单位，英国、美国用磅做质量的单位。

19世纪中叶，法国为了改变国内计量制度混乱的状况，在规定"通过巴黎的地球子午线全长的四千万分之一为1 m"的同时，还规定了质量单位，即规定"在4℃时，1 dm³纯水的质量为1 kg"（因为水在4℃时的密度最大），并且用铂制作了标准千克原器，保存在法国档案局。因此，这个标准千克原器也叫"档案千克"。

质量的国际单位是千克，符号kg。为了方便，还有比千克大的单位吨，比千克小的单位克、毫克。（板书：单位：t、kg、g、mg）

质量单位之间的换算关系是怎样的？（先讲授，后练习）

3.引导估测常见物体的质量，建立质量单位的大小的具体体验。

做补充单位练习。（展示习题）

4.介绍常用测质量的工具。（展示图片介绍）

5.学习使用天平使用物体的质量。

（1）教师介绍天平的构造，让学生用托盘天平与课本图6—1对照，认识托盘天平主要部件的名称。

请一位学生上讲台利用托盘天平的图片将名称托到对应的位置。

（2）学习托盘天平的使用方法。

①让学生通过托盘天平使用说明书调节天平。

教师巡查，寻找生成性的问题作为批判教学素材。

②让学生测量橡皮泥的质量。

要求学生正确使用天平测量的橡皮泥的质量。巡视操作情况，及时纠正操作错误。

再将橡皮泥捏成各种形状测量质量，探究质量与形状无关。

引导学生得出质量与状态、位置无关。（举例）

①将橡皮泥从扬州带到北京，位置变了，它的质量变不变?

②装有冰块的带盖玻璃杯，容器内的冰全部融化成水，状态变了，它

的质量变不变？

总结结果：物体的质量不随其形状、位置、状态的变化而改变，质量是物体的物理属性。

板书：物体的质量不随其形状、位置、状态的变化而改变，质量是物体的物理属性。

小结

1.物体中所含的物质多少叫作质量，用字母m表示。

2.质量的单位是千克（kg），还有吨（t）、克（g）、毫克（mg）。

3.托盘天平如何正确使用。

4.当物体的形状、状态、位置发生变化时，物体的质量不变。质量是物体的物理属性。

布置作业（略）

附：板书设计

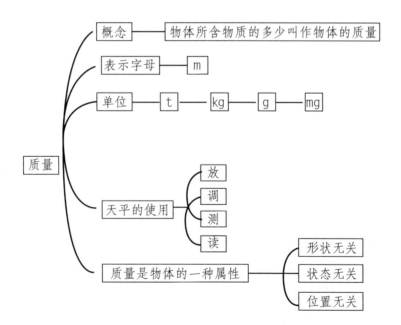

《运动的相对性》教学设计

阿里地区中学　扎西

教学目标

（一）知识与技能

1.知道机械运动。

2.知道运动的相对性。

（二）过程与方法

1.通过组织学生分析、讨论，得出描述运动需要选择参照物。

2.组织学生对生活中具体事例进行讨论，并让学生明确运动和静止的相对性。

（三）情感态度与价值观

通过学习运动的相对性知识在现代科技中的应用，进一步认识物理学对人类生活的影响，体验物理知识的值。

教学重难点

重点：机械运动；引导学生学会从生活中学习理论知识，培养学生的观察能力和综合实践能力。

难点：运动和静止的相对性。

教学方法

提问、启发、讨论、做实验。

教学用具

课件、课本、书本、足球。

教学过程

师：（活动1）日常生活中，有哪些运动现象？

生：马路上开过的汽车……

师：运动是世界的普遍现象，我们处在一个不断运动和变化的世界中，无论是微观粒子还是宇宙中的天体，都在不停地运动着。现在我们来感受一下身边的运动。（活动2：游戏谁动了？）学生乙运动了吗？

生：运动了。

师：为什么说他动了？是因为相对于（拖声，让学生回答出来）学生甲，他的位置发生了变化。

师：学生丙运动了吗？

生：运动了。

师：是因为相对于（拖声——让学生回答出来）学生甲，他的位置发生了变化。

师：物理学中也是这样来定义运动的。

师：判断运动、静止的方法：选参照物。

注意，参照物可以任意选取，通常我们默认地面为参照物。观察物体相对于参照物，位置有没有变化。

如果一个物体相对于参照物的位置改变了，我们就说这个物体是运动的，如果一个物体相对于参照物的位置没有发生改变，就说这个物体是静止的。

师：刚刚的乘客，以小朋友或者地面为参照物，他是运动的，因为他相对于小朋友的位置发生变化了；以旁边的司机为参照物，他是静止的，因为他相对于司机的位置没有发生变化。

议一议：小明（左）和小华（右）谁说得对？他们又是如何判断的呢？

生：小明说得对，理由是以站台为参照物。小华说得也对，理由是以对面火车为参照物。

师生共同的得出：两个都说得对，以站台为参照物时小明说得对，以对面火车为参照物时小华说得对。

师：（活动3）这是运动员跑步时的情景，以地板为参照物；运动员
_____（请学生回答）

师：学习了判断物体的运动和静止之后，我们来做一做这个小实验。
（活动4）

生准备实验材料。

师：将课本放在课桌上，再将文具盒放在课本上，用手慢慢拉动课
本，观察并思考下面两个问题。（投影）

生回答上述两个问题。

师：（活动5）科学表述物体的运动情况。

生回答。

师：对于同一个物体，由于选择的参照物不同，我们可以说他是运动
的，也可以说他是静止的，机械运动的这个性质叫作运动的相对性。运动
的相对性说明运动和静止是相对的。那么是相对于谁呢？（生：参照物）
对于参照物的选择有没有要求呢？研究的对象能不能作为参照物呢？我们
来看：（活动6）两岸青山相对出，孤帆一片日边来。

师生讨论。

师：研究的对象可以作为参照物，参照物的选取是任意的，为了方便
研究物体的运动，通常我们选地面为参照物。

为了加深学生对相对运动印象，教师举出趣闻轶事。

师：运动的相对性在生活中无处不在，现在请几位同学来体验生活中
的几种相对运动（如足球停球技术）。

师：同学们通过这节课的学习，能解决这类似的问题了吗？

《质量》教学设计

阿里地区中学　扎西

教学目标

（一）知识与技能

1.通过分子和原子的概念初步理解"物质的量"的含义。

2.初步认识质量的概念，知道质量的单位。

3.了解天平的构造，掌握天平的使用方法。

（二）过程与方法

1.体验一些物体的质量，对一些常见物体的质量有估测的能力。

2.通过用天平测量常见的固体和液体的质量，掌握天平的使用方法。

3.通过观察、实验，认识质量是不随物体的形状、状态、空间位置而变的物理量。

（三）情感态度与价值观

1.通过天平使用的技能训练，培养学生严谨的科学态度与协作精神。

2.通过对物质质量的测量，获得成功的喜悦。

教学重点与难点

重点：质量的单位和用天平来测质量。

难点：正确使用天平测量固体和液体的质量。

教学方法

演示法。

教学用具

课件，器材。

教学课时

1课时。

教学过程

（一）引入新课

问：自行车是用哪些材料制成？

答：钢、铁、橡胶等材料制成的。

教师接着说明：一般我们把自行车称为物体，钢、铁、橡胶等称为物质。这样我们可以说，自行车这个物体是由钢、铁、橡胶等物质构成的，其他物体如铁钉、铁锤、桌子、凳子等也都是由物质构成的。

（二）新课教学

1.质量

（1）对实物进行观察，引入质量的概念。

铁钉和铁锤含有铁这种物质的多少不同，桌子和凳子含有木这种物质的多少不同，物理学里为了表示这性质就引入的质量这个物理量。

质量是表示物体所含物质的多少。用符号"m"表示。

（2）举例说明物体的质量不随它的形状、状态、位置和温度而改变。

2.质量的单位

国际单位：千克（kg）。

其他单位：吨（t）、克（g）、毫克（mg）。

进率：1吨＝1000千克；1千克＝1000克；1克＝1000毫克。

看P.103表中一些物体的质量。

3.质量的测量——天平

（1）介绍常用测质量的器具：案秤、杆秤、台秤、电子秤、天平。

（2）托盘天平的构造及使用方法。

（3）天平的使用。

天平的调节：把天平放在水平台上，把游码放在标尺左端的零刻线处；调节横平衡螺母，使指针指在分度盘的中线处，这时横梁平衡。

把被测物体放在左盘，用镊子向右盘里加减砝码并调节游码在标尺上的位置，直到横梁恢复平衡。

这时盘中砝码的总质量加上游码在标尺上所对和刻度值，就等于被测物体的质量。

（4）教师强调

①调节平衡螺母：指针左偏就向右调，右偏向左调。

②天平调节平衡后，左右盘不能对调，平衡螺母不能再动。

③取砝码时一定要用镊子。

④往盘里加砝码应先估计被测物的质量，再从大到小加砝码，当加到最小一个砝码时太重了，则应改用移游码。

⑤游码的读数是读游码的左边所对标尺的刻度值。

（5）天平使用注意事项

①不能超过称量。天平的称量＝所配砝码总质量+游砝最大读数

②取砝码要用镊子，并轻拿轻放。

③保持天平干燥、清洁。

Unit 8 Task 教案

西藏民族大学附属中学 陈亚红

教学目标

1. Knowledge aim: To understand the conversations more deeply and sum up expressions about shopping.

2. Ability aim:

（1）To introduce the syllables in words.

（2）To talk about the designing poster.

3. To learn to discuss and choose new clothes in the clothes shop.

4. To describe different materials and items of clothing.

5. To make a design about clothes and fashion.

6. To present your designs to the class.

教学重难点

Use the expressions about shopping freely.

教学过程

教学内容:

Main Task:

Step I. Revision

1. Ask students some questions about Amy's shopping.

2. Ask some pairs to read the dialogue fluently.

Step II. Explanation

Teaching Procedures:

（1）Greetings.

（2）Before doing the task, ask students who the audience is. Tell the students to read keywords. Get the students to identify any words they do not know. Check and clarify the meanings of those words with the class.

（3）Explain the instructions of the task carefully. Ask students to read the model poster. Ask them to complete the sentences with words. Encourage students to comment on the model poster.

（4）Tell students to choose one fashion item. Make them aware of what kind of things their readers might like to read about. Tell the students to change the sentence models if they wish to create their own sentences.

（5）In pairs, students read, check and correct their partner's drafts.

（6）Ask students to rewrite their posters on a separate sheet of paper and add illustration particularly pictures of popular fashion items. Ask them to stick their work on large display paper and put it up on display. Encourage them to read each other's work.

（7）Ask students to present their designing plans to the class. Ask the class to vote for the best one.

（8）Task:

①To tell what materials you need to design some clothes.

②To write a passage for a "fashion wall".

Step III: Homework

To get more information about designing fashionable...

活动设计：

Show some pictures to the students to review the words and phrases.

教法设想：

Review and serve for the later writing.